跨境电商教育教学的理论与探索

陈姝玮 著

中国商务出版社
·北京·

图书在版编目（CIP）数据

跨境电商教育教学的理论与探索 / 陈姝玮著. -- 北京：中国商务出版社，2023.5

ISBN 978-7-5103-4662-0

Ⅰ.①跨… Ⅱ.①陈… Ⅲ.①电子商务－商业经营 Ⅳ.①F713.365.2

中国国家版本馆CIP数据核字（2023）第050265号

跨境电商教育教学的理论与探索
KUAJING DIANSHANG JIAOJU JIAOXUE DE LILUN YU TANSUO
陈姝玮　著

出　　版：	中国商务出版社
地　　址：	北京市东城区安外东后巷28号　邮　编：100710
责任部门：	发展事业部（010-64218072）
责任编辑：	刘玉洁
直销客服：	010-64515210
总 发 行：	中国商务出版社发行部（010-64208388　64515150）
网购零售：	中国商务出版社淘宝店（010-64286917）
网　　址：	http://www.cctpress.com
网　　店：	https://shop595663922.taobao.com
邮　　箱：	295402859@qq.com
排　　版：	北京宏进时代出版策划有限公司
印　　刷：	廊坊市广阳区九洲印刷厂
开　　本：	710毫米×1000毫米　1/16
印　　张：	12.5　　　　　　　　　　　　字　数：230千字
版　　次：	2023年5月第1版　　　　　　印　次：2023年5月第1次印刷
书　　号：	ISBN 978-7-5103-4662-0
定　　价：	79.00元

凡所购本版图书如有印装质量问题，请与本社印制部联系（电话：010-64248236）

版权所有盗版必究（盗版侵权举报请与本社总编室联系：010-64212247）

前　言

跨境电商教育教学的理论与探索是一项富有挑战性的任务，它涉及多个层面的知识和技能。我们需要深入理解国际贸易的基本原理，包括贸易政策、关税和国际商法。这将有助于学生建立全球化思维，理解跨境电商的背景和运作机制。跨境电商教育需要紧密结合市场趋势和技术发展，培养学生的商业洞察力和信息敏感性。学生应当了解电子商务平台的运作方式，熟悉各类支付系统和物流管理，以适应不断变化的国际商业环境。培养学生的跨文化沟通能力也是至关重要的。他们需要学会理解不同国家和地区的商业文化，打破跨国合作中的沟通障碍。跨境电商教育课程还应强调国际商业伦理和社会责任，引导学生在跨境电商中积极参与并遵守国际商业规范。

跨境电商教育的探索不仅局限于理论知识的传授，还局限于实践操作。学生应当有机会参与真实的跨境电商项目，从中获取实战经验。这样的实践机会有助于巩固学生的理论知识，提高学生的问题解决能力和团队协作精神。在教学过程中需注重发展学生的创新思维和创业精神。跨境电商领域充满竞争，创新是推动企业成功的关键因素。通过激发学生的创造力，培养他们在国际市场中找到新商机的能力，进而提升整个行业的竞争力。跨境电商教育教学的理论与探索涉及多个方面的知识和技能，包括国际贸易原理、市场趋势、技术应用、跨文化沟通、实践操作、创新思维等。这一全面而复杂的任务需要教育者在教学设计中综合运用各种方法，使学生能够得到全面发展并在跨境电商领域取得成功。

作者在写作本书的过程中，借鉴了许多前辈的研究成果，在此表示衷心的感谢。由于本书需要探究的层面比较深，作者对一些相关问题的研究不透彻，加之写作时间仓促，书中难免存在不妥和疏漏，恳请前辈、同行以及广大读者斧正。

目 录

第一章 跨境电商教育的背景与意义 1
- 第一节 跨境电商教育的兴起与发展背景 1
- 第二节 跨境电商教育的重要性与社会意义 8
- 第三节 跨境电商教学的挑战与机遇 17

第二章 跨境电商课程设计与开发 27
- 第一节 跨境电商教育的课程规划 27
- 第二节 教材与教学资源的选择与制作 36
- 第三节 课程大纲的设计与目标明确 46
- 第四节 跨境电商案例分析的融入 55

第三章 跨境电商教学方法与策略 65
- 第一节 主题式教学与案例教学法 65
- 第二节 实践性学习与模拟经验 72
- 第三节 国际合作项目与实地考察 82
- 第四节 学生参与与团队合作 91

第四章 跨境电商教育教学的实践研究 102
- 第一节 跨境电商市场分析教学 102
- 第二节 跨境电商营销与推广教学 109
- 第三节 跨境电商运营与管理教学 119
- 第四节 跨境电商法律与合规教学 128

I

第五章　跨境电商教育的国际化 138

第一节　跨境电商教育的国际合作与交流 138
第二节　国际化教材与多语言教学 148
第三节　跨境电商教育的国际认可与认证 156
第四节　跨境电商领域的国际标准 163

第六章　跨境电商教育的未来趋势 174

第一节　跨境电商教育的未来发展方向 174
第二节　技术与创新在跨境电商教育中的应用 176
第三节　跨境电商领域的新兴趋势 178
第四节　跨境电商教育的社会影响 184

参考文献 192

第一章 跨境电商教育的背景与意义

第一节 跨境电商教育的兴起与发展背景

一、跨境电商教育的兴起背景

（一）跨境电商教育的背景

随着信息技术的飞速发展和全球化进程的不断推进，跨境电商作为一种新型商业模式在国际贸易中崭露头角。这一现象不仅改变了传统商业模式的格局，也对商业教育提出了新的挑战。跨境电商的兴起源自全球市场联系的日益紧密、电子商务技术的快速演进，以及国际贸易环境的不断优化。全球范围内的企业和消费者逐渐认识到，通过电子平台进行跨境贸易不仅可以降低交易成本、提高效率，还能够拓展市场和获得更多的商业机会。国际贸易一直以来都是各国经济发展的关键因素之一。传统的贸易方式受限于地理距离和文化差异，导致了信息不对称和交易成本的增加。随着互联网的普及和电子商务技术的不断创新，这一格局发生了根本性的变化。跨境电商通过数字化平台打破了时空障碍，实现了全球市场的即时连接。企业可以通过在线渠道向世界各地销售产品，消费者也能够轻松地在全球范围内购物，这为国际贸易注入了新的活力。电子商务技术的迅猛发展是推动跨境电商崛起的重要动力。随着云计算、大数据、人工智能等技术的不断成熟，电子商务平台得以提供更高效、更智能的服务。这不仅提升了企业的运营效率，也为消费者提供了更便捷、个性化的购物体验。电子商务技术的进步为跨境电商提供了技术支持，使国际贸易更加便利和高效。与此同时，国际贸易环境的不断优化也为跨境电商的发展提供了有利条件。各国政府纷纷出台政策，简化贸易手续，降低关税，促进跨境贸易的畅通。国际组织也在推动贸易自由化和数字化发展方面发挥了积极作用。这些努力为跨境电商提供了更加开放、透明的市场环境，为企业和消费者创造了更多的商机。跨境电商的兴起不仅改变了国际贸易格局，也对商业教育提出了新的要求。传统商业教育主要侧重于国内市场的规律和经验，但跨境电商的发展要求商业人才具备更为全球化的视野和综合素养。商学院需要调整课程设置，加强对国际贸易、跨文化管理和电子商务技术的教学，培养学生适应跨境电商环境的能力。跨境电商的兴起是全球化进程和科技创新的产物。它通过打破地理和文化的限制，连接全球市场，为企业和消费者提供了更多的商机。跨境电商的发展也对商业教育提出了新的挑战：需要适应全球化的商业环境，培养具备国际化视野和创新思维的商业人才。在这一新的背景下，跨境电商教育成为商学院不可忽视的重要任务，为培养适应未来商业发展需要的人才打下坚实基础。

（二）全球化趋势

全球化，作为一种无法阻挡的趋势，已经深刻地影响着各个领域，其中跨境电商和教育领域更是显著受益者。在这个信息交流日益便捷的时代，跨境电商成为国际贸易的一股强劲力量。由于全球化的推动，人们越来越能够轻松地跨越国界，进行商品和服务的交流。这种无边界的交往不仅在商业领域表现得淋漓尽致，也在教育领域焕发着生机。跨境电商的崛起使商品和服务可以在全球范围内自由流通。这一模式带动了全球市场的竞争与协作。各国商家通过电子商务平台能够更加高效地推广自己的产品，打破地域限制，实现全球市场的开拓。与此同时，消费者也能够更加方便地购买到来自世界各地的商品，享受到多元化的选择和更为优惠的价格。这种跨境贸易的模式使得各国的经济能够更好地互相促进，形成了一种共赢的局面。在全球化的大潮中，教育也逐渐摆脱了地域的束缚，变得更加多元和开放。跨境教育的兴起，使学生可以更加方便地获取来自世界各地的教育资源。通过在线教育平台，学生可以选择来自不同国家和文化背景的课程，拓宽自己的学科视野，提高跨文化沟通的能力。跨境教育也为各国的教育机构提供了更多合作和交流的机会，促进了全球范围内的知识共享和学术研究。随着全球化的发展，跨境电商和教育的融合不断深化。在线教育平台成为跨境电商的重要组成部分，为学生提供了更加便捷的学习方式。这种模式既促进了全球教育资源的共享，又为教育机构提供了更为广阔的市场。通过跨境电商的平台，学生可以更加灵活地选择并参与来自全球各地的教育项目，实现知识的全球流通。全球化趋势下的跨境电商和教育不再受限于地理位置，而是在全球范围内展开合作与交流。这种融合不仅为商业和教育领域带来了更多的机遇，也推动着全球社会的进步。跨境电商和教育的交汇，为我们构建一个更加开放、多元和融合的世界提供了有力支持。

（三）互联网技术的飞速发展

互联网技术的迅猛发展为跨境电商教育带来了深刻的影响。随着云计算、大数据、人工智能等技术的日益成熟，跨境电商教育不再局限于传统的教学方式和范式。互联网技术的飞速发展为教育提供了更为灵活、多样化的教学工具和资源，为学生提供了更广阔的学习空间和机会。互联网技术的快速演进催生了虚拟教育平台的兴起。在线学习平台的建设和发展使学生可以随时随地通过互联网获取丰富的教学资源，无须受制于传统教室和课程表。这种虚拟教育环境为跨境电商教育提供了更为便利的学习方式，使学生能够更加自主地选择学习时间和地点。互联网技术的发展也推动了在线课程和远程教育的普及。学生不再受制于地理位置，可以通过网络享受来自世界各地的优质教育资源。这为跨境电商教育提供了更开阔的国际化视野，让学生能够更好地理解全球商业环境和国际市场的运作机制。大数据技术的应用为跨境电商教育注入了新的活力。通过对海量的商业数据进行分析，教育者能够更好地了解行业趋势、市场需求和企业运营状况。这种数据驱动的教学方式使教育过程更加贴近实际商业情境，有助于培养学生的商业洞察力和数据分析能力。人工智能的运用也为跨境电商教育带来了创新。智能化的教育工具和系统可以根据学生的个性化需求与学习习惯提供定制化的学习方案，提高教学效果。人工智能技术还可以模拟真实的商业场景，让学生在虚拟环境中进行实践操作，培养他们在跨境电商中解决问题的能力。互联网技术的发展也促使跨境电商教育更加注重实践性教学。通过在线模拟平台和虚拟商业项目，学生能够在实际运作中学到更多的经验和技能。这种基于互联网技术的实践性教学模式有助于学生更好地理解跨境电商的实际运作流程，为将来投身商业领域做好充分准备。互联网技术的飞速发展为跨境电商教育带来了前所未有的机遇和挑战。虚拟教育平台、在线课程、大数据分析、人工智能等技术的广泛应用丰富了教学手段，提高了教学效果。互联网技术的发展也要求跨境电商教育与时俱进，不断更新教学内容和方法，以培养适应未来商业发展需求的人才。

（四）消费者需求的多样化

消费者的需求在当今社会呈现出多样化的趋势，这种多样性不仅在商品和服务上体现得淋漓尽致，也在跨境电商和教育领域表现得尤为显著。随着全球化的发展，人们对于购物和学习的期望日益复杂，跨境电商和教育的多元化应运而生，以满足这一多样化的需求。在跨境电商领域，消费者的多样化需求主要体现在产品的类型、品质和服务的差异上。购物者不再仅仅满足于传统的商品选择，而是更加追求独特性和个性化。跨境电商平台通过提供种类丰富、更具特色的商品，满足了不同消费者的差异化需求。与此同时，服务方面也成为消费者考量的重要因素，包括物流、售后等方面的差异化服务逐渐成为品牌竞争的核心。教育领域同样呈现出多样性的趋势，主要体现在学科、教学模式和学术需求的多样性上。学生对于知识的追求已经不再局限于传统的学科范畴，而是更加注重跨学科的学习体验。跨境教育通过提供来自世界各地的学科课程，满足了学生对于多元性知识的渴望。学习方式的多样化也成为教育机构必须面对的挑战。在线教育和实体教育的融合，以及弹性学习的兴起，使学习方式更加灵活，满足不同学生的个性化需求。在这个多样化的时代，跨境电商和教育的结合点进一步拓展了消费者的选择空间。电商平台不仅提供了更多元化的商品选择，也成为学生获取教育资源的平台。这种结合不仅满足了消费者在购物和学习方面的多样性需求，也推动了全球商业和教育的发展。消费者通过跨境电商平台，可以更加轻松地找到适合自己需求的商品，同时在教育领域也能够更灵活地选择学科和学习方式，实现个性化发展。多样化的消费者需求是当今社会的一大特点，跨境电商和教育的发展趋势也紧随其后。在这个多元化的时代，企业和教育机构需要不断调整自己的策略，以更好地适应和满足消费者的不同需求。这种多样性不仅是一次挑战，更是一次机遇。只有充分理解和把握多样化的需求，才能在竞争激烈的市场和教育领域中立于不败之地。

二、跨境电商教育的发展背景

（一）跨境电商教育的发展

随着全球化进程的不断深化，跨境电商教育正逐渐成为商业教育领域的一项重要议题。这一领域的发展离不开多方面的推动因素。全球市场的融合加速了跨境电商的兴起，企业和消费者在全球范围内日益频繁地进行交流与交易。这种趋势扩大了对跨境电商专业人才的需求，使跨境电商教育成为商学院关注的焦点。科技的快速发展为跨境电商教育提供了广阔的发展空间。云计算、大数据、人工智能等技术的广泛应用使跨境电商领域更具活力。教育者在教学中可以充分借助这些技术，为学生提供更丰富、实用的知识体系。技术的不断创新也为跨境电商的实际操作提供了更多可能性，为学生的实际应用能力培养创造了有利条件。与此同时，全球贸易政策的调整和优化也为跨境电商教育提供了更加有利的外部环境。各国政府纷纷采取措施推动贸易自由化，简化贸易流程，降低关税壁垒。这为跨境电商提供了更加便捷和透明的贸易环境，也使相关的商业教育更具实际意义。跨境电商教育的发展还需要与时俱进，紧密结合行业发展趋势。行业的不断变革和创新要求教育者不仅要传授学生基本理论知识，还要注重培养学生的创新意识和应变能力。实践性教学应成为跨境电商教育的重要组成部分，让学生在真实的商业环境中学到更多的经验和技能。国际化视野也是跨境电商教育必须重视的方向。全球市场的开放性使学生需要具备更开阔的文化视野和跨文化沟通能力。教育者应该通过多元化的教学内容和案例，引导学生了解和理解不同文化的商业习惯，为将来在国际市场中成功运营打下坚实基础。跨境电商教育的发展也需要行业和学术界的深度合作。学院应该与跨境电商行业建立紧密的合作关系，深入了解行业需求，及时调整教学内容和方法。学术界也应积极参与相关研究，为跨境电商教育提供更为科学的理论支持。跨境电商教育的发展受益于全球化趋势、科技的不断创新、贸易政策的优化以及国际化需求的提升。教育者应在理论知识传授的基础上，更注重实践性教学和学生综合素质的培养。与此同时，行业和学术界的深度合作将推动跨境电商教育更好地适应未来商业发展的需求，为学生提供更为全面、实用的知识体系。

（二）产业对人才的需求

在全球化的推动下，产业对人才的需求日益显著，特别是在跨境电商和教育领域。这种需求不仅是对传统技能和专业知识的追求，还强调了创新能力、跨文化沟通和适应变化的能力。在跨境电商领域，企业需要具备全球视野的人才，能够理解不同国家市场的特点，善于把握国际商业机会。而在教育领域，培养具备国际背景和全球视野的人才已经成为教育机构的当务之急。跨境电商产业对人才的需求主要体现在创新和市场拓展方面。企业需要具备前瞻性思维和创新意识的人才，才能够在激烈的市场竞争中脱颖而出。对国际市场的敏感度和了解，以及对全球商业趋势的洞察力也是企业渴望找到的重要素质。这使企业对人才的需求不再仅限于传统商业知识，而更强调综合素质和全球视野。教育领域同样面临着对人才的多样性需求。跨境教育需要有丰富国际经验和背景的教育者，能够更好地理解并满足学生的多元文化需求。除了传统的学科专业知识，教育者需要具备跨文化沟通和团队协作的能力，以应对国际学生在学习和生活上的各种挑战。面对不断变化的教育形式和技术手段，具备教育科技知识和创新精神的人才也备受青睐。产业对人才的需求已经从传统的专业技能向素质和能力方向转变。在跨境电商和教育领域，人才的需求已经不再是简单的技术应用，更强调综合素质和全球意识。这使人才的培养变得更加复杂，教育机构和企业都需要更加注重培养学生和员工的创新思维、领导力和团队协作能力。在跨境电商和教育的交汇点，人才需求更为复杂而多元。企业需要员工具备全球商业视野、跨文化沟通能力和创新思维，以适应不断变化的市场环境。而教育机构需要培养具备全球意识、教育技术熟练以及强大沟通能力和团队协作能力的受教育者，以更好地满足学生的多元文化需求。跨境电商和教育领域的产业对人才的需求呈现出多元、复杂的趋势。这种需求不再仅仅关注传统的专业知识，更注重人才的全球视野、创新思维和跨文化沟通能力。在全球化的时代，适应这一趋势的人才将更有竞争力，能为产业的发展和教育的进步贡献力量。

（三）高校课程设置的调整

高校课程设置的调整是跨境电商教育发展的必然趋势。随着全球化进程的不断推进，商业领域的需求也发生了深刻的变化。传统的商业教育已经不能满足当今跨境电商行业对人才的需求。因此，高校迫切需要调整课程设置，更好地满足跨境电商发展的新需求。跨境电商教育需要更加注重基础理论知识的传授。学生需要在全球市场、国际贸易、电子商务等方面打下坚实的理论基础，以更好地理解和应对跨境电商的复杂性与多变性。理论知识的深入掌握将为学生未来的实践操作提供可靠的支持。高校应增设实践性课程，注重学生的实际操作能力培养。跨境电商是一个具有高度实践性的行业，仅仅具备理论知识是不够的。学生需要通过模拟项目、实地考察、实习等方式，深入了解实际业务操作，培养解决实际问题的能力。实践性课程的增设将为学生顺利进入跨境电商行业提供更为扎实的背景。高校还应调整课程设置，更加强调创新和科技应用。随着云计算、大数据、人工智能等技术在跨境电商中的广泛应用，学生需要具备更强的信息技术素养。为此，高校可以增设相关的信息技术课程，培养学生运用先进技术进行商业分析和决策的能力，使其更好地适应数字化时代的商业需求。国际化视野也是高校调整课程设置的关键方向。由于跨境电商涉及全球范围内的市场和合作伙伴，学生需要具备跨文化沟通和合作的能力。因此，高校可以通过增设国际商务、跨文化管理等课程，帮助学生了解不同文化背景下的商业规则和沟通技巧，为将来参与国际贸易提供有力支持。高校还应注重培养学生的团队协作和创新能力。跨境电商行业常常需要跨部门、跨国合作，学生需要具备良好的团队合作和创新精神。因此，高校可以通过团队项目、创业实践等方式，培养学生的团队协作和创新思维，使他们更好地适应未来商业发展的需要。高校课程设置的调整是适应跨境电商发展的必然趋势。通过强化基础理论知识的传授、增设实践性课程、注重信息技术应用、强调国际化视野以及培养团队协作和创新能力，高校可以更好地为学生提供全面的跨境电商教育，使他们更好地应对未来商业环境的挑战。

（四）培训机构的涌现

近年来，随着跨境电商行业的蓬勃发展，培训机构应运而生，成为满足市场需求的重要一环。这些机构的涌现不仅是对市场机遇的积极应对，还是对人才培养模式的新探索。在跨境电商教育领域，培训机构的角色逐渐凸显，成为塑造行业未来的关键力量。培训机构的涌现是对市场需求的敏锐反应，也是跨境电商行业高速发展的必然结果。随着国际贸易的深入，企业对于跨境电商人才的需求迅速增长,而传统教育体系往往无法迅速适应市场的变化。培训机构应运而生,迅速填补了这一市场空白,为企业提供了更加灵活、个性化的培训服务。培训机构的涌现也是对传统教育模式的一种补充和拓展。传统学校难以及时更新课程,而培训机构能够更加灵活地根据市场需求和行业变化,调整和更新培训内容。这种灵活性使培训机构更具有适应性,能够更好地满足学员的实际需求,帮助他们更好地融入跨境电商行业。培训机构的涌现不仅是为了满足市场需求,还是为了应对人才培养过程中的挑战。跨境电商领域要求人才具备国际化的视野、市场洞察力以及跨文化交流能力。传统教育往往难以全面培养这些能力,而培训机构则通过更为专业、实用的培训课程,致力于打造更具实战能力的跨境电商人才。培训机构的崛起也反映了行业对于专业人才的迫切需求。在跨境电商领域,具备专业知识和实际操作经验的人才更受欢迎。培训机构通过与行业紧密合作,提供由实际从业者传授的培训课程,使学员能够更好地了解行业实际运作流程,并具备解决实际问题的能力。培训机构的涌现是对市场需求的积极回应,也是对传统教育模式的一种创新。这些机构不仅填补了人才培养的空白,还为学员提供了更为实用和个性化的培训服务。在跨境电商行业不断发展的大潮中,培训机构的崛起将成为推动行业人才储备和发展的有力引擎,助力更多人顺利融入这个充满机遇的领域。

第二节 跨境电商教育的重要性与社会意义

一、跨境电商教育的重要性

(一)推动国际贸易的发展

国际贸易的发展一直是全球经济繁荣的关键推动力。跨境电商作为国际贸易的新兴形式,正在为推动贸易的全球化发挥越来越重要的作用。跨境电商通过数字化平台的建设,打破了地理障碍,促进了商品和服务的自由流通。这种全球市场的即时连接为企业提供了更广阔的发展空间,加快了国际贸易的发展步伐。传统的国际贸易往往伴随着复杂的关税、物流和文化差异,而跨境电商通过数字化平台的普及，简化了贸易手续，提高了贸易的效率。企业和消费者可以通过在线平台直接交流和交易，大大降低了信息传递与物流配送的成本，使国际贸易更加便捷高效。与此同时，跨境电商为中小企业提供了更平等的贸易机会。传统贸易往往由大型企业主导，中小企业由于资金和资源有限，难以进入国际市场。而跨境电商通过降低市场准入门槛、提供线上推广渠道，让中小企业能够更容易进入国际市场，拓宽了它们的经济发展空间。跨境电商加强了贸易的数字化和信息化建设。通过大数据分析和人工智能技术的运用，跨境电商平台能够更好地了解市场需求、商品趋势和消费者行为。这种信息化的运作方式不仅为企业提供了更准确的市场预测和战略决策支持，也为国际贸易的全球供应链管理提供了更为科学的手段。除了商品贸易，服务贸易在国际贸易中的比重逐渐增加。通过跨境电商平台，服务提供者可以直接向国际市场提供各种服务，如软件开发、文化娱乐、在线教育等。这促使了服务业的国际化发展，使贸易更加多元化和全方位。跨境电商加速了全球价值链的形成。企业可以通过全球化的生产和供应链网络，更灵活地配置资源，提高生产效率。这种全球价值链的形成不仅促进了国际贸易的增长，也为各国经济的深度融合提供了机遇。跨境电商的发展还催生了新的商业模式。传统的零售和批发模式受到挑战，电商平台上的直播销售、社交电商等新兴模式逐渐应运而生。这种商业模式的创新使商品更加个性化、定制化，满足了消费者对多样化产品的需求，推动了国际贸易的不断升级。跨境电商作为国际贸易的新引擎，通过数字化、信息化和全球化的手段，推动了国际贸易的发展。它不仅降低了贸易成本，促进了中小企业的参与，加强了贸易的数字化和信息化建设，推动了服务贸易的蓬勃发展，形成了全球价值链，还催生了新的商业模式。随着跨境电商的不断壮大，它将继续在全球经济中扮演着重要的角色，引领国际贸易进入新时代。

（二）提升企业国际竞争力

在全球化的浪潮中，企业如何提升国际竞争力成为关键课题。跨境电商作为一种重要的商业模式，为企业带来了独特的机遇。要提升国际竞争力，企业需要紧密结合跨境电商的特点，注重战略规划、市场拓展、品牌建设和供应链优化等方面的综合发展。战略规划是提升企业国际竞争力的基础。企业应制定明确的跨境电商战略，考虑全球市场的动态和变化。这涉及对市场趋势、竞争对手和消费者需求的深入洞察，使企业能够迅速调整战略，把握市场机会。战略规划还需要注重合作伙伴关系的建设，通过与国际合作伙伴的紧密合作，实现资源共享和互惠互利。市场拓展是提升国际竞争力的重要手段。企业要深入了解目标市场的文化、法规和消费习惯，制定有针对性的市场推广策略。在开拓新市场的过程中，注重建立当地化团队，能够更好地理解和适应当地市场环境，提高企业在全球市场的敏感度和适应性。通过与当地企业的合作，实现资源共享和共赢发展。品牌建设是企业提升国际竞争力的重要一环。在跨境电商中，品牌是企业在全球市场上的代表，直接关系到消费者的购买决策。企业要注重塑造独特的品牌形象，通过有针对性的品牌推广活动，提高品牌知名度和美誉度。积极参与国际性的行业展览和活动，加强企业与国际同行的交流，有助于提升品牌在国际市场上的地位。供应链优化是提升国际竞争力的重要一环。在跨境电商中，供应链的高效运作直接关系到产品的质量、价格和交货速度。企业要不断优化供应链管理体系，实现生产、仓储和物流的高效协同。与此同时，利用先进的信息技术手段，实现供应链的数字化和智能化，提高供应链的反应速度和适应性，为企业在国际市场上赢得竞争优势。企业要在跨境电商领域提升国际竞争力，需要注重战略规划、市场拓展、品牌建设和供应链优化等多个方面的发展。通过综合运用这些手段，企业能够更好地适应全球市场的变化，提高自身在国际市场上的竞争力，实现可持续发展。在全球化的背景下，企业要始终保持敏锐的市场洞察力，紧跟时代潮流，不断创新，才能在激烈的国际竞争中脱颖而出。

（三）促进产业升级

在全球经济发展中，跨境电商作为一种新型商业模式，对产业升级起到了积极的推动作用。跨境电商强调了信息和技术在产业发展中的核心地位。通过数字平台的构建，企业能够更加高效地传递信息、整合资源，并借助先进的技术手段提高生产效率。这一信息和技术驱动的模式不仅推动了产业的数字化转型，也提高了产业整体的创新能力。跨境电商促进了产业链的优化和升级。通过在线平台，企业可以更灵活地选择合作伙伴，实现全球范围内的资源整合和供应链优化。这种全球化的合作模式推动了产业链的升级，使企业能够更好地应对市场变化和客户需求，实现产业链上游和下游的高效协同。跨境电商还提高了产业的市场竞争力。由于电商平台的全球化特性，企业不再受限于地域，可以直接面向全球市场。这使企业面对更多潜在客户，扩大了市场份额，提高了市场竞争力。产业的全球化竞争让企业在全球范围内找到更多的发展机遇，推动了产业升级的步伐。跨境电商注重消费者需求的多样性和个性化。通过大数据分析和个性化推荐系统，企业能够更好地了解消费者的购物习惯和喜好，提供个性化的产品和服务。这种个性化经济的兴起推动了产业向着更加差异化、专业化的方向发展，促进了产业结构的调整和优化。跨境电商也加速了产业的服务升级。传统产业往往注重产品的生产和销售，而跨境电商更加注重全程服务的提供。通过在线平台，企业可以实现售前、售中和售后服务的全面升级，提升了客户体验，增强了客户忠诚度。这种服务升级不仅满足了消费者对高品质服务的需求，也提升了企业在市场中的竞争地位。跨境电商激发了创新活力。由于市场的全球化竞争，企业需要不断创新来适应市场变化。在线平台为企业提供了更多的创新机会，通过云计算、大数据、人工智能等先进技术的运用，企业能够更灵活地推出新产品、开拓新市场。这种创新活力的释放促进了产业的不断创新和升级。跨境电商在促进产业升级方面发挥了不可忽视的作用。通过信息和技术的驱动、产业链的优化、全球市场的开放、个性化服务的提供，以及创新活力的激发，跨境电商为产业升级提供了多方面的动力。这一新型商业模式已经改变了传统产业的经营方式和市场竞争格局，为全球产业发展带来了新的机遇和挑战。

（四）促进产业创新

在当今全球化的背景下，跨境电商已经成为推动产业创新的重要力量。产业创新是企业在市场竞争中脱颖而出的关键因素，而跨境电商的涌现为产业创新提供了广泛的平台和机会。在这个过程中，创新的引领、市场的拓展和科技的融合成为产业创新的三大支柱。创新的引领是产业创新的核心。跨境电商的崛起推动了商业模式和运营方式的全新构建，引领着整个产业向更为智能、高效的方向发展。创新并不仅仅体现在产品和服务上，更体现在商业模式、管理理念和营销策略等方面。企业通过引入新的商业模式，不断挑战传统的行业格局，推动产业创新的浪潮不断涌现。市场的拓展是产业创新的外在表现。跨境电商通过打破地域限制，将市场范围拓展到全球，为企业提供了更为广阔的发展空间。这种全球化的市场拓展不仅促使企业更好地满足国际市场的需求，同时也激发了企业在产品、服务和营销方面的创新。企业通过了解不同文化、不同市场的需求，能够更有针对性地进行创新，满足全球消费者的多样化需求。科技的融合是产业创新的动力。跨境电商在发展过程中，充分利用了先进的信息技术、人工智能和大数据分析等技术手段，实现了产业链的数字化和智能化。这种技术的融合不仅提高了产业的生产效率，同时也催生了新的商业模式和服务方式。科技的融合使企业能够更好地把握市场趋势，更灵活地应对市场变化，从而推动产业不断向前发展。跨境电商作为一种新型商业模式，促进了产业创新的多个方面。创新的引领使企业在市场竞争中更具竞争力，市场的拓展为企业提供了更广阔的发展空间，而科技的融合则是产业创新的动力源泉。在全球化和数字化的浪潮中，跨境电商的发展将继续为产业创新提供新的机遇。企业要积极把握这一机遇，通过不断创新，实现产业的可持续发展。

二、跨境电商教育的社会意义

（一）促进人才流动

跨境电商的兴起促进了全球范围内人才的自由流动。这种流动不仅体现在国际商业领域，也深刻地影响着人才市场和劳动力结构。跨境电商提供了全球范围内的职业机会。在线平台的建设为企业创造了更多的商业机会，而这些机会需要各类专业人才来满足。企业能够通过国际招聘，吸引和引入全球各地的人才，从而组建更加多元化和国际化的团队。跨境电商加强了人才市场的竞争和透明度。企业在全球范围内招聘人才，使人才市场变得更加开放，竞争也更加激烈。这种竞争促进了人才的优胜劣汰，提高了人才的整体水平。由于在线招聘平台的普及，招聘信息更加透明，让人才能够更方便地获取职业机会，提高了市场的效率。跨境电商也促进了技术和创新领域的人才流动。由于电商行业的数字化特性，对信息技术、大数据分析、人工智能等领域的专业人才需求大增。这种需求推动了全球范围内相关领域人才的流动，人才通过参与国际性项目和企业，获得更多的经验和机会，提升了整个行业的创新力。跨境电商也催生了全球商业复合型人才的需求。由于企业在全球范围内运营，人才需要具备跨文化沟通、国际贸易法规、市场分析等多方面的能力。这种复合型人才的需求使得人才更加注重全球化的视野和综合素养，加强了全球商业人才的交流与合作。跨境电商的兴起促进了企业对于人才培养的关注。为了适应跨境电商的发展需求，企业需要培养更多具有国际视野和多元技能的人才。因此，企业投入更多的资源用于培训人才，强调终身学习和不断提升自身素质的重要性。这种企业对人才的关注不仅促进了人才自身的职业发展，也促进了整个产业的发展。跨境电商也激发了创业者和初创公司的活力。在线平台的存在使创业者能够更轻松地将产品和服务推向全球市场，这吸引了更多有创新和创业激情的人才涌入创业领域。这种人才的流动促进了全球创业生态系统的建设，推动了新兴产业的崛起。跨境电商的兴起促进了全球范围内人才的自由流动。这种流动不仅加强了人才市场的竞争和透明度，也促进了技术和创新领域的人才交流。跨境电商行业的发展要求人才具备全球化的视野和多元化的技能，催生了更为复合型的商业人才需求。这种人才流动的趋势有助于全球产业的升级和创新，为未来商业发展注入了新的活力。

（二）促进文化交流

在跨境电商的大潮中，文化交流正成为企业之间、国家之间的一种重要形式。这种文化交流不仅是商品和服务的流通，还是一种思想、价值观和文化传承的碰撞与交融。在跨境电商的推动下，不同文化之间的交流和融合已经变得更为频繁与深入。这种文化交流对于促进国际理解、拓展市场、提升企业形象具有重要意义。跨境电商为不同文化之间的交流提供了便捷的平台。通过电子商务平台，各国企业能够更加轻松地推广自己的文化产品和特色商品。这使消费者在不同国家之间能够更方便地接触到丰富多彩的文化产品，促进了文化的交流和传播。企业通过跨境电商平台，能够在国际市场上更好地展示自己的文化特色，提高国际知名度，实现文化的共享。文化交流推动了商品和服务的创新与升级。在跨境电商的平台上，各国企业不仅是在推销商品，还是在传播自己的文化和价值观。这种文化的传播在一定程度上满足了消费者的需求，推动了商品和服务的创新与升级。企业通过理解和尊重不同文化的特点，更好地满足了消费者的多元化需求，提高了商品的附加值和市场竞争力。文化交流有助于拓展市场和推动经济发展。跨境电商打破了传统的地域限制，使商品和服务能够更自由地流通。这不仅促进了各国之间的贸易合作，也促进了国际市场的融合和发展。企业通过积极参与文化交流，更好地融入国际市场，实现了市场的拓展和经济的增长。文化的交流不仅是商品的买卖，也是一种深度的合作和互动，为企业的国际化发展提供了有力支持。文化交流对于提升企业形象和建立品牌信誉也具有积极影响。企业通过展示自己的文化底蕴，传递积极向上的价值观，能够更好地赢得消费者的认同和信任。在国际市场上，一个具有深厚文化底蕴和积极社会形象的企业更容易受到欢迎。通过文化交流，企业能够树立起更为积极正面的品牌形象，提升国际竞争力。跨境电商的兴起催生了文化交流。通过这种交流，不同国家、不同文化之间的联系更加紧密，为企业提供了更多的发展机遇。文化的交流不仅是商业的交流，也是一种思想和价值观的交流，推动了全球文明的共同繁荣。在这个不断变化的时代，企业通过积极参与文化交流，能够更好地适应国际市场的需求，实现更为广阔的发展。

（三）推动数字化社会的建设

在跨境电商的浪潮中，数字化社会建设正成为一个备受关注的焦点。数字化社会的建设不仅是跨境电商发展的必然趋势，也是推动社会经济发展、提高人民生活水平的关键一环。数字化社会的搭建涉及多个层面，包括政府治理、产业发展、社会服务等，而跨境电商作为数字化社会的推动者之一，在其中扮演着不可或缺的角色。数字化社会的建设首先体现在政府治理层面。政府通过数字化手段，实现信息的集中管理和智能分析，提高治理效率和决策水平。数字化社会建设使政府能够更迅速、更准确地掌握社会动态，制定更科学、更有效的政策。数字化社会也为政府提供了更好的服务渠道，实现了政务信息的透明化和可追溯性，增强了政府与公民之间的互动关系。数字化社会的建设对产业发展具有深远的影响。跨境电商作为数字化社会的推动者，通过数字技术的运用，实现了产业链的数字化和智能化。这不仅提高了产业的生产效率，还推动了产业升级和创新。数字化社会建设使企业能够更好地应对市场变化，满足消费者个性化需求，促进了企业的可持续发展。数字化社会的搭建还在社会服务领域发挥着关键作用。数字化手段使社会服务更加智能化、便捷化。在医疗、教育、交通等方面，数字化社会的建设为公众提供了更加高效的服务。通过远程医疗、在线教育等数字化手段，居民可以更方便地获得健康和知识服务，极大地提高了社会服务的水平。与此同时，数字化社会建设推动了城乡发展的协同。在农村地区，数字化手段通过提高信息传递效率、改善基础设施，使农村居民能够更好地融入数字化社会。跨境电商在这一过程中发挥着重要作用，通过电商平台的拓展，农产品得以更快速地走向国际市场，助力农村经济的发展。数字化社会的建设缩小了城乡之间的发展差距，推动了城乡经济的协同发展。数字化社会建设还对人才培养提出了新的要求。随着数字技术的迅猛发展，社会对于掌握数字化技能的人才的需求不断增加。跨境电商的兴起使对于数字化人才的需求更为迫切。数字化社会需要拥有更多数字技能的从业人员，这不仅是对教育体系的挑战，也是对人才培养模式的创新。数字化社会的建设推动了教育体系的改革，更加注重培养学生的实际操作能力和创新思维。数字化社会的建设是时代发展的必然趋势，而跨境电商作为数字化社会的推动者，在其中扮演着关键的角色。通过数字技术的运用，跨境电商促进了政府治理的智能化，推动了产业的升级和创新，提高了社会服务的水平，促进了城乡的协同发展。数字化社会的建设不仅是一种技术的革新，还是社会经济发展、人民生活水平提升的必然选择。在这个数字化的时代，跨境电商的发展将继续推动数字化社会建设，为社会的进步和发展贡献力量。

（四）促进可持续发展理念的传播

跨境电商的兴起对可持续发展理念的传播产生了深远的影响。这一新型商业模式不仅改变了传统的商业运作方式，也成为推动可持续发展理念传播的有力推手。跨境电商强调了数字化的普及和信息的透明。通过在线平台，企业能够更加高效地传递信息，向消费者展示产品的生产、运输、环保等全过程，使消费者更容易了解商品的生态足迹，推动了可持续发展理念深入人心。跨境电商的全球化特性提高了消费者对于可持续产品的关注度。随着消费者对环保、社会责任的关注度提升，他们更倾向于选择符合可持续发展标准的产品。跨境电商通过连接全球市场，使这一趋势愈发明显。全球范围内的消费者能够更容易获得信息，对于环保、社会责任等方面的可持续理念有更深刻的了解，从而在购物中更加注重可持续性。跨境电商还推动了产业链的绿色化。由于全球范围内的供应链透明度提高，企业不仅需要关注本地市场的法规和标准，也需要考虑全球范围内的可持续发展标准。这促使企业在生产、运输、包装等各个环节更加注重资源利用效率、减少废弃物产生,从而推动了整个产业链向更加环保和可持续的方向发展。跨境电商通过在线平台的社交和互动功能,促进了消费者之间可持续发展理念的交流和共享。消费者能够通过社交媒体等渠道分享有关环保、社会责任的信息,推动这些理念在社会中的传播。这种消费者之间的互动不仅在一定程度上引导了市场需求,也促使企业更积极地回应消费者的期望,推动了可持续发展理念在商业中的深化。跨境电商强调了绿色物流和供应链管理的重要性。由于商品需要在全球范围内进行物流运输,绿色物流成为企业关注的重点。通过采用环保的包装材料、优化物流路线、提高运输效率等方式,企业可以降低对环境的影响,减少碳排放,促使整个供应链更加符合可持续发展的标准。跨境电商的发展也为全球范围内的小型和中型企业提供了更多的可持续发展机会。在线平台降低了企业进入国际市场的门槛,让更多的中小型企业有机会参与全球贸易。这种参与不仅推动了全球市场的竞争,也促使这些企业更注重可持续发展的经营方式,为全球产业的可持续升级提供了更多可能性。跨境电商的普及推动了数字技术在可持续发展中的应用。大数据、人工智能等技术的应用,使企业更精准地了解消费者需求,更有效地管理资源,从而在经济增长的同时实现可持续发展。数字技术的运用不仅提高了生产效率,也为企业提供了更多可持续经营的机会。跨境电商为发展中国家提供了更多的发展机遇。在全球贸易中,发展中国家往往面临着资源有限、技术水平相对滞后等问题。通过跨境电商,这些国家有机会将本地的优势资源推向全球市场,加速经济发展。这种发展不仅有助于提高国家整体的可持续性水平,也为其在全球贸易中扮演更为积极的角色提供了契机。跨境电商的兴起深刻地影响了可持续发展理念的传播。从产品生产到供应链管理,从消费者需求到企业运营,跨境电商推动了全球范围内的商业活动更加符合可持续发展的原则。这种变革不仅在商业领域推动了可持续发展的理念,也在社会层面引发了人们对环保、社会责任等议题更广泛的关注。跨境电商作为一种全球性的商业模式,为推动全球可持续发展理念的传播提供了新的路径和机遇。

第三节　跨境电商教学的挑战与机遇

一、跨境电商教学的挑战

（一）技术更新

技术更新是跨境电商发展的必然趋势，这一趋势不仅深刻地影响着电商行业本身，更在全球范围内给商业模式、市场格局和消费者行为带来深刻的变革。随着科技的不断演进，跨境电商在技术创新的推动下，不断拓展着业务领域、提升着服务质量，从而引领着未来电商的新潮流。人工智能技术在跨境电商中扮演着日益重要的角色。通过深度学习和大数据分析，人工智能技术为电商提供了更加智能化的解决方案。从商品推荐到客户服务，人工智能使整个购物过程更加个性化、高效，提升了用户体验。人工智能技术也在订单处理、物流管理等方面发挥重要作用，提升了整个跨境电商的运营效率。物联网技术的应用进一步拓展了跨境电商的业务范围。物联网技术将商品与互联网连接，实现了商品信息的实时传递和监控。这使供应链管理更为智能化，企业可以更好地掌握库存情况、追踪物流信息，从而提高供应链的透明度和运作效率。物联网技术也为消费者提供了更全面、更及时的商品信息，促进了购物决策的准确性和迅速性。移动支付技术的普及成为推动跨境电商快速发展的关键之一。随着移动支付技术的日益成熟，用户在全球范围内可以方便、快捷地完成跨境交易。支付宝、微信支付等移动支付平台的崛起改变了传统支付模式，使得用户无须携带现金或信用卡，即可轻松完成购物。这一便捷的支付方式不仅推动了用户对跨境电商的接受度，同时也促使电商平台在全球范围内的拓展。区块链技术的应用为跨境电商带来了更高的安全性和透明度。通过区块链技术，交易记录得以分布式存储，防止数据被篡改，从而确保了交易的安全性。区块链技术也可以提高供应链的可追溯性，防范假冒伪劣商品的流通。这使得消费者在购物过程中更加信任电商平台，推动了跨境电商行业的可持续发展。虚拟现实（VR）和增强现实（AR）技术的应用为电商提供了更为丰富和沉浸式的购物体验。通过虚拟现实技术，消费者可以在不同地理位置感受商品，仿佛亲临实际场景一般。而增强现实技术则将虚拟元素叠加到真实环境中，使用户在购物过程中能够更全面、更直观地了解商品。这种沉浸式的购物体验不仅提升了用户的购物满意度，也为电商平台创造了更大的商机。5G 技术的快速发展将进一步提升跨境电商的用户体验。5G 技术的高速和低延迟将使跨境电商在移动端的应用更为顺畅，用户可以更快速地加载商品信息、完成购物。5G 技术的发展也将促进虚拟现实和增强现实等技术的更广泛应用，进一步提升了用户在电商平台上的沉浸感和参与感。技术的不断更新推动了跨境电商的发展，使其在全球范围内更加深入人心。从人工智能、物联网到移动支付、区块链，再到虚拟现实和增强现实，这些技术的融合应用正在为跨境电商打开新的发展空间，进一步提升了电商平台的创新能力和市场竞争力。未来，随着科技的不断演进，跨境电商将持续融合创新技术，助力实现数字经济时代的全球商业愿景。

（二）技术变革

跨境电商的崛起引发了全球范围内的技术变革，这一变革深刻地改变了商业运作方式、生产模式以及消费习惯。数字技术的普及推动了在线平台的搭建和运营。电商平台通过互联网技术的支持，建立了一个数字化的市场环境，实现了供需双方的即时连接。这种数字化平台不仅为企业提供了更广泛的销售渠道，也使消费者能够更便捷地获取所需商品和服务。大数据的运用加强了对市场和消费者行为的分析。跨境电商平台通过收集和分析海量的数据，能够更准确地了解市场趋势、消费者需求以及商品热点。这种数据驱动的商业模式使企业能够更灵活地调整产品策略，提高市场反应速度，实现更精准的营销和供应链管理。云计算技术的发展使企业能够更灵活地进行资源配置。跨境电商平台通过云计算技术，能够根据实际需求动态调整服务器资源，提高了系统的弹性和稳定性。这种灵活的资源配置使企业能够更高效地运营业务，降低了 IT 基础设施的成本，提升了企业的整体竞争力。人工智能技术在跨境电商中的广泛应用推动了商业智能化的发展。通过人工智能技术，企业能够实现自动化的客户服务、智能推荐、风险识别等功能。这不仅提升了用户体验，也使企业能够更加智能地运营和管理业务，更好地满足市场需求。区块链技术在跨境电商中的运用加强了供应链的透明度和可追溯性。通过区块链技术，企业能够追踪商品生产、运输、存储等全过程，确保商品的真实性和高质量。这种透明的供应链管理不仅提高了企业的信誉，也增强了消费者对商品的信任度，推动了供应链的升级。物联网技术在物流和仓储领域的应用优化了跨境电商的物流体系。通过物联网技术，企业能够实时监测货物的位置、温湿度等信息，提高了物流的可视化和管理效率。这种智能物流系统使商品能够更快速、安全地运达目的地，提升了整个供应链的效率。全球化的支付和结算系统也是技术变革的重要体现。跨境电商使不同国家、不同货币之间的交易变得更加频繁，因此需要更快速、安全、便捷的支付和结算方式。全球化的支付系统通过数字货币、在线支付等技术手段，使跨境交易更加高效和可靠，促进了全球贸易的发展。社交媒体和移动技术的普及改变了消费者的购物行为。通过社交媒体，消费者能够更容易获取商品信息、分享购物体验，形成了社交化的购物模式。移动技术的发展使消费者能够随时随地在线购物，促使企业更注重移动端的用户体验和服务创新。技术变革对跨境电商产业的发展产生了深远的影响。数字技术、大数据、云计算、人工智能、区块链、物联网等技术的应用，使跨境电商不仅在商业运作方式上发生了革命性的变化，也在生产、供应链、物流、支付和消费等多个环节实现了全方位的升级。这种技术变革不仅提高了企业的运营效率，也提升了消费者的购物体验，推动了全球贸易的进一步发展。在未来，随着技术的不断演进，跨境电商将继续引领商业的变革，为全球经济的可持续发展注入新的动力。

（三）国际贸易政策的不确定性

国际贸易政策的不确定性给跨境电商行业带来了深远的影响。贸易政策的波动和不确定性，使电商企业面临更为复杂的市场环境，同时也引发了行业内外的许多变数。在这个不确定性的背景下，电商企业需要更加灵活应对，寻找新的发展路径，以适应不断变化的国际贸易格局。国际贸易政策的不确定性直接影响着电商企业的进出口业务。贸易政策的变化可能导致关税、进口配额等贸易壁垒的调整，给企业的进出口成本和运营模式带来重大影响。电商企业需要不断调整采购、供应链和销售策略，以适应不同国家间贸易政策的变化，以确保业务的正常运转。国际贸易政策的不确定性对电商行业的全球供应链产生了深刻的影响。电商企业往往依赖全球化的供应链，以获取更广阔的市场和更丰富的商品种类。不确定的贸易政策可能导致跨国供应链的不稳定性，给电商企业的供货和库存管理带来挑战。为了规避不确定性，电商企业需要在供应链管理上更为谨慎，寻找多元化的供应渠道，减少对于特定国家或地区的过度依赖。国际贸易政策的变动也直接影响着电商企业的市场准入。不同国家对于电商行业的监管政策存在差异，贸易政策的不确定性可能导致相关政策的频繁调整。这给电商企业带来了不确定的法律环境，增加了企业的经营风险。为了降低这种风险，电商企业需要密切关注各国政策的变化，及时调整业务模式，确保符合当地法规要求。贸易摩擦的升级也是国际贸易政策不确定性的一个重要体现。贸易摩擦升级，进一步加剧了市场的不稳定性。电商企业在这种情况下需要更加灵活应对，可能需要调整市场策略、寻找替代市场，并在战略层面做好风险防范，以保障企业的可持续发展。国际贸易政策的不确定性也为一些电商企业提供了新的机遇。在贸易政策波动的时刻，一些市场可能出现新的竞争格局、新的合作机会。电商企业通过深入研究国际贸易政策的动向，积极寻找市场空白，灵活调整战略，可能在这种不确定性中找到发展的新路径。国际贸易政策的不确定性给跨境电商带来了多方面的影响，既是挑战，也是机遇。在这个变化莫测的环境下，电商企业需要保持敏锐的市场洞察力，提高战略应对的灵活性。通过适应不同国家贸易政策的变化，调整供应链、拓展市场，电商企业能够更好地应对不确定性带来的挑战，实现更加稳健和可持续的发展。

（四）跨学科知识的整合

跨境电商作为一种新兴的商业模式，融合了多个学科领域的知识，涉及经济学、信息技术、国际贸易、法律、管理学等众多学科。这种跨学科的整合不仅推动了跨境电商行业的发展，也为各个相关领域提供了新的研究和应用机会。经济学在跨境电商中发挥着关键作用。跨境电商通过数字化平台的构建，推动了全球范围内商品和服务的自由流通，促进了国际市场的整合。经济学理论为企业提供了关于供需关系、价格形成、市场竞争等方面的指导，帮助企业更好地理解和应对市场变化。信息技术是跨境电商的核心驱动力之一。数字化平台、大数据分析、人工智能等先进技术的运用使电商行业更加高效、智能。信息技术的不断创新为企业提供了更多的商业机会，也为消费者提供了更便捷的购物体验。国际贸易学作为一门学科，关注着国际的商品和服务交换。在跨境电商中，国际贸易理论为企业提供了全球化战略的指导，帮助企业制定合适的国际市场拓展策略。国际贸易法规的研究也成为跨境电商运营中不可忽视的一部分，企业需要遵守各国法规，确保合规经营。法律学在跨境电商中扮演着保障和规范的角色。由于跨境电商涉及多国法律体系，法律学的知识成为解决合同纠纷、知识产权保护、消费者权益等方面的基础。了解和遵守各国法律成为企业顺利开展跨境电商的关键。管理学领域为跨境电商提供了组织管理、战略制定等方面的理论支持。管理学的知识帮助企业建立高效的组织结构，提升团队管理水平，实现战略目标。跨境电商的管理面临多元文化、国际团队协作等挑战，管理学也提供了跨文化管理等方面的指导。市场学是跨境电商中不可或缺的一部分。市场学的研究涉及市场定位、品牌建设、消费者行为等多个方面，为企业提供了更全面的市场洞察依据。了解不同国家和地区的市场需求，进行差异化的市场营销，是跨境电商成功的重要因素。社会学使我们对消费者和社会群体行为有深入理解。在跨境电商中，社会学的知识帮助企业更好地洞察不同文化、背景的消费者群体，制定更符合社会价值观的经营策略。环境学的角度也不可忽视。跨境电商的发展不仅带来了经济效益，也伴随着对环境的影响。环境学的研究有助于企业更好地理解和应对其生产、物流等活动对环境产生的影响，推动可持续发展的理念在电商领域的实践。心理学为企业提供了深刻的消费者洞察依据。在跨境电商中，了解消费者的心理需求、购物决策过程，有助于企业更好地制定产品推广和营销策略，提升用户体验。跨境电商的成功离不开数学和统计学的支持。通过数据分析、销售预测等手段，数学和统计学为企业提供了科学的决策依据，帮助企业更好地应对市场变化。跨境电商的崛起推动了多个学科领域的知识整合。经济学、信息技术、国际贸易学、法律学、管理学、市场学、社会学、环境学、心理学、数学和统计学等多个学科相互交叉融合，为跨境电商的发展提供了全方位的理论支持和实践指导。这种跨学科的整合不仅为企业提供了更广阔的发展空间，也为学科研究和实际应用提供了新的视角与可能性。

二、跨境电商教学的机遇

（一）行业人才需求的增长

跨境电商的迅猛发展引起了行业人才需求的快速增长。这一新兴商业模式的崛起催生了对各类专业人才的广泛需求，包括但不限于技术人才、国际贸易专家、数字营销专业人员、供应链管理者、法务人员、数据分析师等。这种多元化的人才需求正逐步改变跨境电商行业的人才生态。技术领域的需求愈发突出。跨境电商的运作离不开信息技术的支持，因此，对于软件工程师、系统架构师、数据科学家等技术人才的需求逐年攀升。这些专业人才在平台的开发、维护、安全性保障、大数据分析等方面发挥着不可替代的作用，为跨境电商的稳健运营提供了坚实的技术基础。国际贸易专业人才的需求也随着跨境电商的拓展而迅速增加。国际贸易专家、进出口经理等人才在处理各国法规、贸易政策、海关事务等方面具备丰富经验，他们的加入为企业的国际市场拓展提供了重要的战略支持。数字营销专业人才在跨境电商行业的崛起中发挥了至关重要的作用。从社交媒体管理、搜索引擎优化到电子商务广告投放，数字营销人员通过运用创新的数字化手段，帮助企业拓展市场份额，提升品牌曝光度，引导消费者流量，使企业在激烈的市场竞争中脱颖而出。供应链管理者的职责也随着跨境电商的发展而日益复杂。从全球采购、库存管理到物流运输，供应链管理者需要具备卓越的协调能力、风险管理技能和对国际市场变化的敏感度，以确保产品的及时交付和库存的最优化。法务人员在处理合同、知识产权保护、消费者权益等方面发挥了至关重要的作用。随着国际业务的复杂性增加，法务团队需要处理跨境交易中的法律事务，确保企业的经营活动合法合规。数据分析师的需求也在跨境电商中不断攀升。通过对大量数据的分析，数据分析师可以提供有关市场趋势、消费者行为、产品表现等方面的深刻见解，为企业制定决策提供科学依据，优化运营和市场策略。在服务和体验方面，客户服务代表和体验设计师等人才的需求也在增长。跨境电商注重用户体验，因此对于擅长沟通、具备跨文化意识的客户服务人员以及深谙设计理念的体验设计师的需求逐渐凸显。随着跨境电商行业的快速发展，金融和支付领域的人才需求也在不断扩大。财务分析师、支付系统工程师等人才在保障跨境交易的安全和高效进行方面发挥了关键作用。人才需求的多元性使跨境电商行业成为一个吸引各类专业人才的热门领域。企业在构建团队时需要考虑整合不同领域的专业人才，以应对行业发展的多层面挑战。跨学科和跨领域的人才整合不仅提升了企业的综合竞争力，也为行业的可持续发展奠定了坚实基础。随着技术不断创新和国际市场的拓展，跨境电商行业对人才的需求将进一步呈现多层次、高端化的趋势。

（二）产业与教育的深度合作

产业与教育的深度合作是跨境电商发展过程中的重要支撑。这种合作不仅在于满足人才需求，还在共同推动产业升级、培养创新型人才方面发挥着关键作用。在产业与教育深度合作的框架下，电商企业与教育机构之间建立了更为紧密的联系，共同推动着人才培养、科技创新和产业发展的良性循环。产业与教育的深度合作在人才培养方面取得了显著成就。电商行业对于人才的需求日益增加，而传统教育体系往往满足不了电商行业对于高素质、多层次、创新型人才的需求。深度合作使电商企业与教育机构能够更好地对接，根据实际需求调整教育培训方案，培养更加符合市场需求的电商专业人才。这不仅有助于解决人才短缺的问题，还促进了人才培养模式的创新，使学生更具实际应用能力。深度合作助推了科技创新和产业升级。电商行业处于技术创新的前沿，而教育机构则是科技创新的源泉之一。产业与教育的深度合作使科研机构、高校和企业之间建立了更加紧密的科研合作关系。电商企业通过与教育机构的深度合作，能够更迅速获取前沿科技成果，实现技术的引进和消化吸收。科研机构也能够借助电商企业的实践需求，更好地转化科研成果，推动科技创新成果的产业化。在产业与教育深度合作的框架下，实践性教学得到了极大的推动。电商企业与教育机构共同探讨实际业务需求，结合学科知识与实际应用，设计了更为贴近实际的实践性课程。这种实践性教学模式使学生在校期间能够更好地理解并运用所学知识，提高了他们的实际操作能力。电商企业也通过参与实践性教学，更好地了解学生的潜力和能力，为未来的人才招聘提供更为有效的依据。产业与教育的深度合作还有助于搭建产学研用的创新平台。电商企业与教育机构共同建设的创新平台既包括了产业研发基地，也包括了学术研究机构。这种平台不仅能够为电商企业提供更多的科技支持，推动产业升级，也为教育机构提供更广阔的实践场所，促进教育体系更好地适应产业的需求。这种互动合作，构建了一个多方共赢的生态系统，为电商产业和教育事业的发展提供了更为有力的支持。产业与教育的深度合作也推动了人才培养模式的创新。深度合作下的电商专业课程设置更加贴近实际需求，更加注重学生的实际操作能力和解决问题能力的培养。企业与教育机构共同打破传统教育的边界，通过校企合作、实习实训等多种形式，培养了更符合电商行业实际需求的高素质人才。这种创新的人才培养模式为电商企业提供了更为合格的人才资源，也为学生提供了更广阔的职业发展空间。产业与教育的深度合作在促进电商行业的发展、提高人才质量、推动科技创新和实现产业升级等方面发挥着不可替代的作用。这种合作不仅是一种需求的匹配，也是一种资源的共享、创新的源泉。通过深度合作，电商企业与教育机构之间建立了紧密的联系，为双方创造了更多的合作机会，推动着产业和教育的共同发展。这种深度合作不仅有助于电商行业更好地应对市场变化，也为培养更多高素质人才、推动社会经济的可持续发展做出了积极贡献。

（三）教育技术的应用

教育技术的应用在跨境电商领域发挥着重要作用，不仅促进了教育的创新与升级，也为人才培养提供了更为多元化和个性化的途径。教育技术的发展与跨境电商的融合，不仅推动了电商企业的数字化转型，也加速了全球范围内电商人才的培养和交流。教育技术的应用助力了跨境电商的培训与人才发展。通过在线教育、远程培训等技术手段，电商从业者可以更灵活地获取相关知识和技能，实现自主学习。这种方式不仅打破了时间和空间的限制，也为跨境电商企业提供了更多选择，使人才培养更加高效、精准。教育技术的应用为电商人才提供了多元化的学习路径，推动了电商从业者的专业水平的提升。教育技术的应用助推了跨境电商企业内部的培训体系升级。通过引入虚拟现实（VR）、增强现实（AR）等技术，电商企业可以打造更为真实和沉浸式的培训环境。员工可以通过模拟场景进行实际操作，提升实操能力。这种创新的培训方式不仅提升了培训效果，也加速了员工在电商领域的专业化发展。教育技术的应用还在跨境电商人才选拔中发挥了积极作用。通过数据分析、人工智能等技术手段，企业能够更全面、更客观地评估求职者的能力和潜力。这使招聘过程更加精准，有助于企业吸引和留住更符合要求的人才。通过在线测试、虚拟面试等技术，电商企业能够更广泛地招揽全球范围内的人才，实现全球化的人才招聘。在教育技术的应用下，跨境电商领域也催生了更为开放、灵活的学习生态。在线课程、数字图书馆、社交媒体等多种技术手段使学习资源更加丰富且容易获取。电商从业者可以通过与国际同行的交流合作，迅速获取最新的行业资讯和先进的经验。这种开放性的学习环境有助于打破信息孤岛，促进全球范围内电商人才的共享和交流。教育技术的应用还推动了跨境电商企业的知识管理与创新。通过构建电子化的知识库、智能化的知识管理系统，企业能够更好地整合、共享内部知识资源。通过在线协作平台，员工可以跨地域、跨部门协同工作，促进团队创新。这种知识管理与协作方式有助于电商企业更迅速地响应市场变化，推动企业的持续创新。教育技术的应用还在跨境电商领域促进了产学研用的深度融合。企业、高校、研究机构通过建立联合实验室、技术研发中心等合作机制，共同推动电商行业的前沿技术研究。这种紧密的产学研用合作，有助于将科研成果更快地转化为实际应用，推动跨境电商领域的创新发展。教育技术的应用为跨境电商领域带来了全新的发展机遇。通过创新教育方式、提升培训效果，电商人才的整体素质得到提升；通过数据分析、人工智能等技术，企业能够更科学地选拔和培养人才；通过知识管理、协作平台，企业的内部创新能力得到提高。在教育技术的推动下，跨境电商领域不仅吸引更多人才的关注，也为人才的培养提供了更为广阔的舞台，为产业的发展注入了新的活力。

（四）跨境电商的机遇

跨境电商作为全球经济中的一支新兴力量，为企业和国家带来了更多的机遇。跨境电商打破了传统的地域限制，使企业可以更容易触及全球市场。这一机遇使小型和中型企业能够通过在线平台将产品推向国际市场，实现全球化竞争，促进了全球经济的增长。跨境电商为企业提供了更为高效的国际贸易渠道。通过数字平台，企业可以直接与全球买家进行交流和交易，省去了传统贸易中的中间环节，简化了供应链的流程，提高了贸易的效率。这种高效的贸易渠道为企业拓展全球市场创造了更为有利的条件。跨境电商也推动了国际物流和供应链的升级。随着电商行业的发展，物流网络不断完善，国际货物运输变得更加迅捷、精准。供应链管理的数字化和智能化，使企业能够更好地应对全球市场的变化，提高了供应链的灵活性和适应性。跨境电商为消费者带来了更丰富的购物选择。通过在线平台，消费者可以轻松访问来自世界各地的商品和服务，满足个性化的需求。这为消费者提供了更为多元和便捷的购物体验，推动了全球消费的多样化。跨境电商还激发了创新和创业的热潮。在这个数字化和全球化的时代，创业者可以通过跨境电商平台将创新的产品推向全球市场，实现梦想。这种机遇促使创业者更加积极地探索新的商业模式、新的产品和服务，推动了创新经济的发展。全球市场的开放也为企业提供了更广阔的融资渠道。通过跨境电商平台，企业可以吸引来自全球投资者的关注，进行国际融资，提高了企业的融资效率和成功概率。这种国际融资的机遇为企业的扩张和发展提供了重要的支持。跨境电商也推动了国际贸易规则的升级。随着电商的兴起，国际社会逐渐认识到传统贸易规则需要进行相应的调整和更新。这为全球贸易体系的发展提供了契机，促进了贸易法律和规则的创新与完善。在全球疫情的冲击下，跨境电商更是展现出了强大的韧性。由于在线平台的存在，企业能够更迅速地适应市场的变化，调整经营策略，保持业务的连续性。这一机遇使跨境电商在全球经济动荡时期仍能够保持相对稳健的发展态势。跨境电商的机遇也深刻影响了发展中国家。通过跨境电商平台，这些国家有机会将自身特色产品推向国际市场，实现经济的多元化和可持续发展。这种机遇为发展中国家提供了更大的发展空间，加速了其融入全球经济的步伐。跨境电商也为消费者带来了透明的价格和激烈的竞争。由于可以方便地比较不同国家和地区的商品价格，消费者可以更明晰地了解市场情况，享受到更有竞争力价格的商品。这一机遇推动了全球市场的竞争，促使企业更注重提升产品和服务的质量。跨境电商为企业、消费者和国家带来了丰富的机遇。通过打破地域限制、提高贸易效率、促进创新和创业、拓宽融资渠道等方面，跨境电商推动了全球经济的发展，并为参与者提供了更加多元和可持续的发展路径。这一新兴商业模式的崛起不仅改变了传统的商业格局，也为全球经济体系注入了新的活力。

第二章 跨境电商课程设计与开发

第一节 跨境电商教育的课程规划

一、跨境电商教育课程规划的理论基础

(一) 国际贸易理论

国际贸易理论在跨境电商的背景下显得更为重要和复杂。传统的国际贸易理论主要关注货物的跨境交换，但随着数字化时代的来临，跨境电商引入了新的维度，涉及数字产品、服务、知识产权等多元化的贸易形式。这种变化挑战了传统理论的适用性，同时为国际贸易理论的进一步发展提供了契机。比较优势理论在跨境电商中得到了新的体现。数字产品和服务的特点使不同国家在生产与提供方面具有差异化的优势。通过跨境电商平台，各国可以更灵活地选择合作伙伴，充分发挥各自的优势，实现资源的最优配置。绝对优势理论同样在跨境电商中发挥着重要作用。虽然数字化时代使信息传递更为便捷，但某些国家在特定领域仍具有技术或资源上的优势。跨境电商为这些国家提供了更广阔的市场，也为其他国家提供了获取先进技术和资源的机会，促进了全球贸易的平衡发展。比较成本理论在跨境电商中表现得尤为突出。数字产品的生产和交付通常需要较低的成本，通过电商平台，企业可以有效控制生产和运营成本，实现更加高效的全球供应链。这一理论为企业提供了更具竞争力的价格和更灵活的经营策略。区位理论在跨境电商中得到了新的解释。传统的物理距离在数字化时代变得相对无关紧要，电商平台极大地缩短了不同地区之间的贸易距离。企业通过电商平台可以更轻松地进入全球市场，打破了地理位置对贸易的限制，提高了全球市场的整体效益。货币理论

在跨境电商中也发挥着独特的作用。数字货币的兴起为跨境电商提供了更为便捷和低成本的支付手段。这一发展降低了货币交换的摩擦成本,推动了全球贸易的进一步繁荣。国际贸易理论还需要更多地考虑知识产权的问题。在跨境电商中,数字产品的知识产权保护成为一个重要而复杂的议题。理论需要更深入地探讨如何在全球范围内有效维护知识产权,促进创新和技术进步。国际贸易理论需要更好地解释数字化时代下的贸易壁垒。数字贸易涉及网络安全、数据隐私等方面的问题,这些问题在传统贸易中并不具备同等重要性。理论需要更为全面地考虑数字化时代下贸易壁垒的形成和应对策略。服务贸易的崛起也对国际贸易理论提出了新的挑战。跨境电商不仅限于商品交换,还包括数字服务、在线咨询等服务形式。因此,传统关注商品贸易的理论需要更好地适应服务贸易的发展趋势,解释数字化时代服务贸易的特点和规律。国际贸易理论需要更加注重可持续发展的角度。在跨境电商中,企业的社会责任、环境友好型经济模式等问题变得日益重要。理论应当更深入地研究贸易与可持续发展的关系,探讨如何在数字时代实现贸易的可持续发展。跨境电商的兴起为国际贸易理论的发展提供了新的视角和挑战。传统理论需要更加灵活地应对数字化时代的变革,更好地解释数字贸易的规律,同时也需要深入研究数字时代下的新问题和挑战,为全球贸易的可持续发展提供更为有效的理论支持。

(二)电子商务理论

电子商务理论在跨境电商中具有重要地位。电子商务理论强调信息技术在商业中的应用。在跨境电商中,信息技术不仅改变了传统商业的运作方式,还推动了全球市场的连接。数字化的平台和支付系统使企业能够更高效地进行国际贸易,消费者也能够更方便地购物和支付。电子商务理论关注电子商务的商业模式。跨境电商采用的平台模式、商业生态和创新的商业模型都在电子商务理论中得到了深入研究。平台经济模式通过汇聚各方资源,促进了全球范围内的交易,使企业能够更轻松地进入国际市场。电子商务理论中还强调了用户体验的重要性。在跨境电商中,用户体验是吸引和留住消费者的关键。电子商务理论关注如何通过界面设计、购物体验和客户服务等方面提升用户体验,从而提高消费者的满意度和忠诚度。电子商务理论强调数据的价值。在跨境电商中,大数据分析和人工智能等技术的应用使企业能够更好地理解市场趋势、消费者需求和竞争对手动态。电子商务理论中的数据驱动理念为企业提供了更为科学的经营决策基础。电子商务理论中的网络效应概念也在跨境电商中得到了验证。网络效应指的是随着用户数量的增加，系统的价值也会相应提升。在跨境电商平台上，随着卖家和买家的增多，平台上的商品和服务选择变得更加丰富，吸引了更多的用户，形成了良性的循环。电子商务理论还强调了电子商务的法律和伦理问题。在跨境电商中，涉及不同国家和地区的法律法规、知识产权保护等问题。电子商务理论为企业提供了全球范围内法律法规的指导，强调了企业在国际贸易中应当承担的法律责任。平台经济理论是电子商务理论中的一个重要分支，尤其在跨境电商中具有特殊意义。平台经济理论强调平台的中介角色，通过连接供应商和消费者，促进交易的实现。在跨境电商平台上，各类商家能够通过共享平台的资源和流量，更加高效地推广产品，提高销量。电子商务理论中的生态系统理论也在跨境电商中得到了应用。生态系统理论强调企业与其周边环境的相互依存关系，跨境电商平台就是一个典型的商业生态系统。各个参与方（卖家、买家、物流服务商等）在平台上相互协作，形成了一个既相对独立又相互联系的商业生态系统。电子商务理论还强调供应链管理的重要性。跨境电商中的供应链涉及国际货物运输、海关清关、仓储管理等多个环节。电子商务理论中的供应链管理理念为企业提供了更为科学的供应链组织和协调方法，以确保产品能够高效地从生产地到消费地。电子商务理论中的创新理念也对跨境电商产生了深远的影响。创新理念强调通过技术、服务、商业模式等方面的创新来获取竞争优势。在跨境电商中，不断创新的企业更容易适应市场变化，提高市场竞争力。电子商务理论在跨境电商中扮演了重要角色。通过关注信息技术、商业模式、用户体验、数据价值、网络效应、法律伦理、平台经济、生态系统、供应链管理和创新等方面的问题，电子商务理论为跨境电商的发展提供了理论支持和实践指导。

（三）国际市场营销理论

国际市场营销理论对于跨境电商的发展具有深远的影响。在全球化的背景下，市场营销理论在跨境电商中的应用不仅是企业成功进军国际市场的关键，也为跨境电商在竞争激烈的环境中找到了更为有效的经营策略。国际市场营销理论强调了对不同国家和文化的深刻理解，这对于跨境电商而言至关重要。在实施国际市场营销战略时，企业必须考虑到不同国家的文化、社会习惯、法律法规等方面的因素。只有通过深入的市场调研，企业才能更好地制定适应当地市场的产品、服务和营销策略，融入当地文化，赢得消费者的认可。市场定位是国际市场营销理论的核心概念之一。在跨境电商中，企业需要通过精准的市场定位，找到适合自己的国际市场细分领域。这不仅包括了产品特性的匹配，还需考虑到当地的消费者需求、竞争格局等因素。通过有效的市场定位，跨境电商企业能够更好地满足目标市场的需求，提高市场占有率。品牌建设是国际市场营销理论的另一重要组成部分。在跨境电商中，品牌是企业赢得国际市场的重要资产。只有通过有效的品牌建设，企业才能够在国际市场上树立起良好的企业形象，增强产品的竞争力。品牌建设不仅包括了标志、口号等表面因素，更需要将企业文化、价值观传递给消费者，以建立起消费者与品牌之间的深度连接。通过分析企业的优势、劣势、机遇和挑战，企业能够更好地制定国际市场战略，做到因地制宜。分析有助于企业更全面地了解自身在国际市场中的竞争地位，把握市场机会，应对市场挑战，提高企业在全球范围内的竞争力。国际市场营销理论中的"四P"理论也被广泛应用于跨境电商。企业需要在产品、价格、渠道和促销策略上做出综合考量，以适应不同国际市场的特点。例如，在产品方面，企业需要根据不同市场的需求进行定制；在价格方面，要考虑到汇率、税收等多方面因素；在渠道方面，要选择适当的销售渠道；在促销方面，要结合不同国家的文化和传播途径进行定制化。网络营销是国际市场营销理论中的新兴领域，也是跨境电商中的重要组成部分。通过互联网、社交媒体等渠道，企业可以更广泛、更精准地触达全球消费者。网络营销不仅使信息传播更加迅速，也使互动更为直接，企业能够更好地了解和回应消费者的需求，建立起更加紧密的客户关系。社会化营销是国际市场营销理论的延伸，其强调通过社交媒体等平台进行品牌营销，借助用户之间的社交关系进行信息传播。在跨境电商中，社会化营销为企业提供了更直接、更具有个性化的推广方式。通过用户分享、口碑传播，企业能够更好地渗透目标市场，提高品牌知名度，引导消费者的购买决策。国际市场营销理论中的关系营销理念也对跨境电商产生了深远的影响。在全球范围内建立稳固的合作关系，通过与供应商、分销商、消费者等各方建立长期的合作伙伴关系，有助于企业更好地适应国际市场的动态变化。通过关系营销，企业能够更好地获取市场信息，快速调整产品和服务，提升企业在国际市场的竞争力。国际市场营销理论在跨境电商中的应用是多方位的。通过深入理解和灵活运用市场营销理论，跨境电商企业能够更好地应对全球市场的变化，实现全球范围内的可持续发展。这种理论的应用不仅在战略层面有所帮助，也在具体的市场操作中提供了指导和支持，为跨境电商的成功发展提供了理论基础和实践指导。

（四）跨境电商理论

跨境电商是电子商务的一种形态，其本质是通过互联网技术，将商业活动拓展到国际范围。这种商业模式突破了传统国界限制，使商品和服务能够跨越地域障碍，实现全球范围内的买卖交流。跨境电商的发展得益于全球化趋势和科技进步，对国际贸易格局产生了深刻影响。在跨境电商的理论体系中，国际贸易理论扮演了关键角色。古典国际贸易理论主张比较优势，即国家应专注于生产自身擅长的商品，通过贸易实现资源的最优配置。跨境电商正是借助这一理论，通过全球范围内的供应链优化，实现生产要素的高效配置。这种理论指导下的跨境电商使全球各国能够更好地参与国际分工，推动了国际贸易的发展。新贸易理论对跨境电商的理论体系也有深远影响。新贸易理论关注企业之间的差异化和规模经济，认为国际贸易中存在着产品差异和规模经济的双重效应。跨境电商正是通过整合全球优势资源，实现商品差异化和规模效应的最大化。这一理论启示下的跨境电商模式更加注重市场细分和个性化服务，满足不同消费者群体的需求。跨境电商还受到电子商务理论的启发。电子商务理论强调信息技术在商业活动中的作用，跨境电商正是借助信息技术的发展，实现了国际市场的在线拓展。通过电子商务平台，企业能够迅速建立全球市场渠道，实现商品和服务的在线交流。这种理论支持下的跨境电商模式使商业活动更为高效、便捷，提升了国际贸易的数字化水平。消费者行为理论也对跨境电商产生了深远的影响。随着互联网的普及，消费者的购物行为发生了根本性的变化。跨境电商正是充分利用了消费者的线上购物需求，通过提供更丰富的商品选择、更低廉的价格和更方便的购物体验，满足了现代消费者的多样化需求。消费者行为理论的发展使跨境电商更加注重用户体验和个性化服务，提高了企业在国际市场中的竞争力。跨境电商在金融学理论中也有其独特之处。金融学理论强调了跨境支付、汇率风险管理等方面的问题。在跨境电商中，企业需要面对不同国家的货币体系和支付方式，同时需要应对汇率波动带来的风险。在金融学理论的引导下，跨境电商企业在支付结算、资金管理等方面进行了创新，提高了贸易的便利性和安全性。在法学理论的指导下，跨境电商在国际贸易法、电子商务法等方面进行了法规遵循和规范建设。法学理论强调了法治环境对商业活动的规范作用。在跨境电商中，企业需要遵循不同国家和地区的法规，解决好合同纠纷、知识产权保护等法律问题。在法学理论的引导下，跨境电商在法律合规方面进行了深入研究和实践，提高了企业的法律风险管理水平。社会学理论也对跨境电商产生了一定影响。社会学理论关注社会环境对商业活动的影响，而跨境电商正是在全球化的社会环境下崛起的。社会学理论阐释了企业在国际市场中应当注重社会责任、文化差异等方面的考量。跨境电商在社会学理论的引导下，更注重尊重当地文化、推动社会可持续发展，提高了企业在国际市场中的社会地位。跨境电商的理论体系是多元且复杂的，涵盖了国际贸易理论、新贸易理论、电子商务理论、消费者行为理论、金融学理论、法学理论和社会学理论等多个学科领域。这些理论相互交融、相互促进，共同构建了跨境电商的理论框架。这一框架既在理论层面为跨境电商奠定了深厚的基础，也在实践层面为跨境电商的发展提供了指导和支持。跨境电商的成功离不开这些理论的深刻阐释和指导。

二、跨境电商教育课程的实际设计

（一）国际贸易实务

国际贸易实务在跨境电商的背景下显得愈发复杂而充满挑战。贸易主体的多元化成为显著特点，不仅有传统的制造企业，还有数字化时代兴起的互联网公司。这种多元化主体的涌现为国际贸易的实务操作带来了新的考验，需要采取更加灵活的应对策略。国际贸易实务中的法律和合规问题变得尤为重要。数字化时代的跨境电商涉及多个国家和地区，其间的法规差异和法律体系的碰撞成为制约贸易的关键因素。贸易各方需深入研究各国贸易法规，确保合规经营，避免法律纠纷。在国际贸易实务中，支付和结算环节的风险得到了极大关注。由于涉及多个国家和地区的货币，支付的时效性和安全性成为至关重要的问题。贸易双方需采用安全、便捷的支付手段，同时建立完善的结算机制，以降低支付和结算风险。物流与运输问题是国际贸易实务中需要高度重视的方面。跨境电商的特点决定了商品的物流与运输需要更为迅速、精准。因此，建立高效的国际物流体系，选择可靠的运输方式，以确保货物能够及时、安全地到达目的地，成为贸易实务中的一项重要任务。国际贸易实务中的海关与报关环节也不可忽视。由于跨境电商涉及不同国家的海关制度和报关要求，贸易双方需熟悉并遵守各国的进出口规定。建立高效的报关流程，提前准备好相关单证，有助于加快货物的通关速度，降低贸易成本。在国际贸易实务中，市场营销策略至关重要。由于跨境电商面临全球市场，贸易双方需要制定差异化的市场营销策略，根据不同国家和地区的文化、消费习惯、市场需求等因素，调整产品推广和宣传手法，以提高商品在国际市场的竞争力。国际贸易实务中的品牌建设也是一个关键环节。打造国际化的品牌形象，塑造可信赖的品牌，有助于提升商品在全球市场的知名度和美誉度。品牌的建设不仅是产品质量的保证，还是一个涉及文化、价值观等多方面因素的复杂过程。国际贸易实务中的风险管理不可忽视。由于涉及多方、多国，贸易风险呈现多样化和不确定性。贸易双方需要采取有效措施，规避汇率风险、市场风险、信用风险等各类潜在风险，以保障贸易顺利进行。在国际贸易实务中，文化差异也是一个需要充分考虑的因素。由于涉及不同国家和地区，贸易双方需要理解和尊重对方的文化，调整商业交往方式，以建立良好的合作关系。文化的融合有助于降低合作过程中的误解和冲突，推动贸易事务的顺利进行。国际贸易实务在跨境电商中呈现出更为复杂和多元的特点。在处理法律合规、支付结算、物流运输、海关报关、市场营销、品牌建设、风险管理和文化差异等方面，贸易双方需要有针对性地制定战略和措施，以适应数字化时代的跨境电商发展趋势，确保贸易的顺利进行。

（二）跨境电商平台操作

跨境电商平台操作是一项复杂而精密的活动，要求企业在全球范围内建立稳固的网络基础设施，高效运转供应链，并灵活应对国际市场的多变情况。对于跨境电商平台而言，必须深刻理解不同国家和地区的商业文化与法规，以便更好地满足当地消费者的需求。建设和维护强大的技术支持系统是跨境电商平台成功运营的关键。这包括了高效的数据管理系统、安全的支付系统、智能化的物流管理系统等。跨境电商平台需要不断升级和优化这些系统，以适应迅速变化的市场环境。在此基础上，供应链的有效管理至关重要。跨境电商平台需要与全球范围内的供应商建立紧密的合作关系，确保及时而稳定的货源。为了降低物流成本和提高交货效率，物流系统的优化也是必不可少的。跨境电商平台需要积极参与国际市场的营销活动。这包括了个性化的广告宣传、社交媒体营销以及定制化的促销策略等。通过这些手段，平台能够更好地吸引目标受众，提高品牌知名度，并在激烈的国际竞争中脱颖而出。跨境电商平台还需要关注并及时适应国际市场的法规和政策变化。这需要建立专业的法务团队，密切关注各国政府的政策调整，确保平台的运营始终合法合规。加强与国际政府机构的沟通和合作也是非常重要的，以降低潜在的法律风险。跨境电商平台操作需要在全球范围内建立起紧密的网络和合作关系，保持高度的灵活性和适应性。只有通过精心设计和不断升级的运营体系，以及对国际市场变化的敏锐洞察，跨境电商平台才能在竞争激烈的环境中立足并蓬勃发展。

（三）实际案例分析

亚马逊是一家全球性的跨境电商巨头，其成功经验提供了深刻的案例分析。亚马逊在全球市场的蓬勃发展反映了其独特的商业模式和战略举措。亚马逊通过构建庞大的全球供应链网络，实现了商品的全球化流通。该公司与全球各地的供应商建立了密切的合作关系，借助其强大的物流体系，将商品快速、高效地运送到全球消费者手中。亚马逊的全球供应链网络为其提供了丰富的商品选择，同时也确保了货物的及时交付，提升了用户体验。亚马逊致力于通过技术创新提升用户购物体验。该公司引入了人工智能、大数据分析等先进技术，通过智能推荐系统，为用户提供个性化的购物建议。亚马逊的技术创新不仅提高了用户黏性，还帮助企业更好地理解和满足用户需求，推动了销售额的不断增长。亚马逊注重建设并优化其电商平台。该平台提供了便捷的购物界面，使用户能够轻松地搜索和比较商品。亚马逊还鼓励第三方卖家加入其平台，扩大了商品种类，提升了市场竞争力。通过不断优化平台功能，亚马逊实现了用户和卖家的双赢。亚马逊还通过跨境电商拓展国际市场。其国际市场业务覆盖了全球多个国家和地区，为全球消费者提供了便捷的购物通道。亚马逊通过了解各国市场的文化、法规等特点，灵活调整其战略，成功满足了不同国际市场的需求。亚马逊还注重品牌建设和市场推广。通过推出自有品牌、进行广告宣传等手段，亚马逊在全球范围内树立了强大的品牌形象。其市场推广活动不仅提高了品牌知名度，还吸引了更多用户的关注和信赖。亚马逊也面临一些挑战。其全球化运营需要不断适应不同国家的法规和文化，这可能导致一些国际市场的运营风险。亚马逊在一些国家市场上的垄断地位引发了一些反垄断争议，要求其遵守更加严格的法规和监管。亚马逊作为一个成功的跨境电商案例，其经验值得深入研究和借鉴。通过全球供应链网络、技术创新、平台建设、国际市场拓展和品牌推广，亚马逊实现了在竞争激烈的跨境电商市场中的持续发展。

（四）跨学科融合

跨学科融合在跨境电商领域扮演着重要的角色，其复杂性与多层次性使各种学科的深度整合变得不可或缺。信息技术作为核心元素，与商业学科的融合构建了数字化时代的电商体系。信息技术的迅速发展为跨境电商提供了创新和高效的平台，使商业活动在全球范围内更加便捷和灵活。法学的融合在跨境电商中显得尤为关键。由于跨境电商涉及不同国家和地区的法律法规，法学的融合成为保障商业活动合法性和合规性的基础。深入研究和理解各国贸易法规，建立适应跨境电商的法律体系，是保障商业合作持续发展的重要因素。经济学在跨境电商中发挥了重要作用，其与其他学科的融合使对国际市场、货币政策、贸易理论等方面的研究更为深入。经济学的观点和模型为制定商业策略、解读市场趋势提供了有力的支持，推动了跨境电商在全球范围内的拓展。管理学的融合对于组织和协调跨境电商活动至关重要。管理学提供了丰富的组织理论和管理实践，使企业能够更好地应对复杂多变的国际市场。管理学的融合使企业能够更灵活地调整组织结构、制定战略，应对来自不同国家和文化的挑战。市场营销学与心理学的融合为跨境电商提供了更为深入的消费者洞察依据。市场营销学提供了从产品定位、品牌推广到营销策略的理论体系，而心理学的融合使企业能够更好地理解和满足不同文化背景下的消费者需求，提高市场竞争力。社会学的融合使对社会和文化因素的研究更加深入。跨境电商在全球范围内运作，社会学的融合帮助企业更好地适应不同社会和文化环境，理解各国消费者的生活方式和习惯,从而更好地定位产品和服务。环境学与可持续发展理论的融合为跨境电商提供了在全球范围内实现可持续发展的指导。环境学的视角帮助企业更好地认识和应对环境变化,采取绿色、环保的经营方式,推动跨境电商向可持续的方向发展。计算机科学的融合为跨境电商提供了先进的技术支持。计算机科学与信息技术的深度融合推动了电商平台的创新和升级,提高了系统的安全性和效率,为企业提供了更强大的数据处理和管理能力。教育学的融合促使跨境电商人才培养更加全面。教育学的理论和方法使培养具备跨学科知识和技能的电商专业人才成为可能,使新一代电商从业者能够更好地适应复杂多变的国际市场环境。艺术学的融合为跨境电商提供了更为创新和有吸引力的设计理念。艺术学的视角使电商平台的界面、广告宣传等更富有艺术感和创意,提升了用户体验和品牌形象。跨学科融合为跨境电商的发展提供了广阔的视野和深度的支持。各学科之间的有机结合使跨境电商能够更好地理解和应对国际市场的各种挑战,为全球范围内的商业合作创造了更为有利的条件。

第二节　教材和教学资源的选择与制作

一、教材选择的原则与方法

(一)教材的实践性

教材的实践性在跨境电商领域具有重要作用。教材不仅是传递理论知识的工具,还是培养学生实际操作技能的媒介。教材的实践性设计应基于真实案例和市场情境。通过将学习内容与实际商业案例相结合,学生能够更深刻地理解理论知识在实践中的应用,提高解决实际问题的能力。教材应注重培养学生的团队协作和沟通能力。跨境电商通常涉及多个领域,包括市场营销、物流管理、法律合规等,因此,通过组织学生进行团队项目,使其学会有效协作和沟通,提高其解决复杂问题的综合素养。教材的实践性设计还应关注技术应用的培养。跨境电商离不开信息技术的支持,因此,教材应当引导学生掌握电商平台的使用,了解数据分析工具,培养他们在数字时代背景下的实际操作能力。教材的实践性设计需注重学生国际化视角的培养。跨境电商的特点决定了其涉及不同国家和文化，因此，教材应该引导学生关注国际市场的多样性，了解不同文化对商业活动的影响，培养他们具备全球眼光的能力。在教材实践性设计中，法律合规意识的培养至关重要。因为跨境电商涉及多国法规的复杂性，教材应当引导学生学习并应用相关法律知识，使他们具备在实际运营中确保合法合规的能力。物流与运输管理是跨境电商不可或缺的一环，因此，教材的实践性设计需注重物流管理能力的培养。通过实际案例和项目，学生能够学习并应用物流规划、仓储管理等实用技能，提高对物流环节的整体把控能力。教材的实践性设计还需注重市场营销策略的培养。因为跨境电商需要灵活的市场策略，教材应引导学生学习市场调研、品牌定位等知识，并通过实际项目锻炼其制订切实可行的市场营销方案的能力。贸易风险管理是跨境电商中一个不可或缺的方面，因此，教材的实践性设计应引导学生认识并应对贸易风险。通过模拟真实的贸易案例，学生能够学会识别和降低贸易风险，提高对贸易风险不确定性的适应能力。教材的实践性设计也应该注重国际商务谈判能力的培养。由于涉及多方合作，学生需要学会国际商务谈判的技巧，以确保商业合作的顺利进行。通过实际案例的分析和模拟谈判，学生能够更好地掌握谈判策略和技巧。教材的实践性设计应着力培养学生的创新能力。跨境电商是一个快速发展、不断创新的领域，教材应当引导学生了解行业前沿动态，激发他们的创新思维，培养他们在未知环境中解决问题的能力。教材的实践性设计在跨境电商领域中起到了至关重要的作用。通过真实案例、团队合作、技术应用、国际化视角、法律合规、物流管理、市场营销、贸易风险管理、国际商务谈判和创新能力的培养，学生能够更好地适应复杂多变的跨境电商环境，为将来从业打下坚实的实践基础。

（二）教材选择的案例导向

教材选择在跨境电商学习过程中具有关键作用。通过案例导向的教学，学生能够深入了解跨境电商领域的实际运作和挑战，培养实际问题解决的能力。以阿里巴巴为例，这是一家在跨境电商领域取得巨大成功的企业。阿里巴巴的成功经验涵盖了多个方面，包括国际市场拓展、供应链管理、技术创新以及品牌建设等。通过选择阿里巴巴作为案例，教材可以向学生展示一个全方位、多层次的跨境电商运营过程。教材可以着重介绍阿里巴巴的国际市场拓展策略。该公司通过深入了解不同国家和地区的市场需求，采取了灵活的战略，有针对性地推动国际业务的发展。这可以帮助学生理解在全球化背景下，企业应如何应对不同文化、法规和市场条件，制定切实可行的战略。教材可以深入探讨阿里巴巴在供应链管理方面的实践。跨境电商的成功离不开高效的供应链，而阿里巴巴通过引入先进的技术和建设全球化的供应链网络，实现了商品的快速流通和及时交付。通过深入分析案例，学生可以了解到在跨境电商中，供应链的重要性以及如何通过科技手段提升供应链的效率。教材可以突出阿里巴巴在技术创新方面的努力。该公司通过引入人工智能、大数据等技术，不断优化其电商平台，提升用户体验。学生可以通过深入分析了解技术创新在跨境电商中的应用，以及如何通过技术手段解决实际运营中的问题。品牌建设也是阿里巴巴成功的一个重要因素。教材选择阿里巴巴作为案例，可以帮助学生理解品牌对于跨境电商企业的价值。阿里巴巴通过推出自有品牌、进行广告宣传等手段，成功树立了强大的品牌形象，提高了企业在国际市场中的竞争力。教材可以探讨阿里巴巴在面对国际市场法规和政策时的应对策略。随着全球贸易形势的不断变化，企业需要灵活应对各种法规和政策调整。通过深入分析阿里巴巴的案例，学生可以了解企业如何在国际贸易中保持合规，防范潜在法律风险。通过选择阿里巴巴等成功跨境电商企业为案例，教材能够在实际案例中展现跨境电商的多个方面，为学生提供更具体、更实际的学习体验。这样的案例导向教学有助于学生更好地理解理论知识，并培养实际问题解决的能力，为将来从事跨境电商行业提供有力支持。

（三）最新性与更新速度

跨境电商作为一个快速发展的行业，其最新性与更新速度快是其独特之处。随着技术的不断创新，跨境电商平台不断推陈出新。新的技术，例如人工智能、大数据分析、区块链等的应用，使电商平台更具智能化和高效性。这种技术的不断更新，推动了跨境电商行业的飞速发展，为企业提供了更为先进和便捷的业务工具。跨境电商在商品和服务领域的不断创新也为其带来了新的机遇。企业通过引入新产品、拓展服务范围，满足消费者不断变化的需求，从而保持竞争力。创新不仅包括产品本身的创新，也包括供应链、营销策略等多个方面的更新，以更好地适应市场的变化。在国际市场上，最新的国际贸易政策和法规的不断制定与调整也对跨境电商产生深远影响。因为涉及多个国家和地区，电商企业需要密切关注各国贸易政策的更新，以保证自身业务的合法合规。新的政策和法规的发布为企业提供了开发新市场与拓展业务的机遇。消费者行为的不断变化也对跨境电商的最新性提出了挑战。随着社会发展和科技进步，消费者的购物习惯、偏好和需求不断发生变化。因此，跨境电商企业需要不断了解并适应这些变化，调整产品结构和销售策略，以保持与市场同步。更新速度在跨境电商中显得尤为迅猛。电商平台的不断更新迭代，推动了整个行业的快速发展。为了更好地满足市场需求，企业也需要不断调整和优化自身的运营模式、供应链管理和营销策略。这种快速的更新速度使跨境电商行业充满活力，也对从业者提出了更高的要求。在全球化的趋势下，跨境电商行业的最新性还表现为不断开拓新的国际市场。电商企业通过不断拓展新的国际市场，寻找新的商机和合作伙伴，以更好地适应全球化竞争的激烈程度。最新性与更新速度快也体现在电商行业的竞争态势中。由于市场的开放性和竞争的激烈性，企业需要不断提升自身的竞争力，与其他同行保持差异化。这要求企业不仅要密切关注行业动态，把握市场趋势，还要灵活调整战略，以求在激烈的竞争环境中立于不败之地。跨境电商作为一个快速发展的行业，其最新性与更新速度快表现得极为显著。技术、市场、法规、消费者行为等多个方面的不断创新与调整，使跨境电商企业需要保持高度的敏感性，不断调整和优化自身，以适应不断变化的市场环境。

（四）多元化的资源形式

跨境电商在资源形式上呈现多元化的特点，这体现在供应链、市场推广、技术创新和人才队伍等多个方面。供应链的多元化是跨境电商成功的关键。企业通过建立全球供应链网络，与各地的供应商建立紧密的合作关系，以确保商品的及时供应。这不仅包括了原材料的采购，还涉及产品的制造和最终的物流配送。通过多元化的供应链，跨境电商企业能够更好地适应市场变化，降低运营风险，提高供应链的灵活性和可靠性。市场推广的多元化也是跨境电商成功的一个要素。企业在国际市场中采取多种市场推广手段，包括数字营销、社交媒体宣传、线上线下结合等。通过多元化的市场推广策略，跨境电商企业能够更好地触及目标受众，提高品牌曝光度，同时更灵活地应对不同国家和地区的市场环境与文化特点。在技术创新方面，跨境电商企业在不同领域进行多元化的尝试。引入人工智能、大数据分析、物联网等技术，以提升平台的用户体验、优化供应链管理、实现智能化的物流等。通过多元化的技术创新，跨境电商企业能够更好地适应快速发展的科技趋势，保持行业领先地位。人才队伍的多元化也是跨境电商成功的一个关键因素。在人才招聘和培养方面，跨境电商企业注重拥有多元化专业背景和文化背景的团队。这有助于更好地理解和适应不同国家和地区的市场需求，提升企业的全球竞争力。多元化的团队也能够为企业带来创新思维，推动业务发展。金融资源的多元化也是跨境电商成功的重要保障。企业需要解决跨境支付、汇率风险管理、资金流动等多个方面的金融问题。通过拓展多元化的金融渠道，跨境电商企业能够更好地应对不同国家和地区金融体系的复杂性，确保资金的安全流动。跨境电商在多元化的资源形式中找到了成功的路径。通过构建多元化的供应链、市场推广、技术创新、人才队伍和金融资源，企业能够更好地应对国际市场的复杂性，提高在全球范围内的竞争力。这种多元化的资源形式有助于企业更灵活地适应变化莫测的国际市场，为跨境电商的可持续发展奠定坚实基础。

二、教学资源的选择与制作

（一）在线平台

在线平台是跨境电商的重要组成部分，它的出现和发展使跨境电商具备了更广泛的辐射能力和更高效的商业模式。在线平台作为一个数字化的交易场所，为跨境电商提供了全球范围内的商业机会。在线平台的特点是可以突破地域限制，使卖家和买家可以在虚拟的环境中进行交易，不受地理位置的限制，实现全球范围内的商业合作。在线平台为跨境电商提供了便捷的交易环境。通过在线平台，卖家可以轻松上传产品信息，设置价格，进行促销活动，而买家可以方便地搜索、比较和购买商品。这种便捷的交易环境不仅提高了交易效率，也为卖家和买家提供了更好的交互体验。在线平台的数字化特性使数据分析成为可能。通过对用户行为、购物偏好等数据的收集和分析，在线平台可以更好地了解市场需求，帮助卖家调整产品结构和定价策略，提高交易成功的概率。这种数据驱动的商业运营方式成为跨境电商在竞争中的重要优势。在线平台的多样性也为跨境电商提供了灵活的选择。不同的在线平台有着不同的定位和用户群体，卖家可以根据自身业务特点和目标市场选择适合的平台进行合作。这种多样性使跨境电商有更大的机会拓展业务，实现多渠道发展。在线平台推动了跨境电商的国际化发展。由于在线平台的全球性质，卖家可以轻松进入国际市场，开拓海外客户。这种国际化的发展模式使跨境电商更具全球竞争力，也为卖家提供了更广阔的商业空间。在线平台的社交属性成为促进交流和合作的有力工具。通过在线社交功能，卖家和买家可以建立直接的沟通渠道，解决问题、提供服务。在线社交功能还为卖家提供了品牌推广的机会，通过用户口碑传播，提高品牌知名度。在线平台的物流配套服务为跨境电商提供了便捷的物流支持。一些在线平台提供了全球物流解决方案，卖家可以选择合适的物流服务，实现全球范围内的订单配送。这种物流配套服务大大降低了跨境电商的物流成本和运营风险。在线平台的支付系统使跨境交易更为安全和便捷。通过与各种支付渠道的合作，在线平台为卖家和买家提供了多元化的支付方式，降低了支付风险。这种安全可靠的支付体系为跨境电商的交易打下了坚实的基础。在线平台也推动了跨境电商的创新发展。随着技术的不断进步，在线平台不断推出新的功能和服务，如虚拟现实购物、人工智能客服等，为用户带来更丰富的购物体验。这种不断创新的发展模式使跨境电商行业保持了强劲的生命力。在线平台作为跨境电商的核心组成部分，其快速发展和不断更新的特性为整个行业注入了源源不断的活力。在全球数字化浪潮的推动下，在线平台将继续成为推动跨境电商不断创新和发展的引擎，为卖家和买家提供更为便捷、高效的商业环境。

（二）在线工具

在线工具在跨境电商中发挥着重要作用，为企业提供了便捷的解决方案，涵盖了多个方面，包括市场营销、物流管理、支付结算、数据分析等。市场营销方面的在线工具对于跨境电商至关重要。通过社交媒体平台、搜索引擎广告、电子邮件营销等在线渠道，企业能够更精准地定位目标受众，推广产品和品牌。在线市场营销工具的使用不仅提高了企业在国际市场中的曝光度，还能够实时调整广告策略以适应市场的变化。物流管理方面的在线工具也是跨境电商运作的关键。通过智能化的物流系统，企业能够实现对全球范围内供应链的实时监控和管理。在线物流工具帮助企业优化运输路线、降低物流成本，同时提高交货效率，确保产品能够迅速而安全地到达全球各地的消费者手中。在支付结算方面，跨境电商依赖于在线支付工具来实现国际资金流动。各种在线支付平台能够支持多种货币的结算，同时保障交易的安全性。在线支付工具的使用简化了国际贸易中的支付流程，降低了交易的不确定性，提高了资金的流动效率。数据分析是跨境电商决策制定中不可或缺的一环。通过在线数据分析工具，企业可以对销售数据、用户行为、市场趋势等进行深入分析，为决策提供有力支持。数据分析工具能够帮助企业更好地了解市场需求，调整产品策略，同时实时监测企业绩效，优化经营模式。在线客服工具在提升用户体验方面发挥着关键作用。通过在线聊天、电子邮件支持等方式，企业能够及时回应消费者的问题和需求，解决潜在的售后问题。在线客服工具能够帮助企业与消费者建立更紧密的联系，提升用户满意度，同时积极改进产品和服务。在线工具还包括了电子合同签署、在线会议工具、远程团队协作平台等，这些工具为跨境电商提供了便捷的合作和沟通方式。特别是在全球化背景下，团队可能分布在不同的地理位置，通过在线工具，团队能够实现高效的协作，推动项目的顺利进行。跨境电商依赖于多样化的在线工具来支持其各个环节的运营。这些工具在市场营销、物流管理、支付结算、数据分析等多个方面发挥着关键作用，提高了企业的运营效率、降低了成本，同时为企业在国际市场的竞争中赢得了更大的优势。在线工具的发展和应用将继续成为跨境电商行业发展的推动力。

（三）行业报告与研究

行业报告与研究在跨境电商领域扮演着至关重要的角色，它们不仅提供了关于行业发展的翔实信息，还为企业制定战略决策提供了可靠的依据。行业报告是对跨境电商市场深入调研和全面分析的产物。这种报告通过对市场规模、增长趋势、竞争格局等方面的研究，为从业者提供了对市场全貌的清晰认识，帮助其更好地把握市场机遇和挑战。行业报告还关注了跨境电商的市场细分和特色。通过对市场细分的研究，行业报告揭示了不同细分市场的需求差异和发展趋势，为企业提供了更有针对性的经营策略。这种深入挖掘市场特色的方式使从业者能够更灵活地调整产品和服务，更好地满足不同细分市场的需求。行业报告也关注了跨境电商的国际市场拓展。通过对全球主要市场的调研，报告提供了关于国际市场的政策、消费者行为、竞争对手等方面的翔实信息。这种全球视角使企业能够更全面地了解国际市场的机会和风险，为跨境拓展提供了重要参考。研究是行业报告的核心，它通常包括对市场趋势、技术创新、消费者需求等方面的深入探讨。研究通过采用不同的方法，如实地调查、数据分析、案例研究等，为跨境电商的相关领域提供了前沿的知识和信息。这种研究的深度和广度使行业报告成为行业内最权威的信息源之一。除了对市场的研究外，行业报告还关注了跨境电商的技术应用。通过对新兴技术如人工智能、大数据、区块链在电商中应用状况的研究，报告为企业提供了关于未来发展方向的有力指引。这种对技术趋势的研究有助于企业把握先机，更好地应对科技创新对行业的影响。在行业报告的基础上，研究机构还会推出专题研究，深入探讨跨境电商中的热点。这种专题研究通常围绕市场变革、政策法规、新兴业态等方面展开，为企业提供了更为具体和实用的指导。通过对特定问题的深度研究，专题研究为企业提供了更具针对性的战略建议。与此同时，研究机构还通过行业论坛、研讨会等方式，促进跨境电商领域的交流和合作。这种形式的研究活动为从业者提供了与同行分享经验、交流观点的平台，促使行业内部的良性竞争和合作。行业报告与研究在跨境电商领域的重要性不可或缺。它们通过对市场、技术、政策等多个方面的深度研究，为企业提供了全面的信息支持，帮助其更准确地制定发展战略。行业报告与研究的广度和深度直接关系到企业在激烈竞争中的竞争力及可持续发展。

（四）学术期刊和专业书籍

学术期刊和专业书籍在跨境电商领域发挥着重要的作用。这些资源提供了深度和广度的知识，为研究者、从业者和决策者提供了丰富的信息与理论支持。学术期刊和专业书籍的研究内容涵盖了跨境电商的各个方面，从国际市场拓展到供应链管理、技术创新和法律法规等多个领域，为跨境电商的可持续发展提供了重要的理论基础。学术期刊作为学术界的重要出版物，汇聚了众多学者的研究成果。这些期刊通过同行评议的方式确保了研究的质量和可信度。在跨境电商领域，学术期刊不仅涉及国际贸易、国际营销、信息技术等基础领域，还深入研究了跨境电商的新兴趋势和挑战。研究者通过阅读学术期刊，能够深入了解行业前沿的理论观点、方法论和实证研究，从而为他们的研究工作提供有力的支持。专业书籍则在跨境电商领域提供了更为全面和系统的知识体系。这些书籍往往由行业专家或资深从业者编写，汇聚了他们多年的经验和见解。专业书籍既涵盖了理论研究，又关注实践操作，为跨境电商的管理者和决策者提供了具体可行的指导。这些书籍不仅包括了基础概念，还深入剖析了行业内的关键问题，如国际市场营销策略、全球供应链管理、电子商务法律风险等。学术期刊和专业书籍的内容多样且深入，从跨境电商的战略规划到具体执行，从市场分析到技术应用，无不涉及。研究者和从业者通过阅读这些资源，能够获得更为系统和全面的知识结构，从而更好地理解跨境电商领域的复杂性和多样性。学术期刊和专业书籍也起到了知识传递与共享的作用。通过这些渠道，新兴的研究成果、前沿理论和成功案例能够及时传播给整个学术和商业社群。这有助于促进行业内的交流与合作，推动跨境电商领域的发展。学术期刊和专业书籍也存在一定的滞后性。由于其审稿和编辑出版的流程，某些新兴的趋势和技术可能尚未得到充分的覆盖。因此，研究者和从业者还需结合实际情况，关注行业动态、参与学术会议和交流活动，以获取最新的信息和见解。学术期刊和专业书籍在跨境电商领域扮演着不可替代的角色。通过深入研读这些资源，研究者能够获取丰富的理论支持，从业者能够得到实用的指导，决策者能够更好地制定战略规划。这种深度与广度相结合的知识体系为跨境电商的发展提供了坚实的基础。

三、跨境电商教学资源的制作与更新

制作实操教学视频是跨境电商教育的重要组成部分，具有重要的实用性和直观性。教学视频可以直观地展示跨境电商操作流程，帮助学生理解实际操作的步骤和方法。通过视频，学生可以看到真实的操作过程，更容易理解和掌握跨境电商业务的实操技能。教学视频能够提供真实案例和实际操作经验。通过录制实际的跨境电商交易、物流操作等场景，学生能够从实际案例中学到更多的经验和技巧。这种基于实际案例的学习方法有助于学生更好地应对实际工作中的复杂情境。教学视频还可以展示跨境电商平台和工具的使用方法。通过演示如何使用电商平台、支付系统、物流管理工具等，学生可以快速掌握这些工具的操作技能，提高工作效率。这对于培养学生在数字时代背景下的实际操作能力至关重要。教学视频可以展示跨境电商中涉及的国际贸易法律和合规要求。通过演示相关操作步骤和注意事项，教学视频有助于学生了解并遵守国际贸易法规，提高他们的法律合规意识。这种直观的教学方式有助于学生更好地理解复杂的法规要求。教学视频可以结合实地拍摄和动画演示，形成更生动的教学内容。通过展示实际仓储、物流流程，以及动画演示跨境电商平台的操作界面等，学生可以更全面地了解跨境电商业务的各个方面。这种生动形象的呈现方式使教学内容更加容易被理解和记忆。教学视频可以灵活运用多媒体技术，包括音频、图像、文字等多种元素，使得教学内容更加丰富和多样。通过配音解说、文字提示等方式，学生可以在观看视频的同时听到相关解释和说明，提高学习效果。这种多媒体综合运用的方式使教学视频更具吸引力和互动性。制作实操教学视频还有利于在线教育的推广和应用。通过将教学视频上传到在线平台，学生可以随时随地观看，灵活安排学习时间。这种在线教学的形式使跨境电商教育更具普及性，不受地域和时间的限制。制作实操教学视频有助于师生互动。教学视频可以作为课堂教学的补充，教师可以借助视频展开实际案例分析和讨论，激发学生的思考和参与积极性。学生在学习过程中也可以通过提问和反馈，与教师进行及时的互动。制作实操教学视频是跨境电商教育中一种高效而实用的教学手段。通过直观展示实际操作流程、演示操作工具和平台、提供真实案例和经验等方式，教学视频能够帮助学生更好地理解和掌握跨境电商业务的实际操作技能，为其职业发展奠定坚实的基础。行业实习与合作项目在跨境电商领域扮演着重要的角色。这些实践性的机会为学生、研究者和企业提供了深入了解行业运作和解决实际问题的平台。行业实习是学生获取实际经验的关键途径。通过在跨境电商企业的实习，学生能够亲身感受行业的日常运作，了解市场需求和竞争状况。在实际工作中，他们接触到各个职能部门，参与到项目中，培养了解决问题的实际能力和团队协作意识。实习经验不仅能够培养学生的职业素养，也为他们将理论知识应用到实践中提供了宝贵机会。合作项目成为学术界和企业之间深度互动的桥梁。学术界通过与跨境电商企业展开合作项目，能够更好地了解实际问题、获取数据支持，并将研究成果应用到实际中。企业也能够通过与学术界的合作项目获得前沿的研究成果，促进自身的创新和发展。这种紧密的合作关系促进了理论和实践的有机结合，推动了跨境电商领域的持续发展。在行业实习和合作项目中，人才培养是一个重要的目标。跨境电商企业通过提供实际项目，为学生和年轻研究者提供了展现自己实力的平台。在项目中，他们能够面对真实的问题，从而培养解决问题的能力和创新思维。企业也通过这样的机会挖掘并培养了更多的人才，为行业的可持续发展注入新鲜血液。合作项目也为企业提供了共享资源的机会。在项目合作中，企业能够借助学术界的研究力量解决自身难题，获取新的思路和方法。学术界的研究成果为企业提供了更为系统和深入的理论支持，助力企业在激烈的市场竞争中更具竞争力。行业实习和合作项目不仅有助于学生和企业，也对学术研究产生积极影响。通过参与实际项目，研究者能够更准确地把握行业热点，深入了解实际问题，推动理论的深化。与企业的合作使研究更具实践价值，有助于形成更为完善的研究体系。行业实习与合作项目在跨境电商领域扮演着重要的角色。通过这些实践机会，学生和年轻研究者能够积累实际经验，提升解决实际问题的能力；企业能够借助学术界的力量解决难题、拓展创新思路；学术研究得到实际问题的驱动，推动理论更加贴近实际。这种深度与广度的合作促进了整个跨境电商生态系统的良性发展。

第三节　课程大纲的设计与目标明确

一、课程设计的理论基础

（一）国际贸易理论基础

国际贸易理论基础是跨境电商课程中的关键组成部分，旨在培养学生深刻理解理论和实际运用理论的能力。这门课程以比较优势理论、绝对优势理论、国际要素比较理论和新贸易理论为核心，深入研究国际贸易的基本原理和发展趋势。该课程首先关注比较优势理论，这是国际贸易理论的重要基石。学生将学会理解和分析各国在生产中的相对优势，明白为什么各国应该专注于生产其拥有相对比较优势的商品。通过比较优势理论，学生能够认识到国际贸易如何促进资源的有效配置，为全球经济带来共同繁荣。课程聚焦绝对优势理论，强调国际贸易是基于各国在特定领域具有绝对优势的商品。学生将深入理解亚当·斯密提出的这一理论，并探究绝对优势如何影响国家间的贸易关系。这有助于学生理解国际贸易中的产业分工和资源配置。国际要素比较理论是课程中的另一个关键内容，着重研究不同国家在生产要素方面的差异，如劳动力和资本。学生将通过国际要素比较理论认识到，国际贸易的形成不仅取决于商品的比较优势，还与生产要素的配置和流动有关。新贸易理论是国际贸易课程中的新兴理论，通过拓展传统理论的视野，强调了规模经济、产品差异化和技术创新对国际贸易的影响。学生将深入研究新贸易理论如何解释跨境电商中企业通过规模扩大、产品创新和差异化战略取得国际竞争优势的方式。课程设计还考虑到国际贸易的政治经济学和法律法规，以全面理解国际贸易的复杂性。学生将学习国际贸易政策如何受到国家政治、法律和经济因素的影响，以及在国际贸易中应对法规挑战的实际策略。为了培养学生的实际应用能力，课程设计注重实例分析和案例研究。通过真实案例，学生能够将理论知识应用到实际贸易情境中，提高解决问题的实际能力。课程设计将国际贸易理论与跨境电商实践相结合，使学生能够更好地理解国际贸易对电商行业的影响。通过深入分析国际贸易理论如何指导和解释跨境电商中的业务决策，学生将能够更全面地理解电商领域的国际市场。国际贸易理论基础的跨境电商课程设计以建立学生对国际贸易原理的深刻理解为目标。通过比较优势、绝对优势、要素比较和新贸易理论的深入研究，学生将能够理解国际贸易的核心概念和发展趋势，并能够将这些理论应用到跨境电商的实际情境中。这样的课程设计旨在培养学生全面的思考和分析能力，使其在跨境电商领域取得更大的成功。

（二）电子商务基础

电子商务基础的跨境电商课程设计的核心在于深入挖掘行业的本质和运作机制，培养学生全面理解和实际操作的能力。课程首先要紧密贴合电子商务的实际情况，深度挖掘其技术和商业模式，使学生能够在学习过程中打下坚实的理论基础。课程的设计离不开电子商务的基础理论。学生需要深入了解电子商务的发展历程、主要模式和关键技术。通过对电商平台、支付系统、物流网络等的理解，学生能够全面认识电子商务在现代商业中的重要性。在理论学习的基础上，课程还应重点关注跨境电商的特殊之处，包括国际贸易政策、多元文化交流、跨境支付等方面的知识。课程的模块划分应该考虑到电子商务的多个方面。可以设置电商平台操作模块，让学生深入了解主流电商平台的操作流程和关键功能。还应该包括电商营销策略模块，使学生能够了解市场推广、品牌建设和用户体验等方面的知识。不可或缺的是跨境电商模块，学生需要学习国际贸易政策、海关要求、跨境物流等实际操作的内容。实际操作是电子商务基础的跨境电商课程设计中至关重要的一环。通过实操课程，学生能够将理论知识转化为实际操作技能。电商平台操作的实际演练、营销策略的实际案例分析，以及跨境电商实操项目，都将为学生提供丰富的实操经验，培养他们的实际操作能力。在课程评估方面，不仅要注重学生对理论知识的掌握，还要突出对实际操作的评价。实际项目的完成情况、跨境电商模拟操作的结果，以及对实际案例的分析评价都将成为学生综合素质的考核要点。评价方式的多样化有助于全面了解学生的学习状况，更好地促使其形成全面的能力结构。电子商务基础的跨境电商课程设计的关键在于紧密贴合实际情况，深度挖掘电商的本质和运作机制。通过理论学习、实际操作和多元化评价，课程旨在培养学生对电子商务领域全面、深刻的理解，使其能够胜任跨境电商行业的各类工作。

（三）国际市场营销基础

国际市场营销基础是跨境电商课程中的重要组成部分，它涉及了跨境电商企业在全球市场中推广和销售产品的核心概念与策略。该课程设计侧重于培养学生对国际市场环境的深刻理解。通过对国际市场的分析，学生将了解到不同国家和地区的文化、经济、法律等因素对市场营销的影响，从而为跨境电商企业在不同市场中的运营提供基础认知。课程设计注重培养学生的跨文化沟通和团队协作能力。在国际市场中，由于文化差异，有效的跨文化沟通变得尤为关键。该课程通过案例分析、模拟情境等方式，让学生在实践中学习如何在不同文化背景下进行有效沟通，以及如何协同工作以应对国际市场中的挑战。课程设计强调了市场定位和目标市场选择的重要性。通过实际案例和市场调研，学生将学会如何确定目标市场，了解目标市场的需求和竞争状况，从而有针对性地制定市场定位策略。这有助于跨境电商企业更好地适应不同市场的需求，提高市场占有率。学生将学会如何调整产品策略以满足不同国家和地区的需求，如何灵活制定价格策略以适应各国市场的不同价格敏感度，以及如何选择合适的渠道和推广手段以确保产品在国际市场中的有效推广。课程设计还涵盖了数字营销和社交媒体在国际市场中的应用。随着互联网的普及，数字化营销和社交媒体成为跨境电商的重要推广渠道。学生将学到如何运用各种数字化工具和社交媒体平台，实现全球范围内的品牌推广、市场开拓和客户互动。课程设计强调国际市场营销中的法律和伦理问题。在跨境电商中，不同国家和地区的法律法规差异较大，学生需要了解并遵守各国的法规。伦理问题也是国际市场营销中需要考虑的重要因素，学生需要明确企业在国际市场中的社会责任和道德规范。课程设计注重实践和项目驱动。通过实际案例分析、市场调研项目、模拟营销活动等实践性教学，学生将有机会将所学知识应用到实践中，提高实际问题解决能力。这种项目驱动的教学方式有助于学生更好地理解和掌握国际市场营销的实际操作技能。国际市场营销基础的跨境电商课程设计旨在为学生提供全面的理论知识和实际操作技能，使他们能够在国际市场中胜任跨境电商企业的市场营销工作。通过深入研究国际市场环境、培养跨文化沟通能力、强调市场定位、关注数字化营销和社交媒体应用、关注法律和伦理问题，该课程设计旨在为学生提供全方位的素养，使其能够成功应对跨境电商市场的复杂挑战。

（四）跨境电商基础

跨境电商的兴起与蓬勃发展，对专业人才的需求提出了迫切的培养任务。跨境电商基础课程的设计成为培养学生适应这一行业发展的重要抓手。课程的构建需要深度挖掘国际贸易、电子商务和国际市场营销等领域知识，培养学生系统、全面地理解跨境电商的知识结构和运作机制。课程的理论基础主要涵盖国际贸易、电子商务和国际市场营销等领域。通过深入学习国际贸易理论，学生能够理解贸易的基本原理，为后续学习奠定坚实基础。电子商务基础的学习则使学生能够深刻理解电商的模式、技术基础以及与传统贸易的区别。而国际市场营销的学习将帮助学生掌握市场分析、品牌推广和文化差异等方面的知识，使其具备更广阔的国际商务视野。跨境电商基础课程的设计需要明确目标并将其分解为具体的模块。整体目标可以包括学生了解国际贸易法规、熟练掌握电商平台操作、能够制定国际市场营销策略等。分模块目标则包括学生能够独立完成商品上架、订单管理等任务。目标的设定需要知识、技能和态度的培养，以全面提升学生的综合素质。课程设计的实际构建需要分模块组织内容，确保学生能够逐步深入学习。例如，可以将国际贸易理论放在前期，电子商务基础和国际市场营销放在中后期。选择多样化的教学方法，包括讲座、案例分析、小组讨论、实地考察等，以提高学生的学习兴趣和深度理解能力。评价方式的制定也需要多样化，既包括考试形式，也包括实际项目的评价、小组讨论的表现等，以全面评估学生在知识、技能和态度方面的表现。跨境电商基础课程的设计不仅是为了传授知识，还是为了培养学生的实际应用能力和解决问题的能力。通过课程的系统学习，学生将能够更好地适应跨境电商行业的发展，为行业的可持续发展贡献自己的力量。

二、课程目标的明确与分解

（一）整体目标明确

跨境电商课程设计旨在培养学生深厚的国际商务理论知识，提高其在跨境电商领域的实际操作能力。通过系统学习课程，使学生掌握跨境电商的基本概念、关键技能和最新趋势，帮助他们在全球商业环境中脱颖而出。通过本课程的学习，学生将能够理解国际贸易政策、全球市场趋势以及数字化时代的商业变革，为未来的职业发展奠定坚实基础。该课程设计以实际案例为基础，通过深入剖析成功跨境电商企业的运营模式，揭示其背后的商业逻辑和战略决策。学生将学习到如何制定全球市场拓展战略，建立强大的供应链网络，以及有效利用数据分析和人工智能技术来提升运营效率。课程注重实践，通过模拟实战和项目实践，培养学生在实际业务场景中解决问题的能力。课程还涵盖了国际支付、海关合规、国际物流等方面的知识，以确保学生具备全面的跨境电商经营所需的各项技能。课程还将关注社会责任和可持续发展，使学生了解在全球商业中的道德和社会责任，并能够在实际工作中将这些理念融入业务决策中。在课程的结尾阶段，学生将参与实际项目，通过与行业领先企业的合作，将他们所学的理论知识应用到实际中。这将为他们提供一个锻炼和展示自己能力的机会，同时为未来的职业生涯做好充分准备。本跨境电商课程设计旨在培养学生具备深厚的理论知识和实际操作技能，使他们能够在全球商业竞争中胜出。通过全面而系统的学习，学生将能够理解和应对跨境电商领域的各种挑战，为其未来的职业生涯打下坚实的基础。

（二）分模块目标设定

设计跨境电商课程时，需要将目标划分为不同的模块，以确保学生能够全面理解和掌握相关知识。我们将关注跨境电商的基础概念，通过深入研究全球市场和贸易体系，帮助学生建立起对跨境电商的整体认知。接下来，课程将聚焦于国际市场的机会与挑战，通过实例和案例分析，使学生能够洞察不同国家和地区的市场状况，为跨境电商的决策提供更全面的信息支持。我们将深入研究电商平台的运营和管理。这不仅包括如何选择适合跨境业务的电商平台，还包括如何有效运用数据分析和市场调研工具，以提高企业在国际市场上的竞争力。通过学习最佳实践和案例，学生将能够掌握电商平台的核心运营策略，从而更好地推动企业的国际扩张。课程将聚焦跨境物流和供应链管理。在这个模块中，学生将了解全球物流体系的复杂性，并学会如何优化跨境供应链，以降低成本、提高效率。我们将深入探讨关税、清关流程以及国际运输方式的选择，使学生能够制订可行的跨境物流方案，确保产品能够迅速、安全地抵达目标市场。课程将关注跨境电商的法律和合规问题。学生将了解不同国家和地区的贸易法规与税收政策，以确保企业在国际业务中遵守所有相关法规。通过分析案例和讨论实际问题，学生将培养对法律合规的敏感性，并能够应对不同法律环境下的挑战。这一课程的目标是培养学生具备跨境电商领域的全面素养，能够在国际市场中灵活应对各种情境。通过分模块的设计，确保学生能够系统学习并深化对跨境电商不同方面的理解，为未来从业或研究打下坚实的基础。

（三）知识、技能、态度的平衡

平衡是一项复杂而微妙的任务，尤其是在设计跨境电商课程时，涉及知识、技能和态度的统一。这个平衡不仅是为了培养学生的专业能力，也是为了引导他们面对日益复杂和变化的跨境商业环境。在这个背景下，课程设计应当紧密结合三者，使之相辅相成。知识作为基石，承载着理论和实践。跨境电商所需知识的庞大和多样性要求课程设计者从行业趋势、市场分析到法规政策等方面全面考虑。学生需要了解不同国家和地区的贸易法规、税收政策以及文化背景，以确保他们能够在复杂的国际环境中游刃有余。深入了解电商平台、支付系统和物流体系的运作，使学生能够熟练运用相关技术工具，实现跨境电商的高效运营。技能是知识的具体体现，是将理论付诸实践的手段。在跨境电商课程中，培养学生的实际操作技能至关重要。从市场调研和产品定位到推广与客户服务，学生需要通过实际案例分析和模拟练习，掌握在国际市场中迅速适应、判断和决策的能力。技能的培养还需强调团队协作和沟通能力，因为跨境电商往往涉及多方合作，需要学生具备良好的团队协作精神和跨文化交流能力。态度是决定成功与否的关键因素。在跨境电商领域，成功需要坚定的决心、创新精神和适应能力。课程设计应当通过案例教学、企业实践和导师指导，引导学生形成积极的职业态度。培养学生对不断变化的市场保持敏感性，鼓励他们在面对困难和挑战时保持乐观，积极寻找解决问题的方法。在跨境电商课程设计中需要综合考虑知识、技能和态度的平衡，以确保学生能够全面发展并成功应对复杂多变的国际商业环境。通过有机整合这三者，课程设计者能够为学生提供更为全面和实用的教育体验，培养出具备国际竞争力的跨境电商专业人才。

（四）课程目标的分解

在设计跨境电商课程时，我们需要深入探讨并分解目标，以确保学生在学习过程中能够全面发展各方面的能力。我们将聚焦于培养学生对全球市场和贸易体系的深刻理解。通过学习基础概念，全面认识跨境电商的背后机制，为后续深入学习奠定坚实基础。接着，我们将关注国际市场的机会与挑战，通过具体案例和实际问题的讨论，培养学生在复杂多变的国际环境中敏锐的洞察力。我们将着眼于电商平台的运营与管理。学生将学会如何选择适合跨境业务的平台，并通过深入研究数据分析和市场调研工具，提高企业在国际市场中的竞争力。通过掌握运营策略，学生将能够灵活应对电商平台上的各类挑战，推动企业在全球范围内的业务拓展。我们将深入研究跨境物流和供应链管理。学生将了解全球物流体系的运作机制，学会如何优化供应链，提高效率。关税、清关流程和国际运输方式的选择将是重点，以确保学生能够制订切实可行的跨境物流计划，确保产品在国际运输中的顺利流通。我们将关注跨境电商的法律和合规问题。学生将深入研究不同国家和地区的贸易法规与税收政策，培养在国际业务中合法合规经营的能力。通过实际案例的分析，学生将能够理解并应对不同法律环境下的挑战，为企业的持续发展提供有力支持。这一课程的目标是通过多模块的设计，培养学生在跨境电商领域全面发展的能力。从全球市场认知到电商平台运营，再到物流和法律问题，学生将在课程中得到系统性的培训，为未来在国际市场中取得成功打下坚实基础。

三、课程大纲的实际设计

跨境电商课程的教学方法的选择至关重要，旨在激发学生的学习兴趣和提高他们在实际操作中的能力。课程将采用多元化的教学方法，结合理论学习和实际案例分析，以促使学生全面理解和掌握跨境电商领域的知识与技能。将运用问题导向的学习方法，通过向学生提出具有挑战性的实际问题，激发他们主动思考和解决问题的能力。这有助于培养学生的分析和判断能力，使其能够在复杂的跨境电商环境中迅速做出正确的决策。采用案例教学法，通过深入研究成功和失败的跨境电商案例，让学生从实际业务中吸取经验和教训。这种实例分析的方法可以使学生更好地理解理论知识的实际应用，培养他们分析和解决问题的能力。课程还将引入团队合作和项目实践，通过小组讨论和项目合作，培养学生的团队协作和沟通能力。团队合作有助于模拟真实商业环境，让学生学会与他人协同工作，分享不同的观点和经验，以实现共同目标。课程将融入实地考察，让学生感受跨境电商运营的实际情况。通过实地考察，学生能够更深入地了解国际贸易、物流管理和供应链操作的现实挑战，提高他们的实际操作能力。在教学方法的选择上，还将采用互动式授课，通过讨论和互动环节，使课堂更具活力和参与性。这有助于激发学生的学习兴趣，促使他们积极思考和参与课程内容。采用远程教育和在线学习平台，以便学生能够根据自己的时间和地点进行学习。这种灵活的学习方式有助于满足学生的个性化需求，使他们能够更便捷地获取所需知识。通过这些多元化的教学方法，跨境电商课程旨在激发学生学习的主动性和提高实际操作的能力，使他们能够在全球商业环境中更加自信和成功。为了确保跨境电商课程的有效性和实用性，需要设计一个有机结构的课程内容，以满足学生在知识、技能和态度方面的全面培养需求。课程应以基础理论为切入点，引导学生深入了解国际市场的动态和跨境贸易的法规政策。在这个基础上，课程可以逐步深入，涵盖市场研究、产品策划、电商平台操作、支付系统运作等方面的知识。课程内容应紧密结合实际案例，通过真实的商业情境来展现理论知识的应用。通过对成功和失败案例的分析，学生能够更好地理解在跨境电商中面临的挑战和解决问题的方法。课程还应设置实际操作的环节，如市场调研实操、产品推广模拟等，以培养学生的实际操作能力。在技能培养方面，课程可以通过团队项目合作、角色扮演等方式，让学生在模拟环境中练习团队协作、沟通协调等技能。应设立专业导师指导学生，帮助他们更好地理解和运用所学技能。通过实际操作和导师指导的结合，学生能够更加深入地理解并掌握所学技能。课程还应注重培养学生的态度和意识。通过行业导论、企业访谈等方式，让学生深入了解跨境电商领域的现状和未来趋势，培养他们对行业的热情和责任感。通过案例分析和团队协作，引导学生形成积极的职业态度和团队协作精神，使其具备面对挑战时的坚韧毅力和创新能力。通过以上有机结构的课程设计，可以有效地提高跨境电商课程的教学效果，使学生在知识、技能和态度方面都能够得到全面发展。这样的课程内容组织不仅有利于学生的职业发展，也能够为跨境电商行业培养更为全面和具有竞争力的人才。在跨境电商课程中，评价方式的设计至关重要。为确保评价体系的有效性，需要综合考虑学生的知识水平、实际操作能力和综合素养。评价方式应具体到每个层面，通过多元化的评估手段，全面了解学生的学业表现。针对知识层面的评价，可以采用考试、论文和课堂讨论等方式。这些评价手段能够检测学生对课程理论知识的掌握情况，促使他们深入思考和应用理论。开展小组项目和演讲等形式，可以更好地评估学生在理论层面的学科能力和团队协作能力。实际操作层面的评价应注重学生的实际应用能力。通过实地考察、模拟操作和项目实践，评估学生在市场调研、产品策划、推广运营等方面的技能表现。定期的实际操作项目可以使学生逐步提高实际操作技能，为他们未来的职业发展打下坚实的基础。在技能培养方面，可以采用同行评估和导师评价等方式。通过学生之间的互评，促使他们更好地理解团队协作和沟通协调的重要性。导师的评价则可以为学生提供更为专业和有针对性的指导，帮助他们更好地理解和运用所学技能。对态度和意识的评价可以通过课堂参与、团队协作和学术报告等方式进行。这些形式的评价能够全面了解学生对跨境电商行业的热情、责任感以及创新精神。通过实际案例的讨论和行业导师的分享，可以引导学生形成积极的职业态度和全球化思维意识。通过以上多元化的评价方式，可以全面、客观地评价学生在知识、实际操作、技能和态度方面的表现。这样的评价体系不仅有助于更好地指导学生的学业发展，也能够为课程的不断改进提供有力的依据。通过科学合理的评价方式，跨境电商课程能够更好地满足学生的培养需求，为其未来的职业生涯打下坚实的基础。

第四节　跨境电商案例分析的融入

一、背景介绍

（一）行业概览与趋势分析

跨境电商行业一直以来都是充满活力和机遇的领域。这一行业在过去几年中取得了巨大的发展，呈现出明显的增长趋势。随着全球化的推进和数字科技的迅猛发展，跨境电商行业正逐渐成为推动国际贸易和商业模式变革的引擎。在这个行业中，一些具有创新思维和灵活经营策略的企业脱颖而出，成为行业的佼佼者。以阿里巴巴集团为例，其跨境电商平台淘宝国际以及全球速卖通等，在全球范围内积极推动商品的跨境销售，实现了电商全球化的愿景。这一成功案例不仅展示了中国企业在全球市场中的竞争实力，也为其他企业提供了宝贵的经验教训。从行业趋势的角度来看，跨境电商的未来发展仍然面临着挑战和机遇。随着科技的不断创新，人工智能、大数据分析等技术的广泛应用将进一步推动跨境电商的发展，提高运营效率和用户体验。消费者对于品质和服务的需求不断提升，这将促使跨境电商企业在产品质量、物流配送等方面进行更为精细化的管理，以满足市场需求。此外，全球贸易政策和法规的调整也将对跨境电商产生直接影响，企业需要密切关注并灵活应对。跨境电商行业还面临着国际市场竞争激烈、市场细分和品牌建设等多方面的问题。在市场竞争激烈的环境下，企业需要不断提升核心竞争力，寻找差异化的经营策略。市场细分也成为企业成功的关键因素，因为不同地区和国家的市场需求存在差异，精准定位将有助于企业更好地满足目标市场的需求。跨境电商行业的发展前景广阔，但在面对多变的市场环境时，企业需要具备高度的敏感性和灵活性。只有通过深入了解行业的概况和把握未来的趋势，企业才能在激烈的竞争中立于不败之地，实现可持续的发展。

（二）公司背景与定位

该公司是一家专注于跨境电商的企业，成立于近年，总部位于一个具有重要国际商业地位的城市。公司致力于为全球消费者提供优质的商品和服务，构建一个无缝连接的国际商务平台。公司的定位是成为跨境电商领域的领军者，通过整合全球资源，提供创新的商业模式，满足不同地区和群体的消费需求。该公司的创始人和领导团队具有丰富的国际贸易和电商经验，深谙全球市场的运作规律。公司以客户为中心，强调用户体验和满足消费者需求的重要性。在发展战略上，公司着眼于全球市场的机会，通过与各国企业和供应商建立紧密的合作关系，确保商品的品质和供应链的高效运转。公司的核心竞争力在于技术创新和数字化营销。通过引入先进的数据分析和人工智能技术，公司能够深入了解消费者行为，优化商品推荐和个性化营销策略。这有助于提高销售效率，提升消费者购物体验。公司注重品牌建设和社会责任，积极参与公益事业，关注环保和可持续发展。这不仅有助于树立公司在全球的良好形象，也符合当今社会对企业社会责任的高度关注。在国际市场拓展方面，公司采取多元化的战略。通过与本地企业合作，了解各国市场的文化差异和消费习惯，灵活调整商品组合和营销策略。公司还积极参与国际展会和贸易洽谈，扩大与各国供应商的合作范围，确保商品的多样性和供应的稳定性。公司在发展过程中，积极应对跨境电商领域的挑战。通过不断创新和优化运营流程，公司提高了物流效率，降低了运营成本。公司还关注国际贸易政策的变化，灵活调整战略，确保业务的稳健发展。该公司在跨境电商领域的成功，源于其坚实的创始团队、客户导向的经营理念以及对全球市场机遇和挑战的敏锐洞察。通过技术创新、国际市场拓展和社会责任的实践，该公司在全球跨境电商领域取得了显著的业绩，成为业界的佼佼者。

(三)国际市场分析

国际市场作为跨境电商的重要组成部分,是连接全球商业的纽带。在这个充满竞争和机遇的领域,企业必须深入研究目标市场的文化、经济、法规等多方面因素,以制定精准的国际化战略。以亚马逊为例,该公司通过深入了解不同国家的消费者行为和购物习惯,成功实现了全球市场的占领。亚马逊的成功经验表明,在国际市场中,了解并适应当地环境是企业取得成功的关键。在进行国际市场分析时,首要任务是了解目标市场的文化背景。文化因素对消费者的购买行为产生深远影响,包括消费观念、价值观念以及产品偏好等。通过深入研究目标市场的文化特点,企业可以更好地定位产品和服务,提高市场的接受度。除了文化因素,经济环境也是国际市场分析的关键考量。不同国家和地区的经济状况、收入水平、汇率波动等因素都会直接影响消费者的购买力和消费行为。企业需要深入了解目标市场的宏观经济情况,以制定灵活的价格策略和市场推广方案。以华为为例,该公司在进军国际市场时,通过灵活的价格策略和差异化的市场定位,成功赢得了全球消费者的认可,实现了在国际市场上的快速增长。了解目标市场的法规和政治环境也是国际市场分析的重要一环。不同国家的法规标准和政治氛围可能对企业的经营产生深远影响。企业在国际市场中需谨慎研究并遵守当地法规,同时灵活应对政治变化,以降低经营风险。国际市场分析是跨境电商成功的关键一步。只有通过深入了解目标市场的文化、经济、法规等多个方面的因素,企业才能够制定出切实可行的国际化战略,实现在全球范围内的可持续发展。在面对激烈的国际竞争时,企业需要保持敏锐的洞察力和灵活性,以迅速应对市场变化,赢得国际市场的竞争优势。

(四)技术与创新

该跨境电商公司以技术与创新为核心竞争力,积极应对电商行业的日益激烈竞争和不断变化的市场环境。在技术方面,公司致力于引入最先进的数据分析和人工智能技术,以提高运营效率和优化用户体验。通过深度学习和大数据分析,公司能够更好地理解用户需求,精准推荐商品,并通过个性化的营销策略提高用户黏性。该公司不仅关注产品和服务的创新,还注重商业模式和运营流程的创新。通过引入先进的供应链管理系统,公司实现了库存的精准控制和物流的高效运作。这使得公司能够快速应对市场变化，降低了库存成本，提高了货物周转率。技术与创新在产品和服务方面的体现也十分显著。公司引入了虚拟试衣技术，通过虚拟现实技术让用户在线试穿商品，提升了用户购物的趣味性和体验感。公司还通过人工智能技术实现了自动化的客户服务，提供更为高效和个性化的服务体验。公司在国际市场上运用技术与创新取得了巨大成功。通过多语言和多货币的国际化平台，公司打破了语言和地域的障碍，使全球用户能够轻松访问和购物。公司还通过跨境支付系统解决了国际交易的支付问题，提高了用户的支付便捷性。公司通过引入先进的支付安全技术和防欺诈系统，保障用户的交易安全。这不仅提高了用户对公司的信任度，也为公司赢得了良好的口碑。公司在商业模式上的创新也是其成功的关键。公司采用了共享经济的理念，通过开放平台吸引第三方卖家入驻，形成了庞大的商品库存，丰富了商品种类，提高了用户的选择性。这种开放式的商业模式不仅促进了平台的规模扩张，也使公司能够更灵活地适应市场需求变化。该跨境电商公司通过持续的技术创新和商业模式的灵活调整，成功地在激烈的市场竞争中脱颖而出。技术与创新成为公司不断发展壮大的有力引擎，使其在全球范围内成为跨境电商领域的领军企业。

二、问题分析与挑战

（一）市场挑战与机遇

在跨境电商领域，市场面临着一系列的挑战和机遇。市场竞争愈发激烈，企业需要在不同层面寻找差异化的竞争优势。这一挑战要求企业不仅在产品和服务上寻求创新，还需要在品牌建设和市场定位等方面实现差异化，以吸引更多消费者的关注。市场中的另一个挑战是全球贸易政策和法规的不断变化。由于不同国家和地区政治与经济环境的变动，贸易政策和法规也经常发生调整。这给跨境电商企业带来了不确定性，因为它们需要不断适应新的法规要求，确保在合规的前提下开展业务。例如，在英国脱欧后，跨境电商企业需要重新评估其在英国市场的运营策略，以适应新的贸易环境。市场中的挑战也伴随着巨大的机遇。随着数字科技的迅速发展，人工智能、大数据分析等技术的广泛应用为企业提供了更多创新的可能性。通过有效利用这些技术，企业可以提高运营效率，优化用户体验，进一步拓展市场份额。例如，亚马逊通过人工智能技术实现了个性化推荐，为消费者提供更符合其需求的购物体验，从而提升了用户满意度和忠诚度。市场的全球化也为跨境电商开辟了广阔的发展空间。通过利用互联网和物流网络，企业可以轻松进入不同国家和地区的市场，实现全球化布局。阿里巴巴通过其跨境电商平台，成功搭建了中国市场与全球市场之间的桥梁，实现了全球市场的深度渗透。这一案例表明，全球化是跨境电商行业蓬勃发展的助推器，企业需要紧密关注不同市场的需求，制定灵活的战略，以迅速适应全球化的市场竞争。市场挑战与机遇之间的平衡取决于企业的战略智慧和执行力。在面对激烈的市场竞争时，企业需要具备灵活应变的能力，能够敏锐捕捉市场变化，迅速调整战略方向。借助科技创新，提高运营效率，拓展产品和服务的边界，将是企业在市场中获取机遇的关键。跨境电商行业的发展不仅依赖于企业自身的战略规划，还需要在全球市场中建立良好的合作关系，共同应对市场挑战，实现共赢局面。在市场机遇的推动下，跨境电商企业有望在全球范围内取得更大的市场份额。这也要求企业不断提升自身的竞争力，保持敏锐的市场洞察力，及时调整战略以适应快速变化的市场环境。通过战略的巧妙运用，跨境电商企业可以在竞争激烈的市场中脱颖而出，实现可持续发展。

（二）供应链与物流难题

该跨境电商公司在发展过程中面临了供应链与物流方面的一系列挑战和难题。由于国际贸易的复杂性，公司在物流上面临着跨境运输的不确定性和高成本。特别是在不同国家和地区之间的货物运输中，涉及的关税、清关手续等问题给物流链的顺畅运作带来了一定的阻碍。供应链的管理面临着全球供应商之间的协调难题。由于跨境电商公司的商品来源广泛，与不同国家和地区的供应商建立有效的合作关系是一项复杂的任务。文化差异、语言障碍以及贸易政策的变化都增加了供应链管理的难度，需要公司在全球范围内建立强大的供应链网络。在此基础上，库存管理也成为一次挑战。由于商品流通跨越多个国家和地区，库存的控制需要公司在全球范围内保持高度的敏感性。一方面，需要保证库存充足以满足消费者需求；另一方面，要避免因过多库存而造成资金的浪费和商品滞销。物流运作的复杂性也对订单处理时间产生了影响。由于不同国家之间的物流环节较多，订单的处理和配送时间相对较长，这可能导致用户体验感的下降，影响客户对公司的满意度。公司在应对这些供应链与物流方面的难题时，采取了一系列策略。公司加强了与国际物流公司的合作，通过建立稳定的物流合作伙伴关系，提高了物流的运作效率。这有助于降低物流成本，缩短订单处理和配送时间。公司引入了先进的物流技术和信息系统。通过建立智能化的物流管理系统，公司能够实时追踪货物的流动情况，优化物流路径，提高了供应链的可见性和透明度。这有助于降低库存水平，提高库存周转率，有效解决了库存管理难题。在供应链管理上，公司通过建立本地化的团队和合作伙伴网络，提高了与全球供应商的沟通效率，解决了供应链协调难题。这有助于加强与供应商的合作关系，确保及时获取市场信息和商品供应。公司还在供应链中引入了先进的预测和规划技术，通过数据分析和人工智能，提高了对市场需求的预测准确度。这有助于公司更加精准地调整库存水平，确保商品的及时上架和供应。该跨境电商公司在供应链与物流方面的难题上采取了一系列积极有效的措施，通过技术的引入、国际合作的加强以及本地化的管理策略，成功地战胜了困扰其发展的各种挑战，提升了公司在全球市场的竞争力。

（三）文化差异与市场定位

在跨境电商领域，公司在全球市场中常常面临文化差异与市场定位的复杂挑战。文化差异作为一个根深蒂固的因素，直接影响了公司在国际市场的市场定位和运营策略。不同国家和地区的文化背景、价值观念以及消费习惯的差异，使公司需要精心研究并灵活调整其市场定位，以满足不同文化环境下的消费者需求。文化差异对市场定位产生直接而深远的影响。公司在进入新市场时必须深入了解当地文化，包括语言、风俗习惯、宗教信仰等因素。这不仅有助于公司更好地理解目标市场的消费者，还为确定适应当地文化的市场定位打下了基础。例如，在一些国家，对于商品的品牌和文化背景有着特殊的重视，因此公司需要在市场定位中强调产品的独特文化元素，以获得更高的市场认可度。市场定位需要根据文化差异来调整产品设计和营销策略。不同文化对于产品的需求和期望存在显著差异。公司需要根据目标市场的文化特点，对产品进行合理的设计和定位，以确保其在市场上具有吸引力。公司的营销策略也需要针对当地文化差异进行调整，采用符合当地习惯和价值观的宣传手段，以提高品牌在目标市场的认可度。在日常运营中，文化差异也对公司的供应链和物流管理提出了挑战。不同国家和地区的法规、标准以及商业习惯的不同，可能导致跨境物流的复杂性增加。公司需要灵活调整供应链和物流策略，以适应不同国家和地区的特殊情况。这可能涉及与当地供应商的合作、深入了解当地法规要求以及优化物流流程等方面的工作。在市场定位的过程中，公司还需要特别关注文化敏感性的问题。有些文化特点可能使某些产品或广告在某些国家被视为不适当或冒犯。因此，公司在市场定位时必须谨慎选择产品形象和宣传方式，以避免造成负面影响。在这方面，与当地专业的文化顾问或团队的合作是非常重要的，以确保公司的市场定位能够在文化上得到当地消费者的认同和接受。文化差异与市场定位在跨境电商中相互交织，构成了公司在全球市场中的一系列挑战与机遇。公司需要不断学习和适应，以灵活应对各种文化差异，制定差异化的市场定位策略，以确保在全球市场中获得持续的竞争优势。

（四）技术风险与安全隐患

在跨境电商领域，技术风险与安全隐患是不可忽视的问题，直接关系到企业的信息安全和商业运营的可持续性。随着技术的飞速发展，电商平台和企业系统的复杂性不断增加，从而带来了更多的技术风险。例如，电商网站可能面临的网络攻击、数据泄露等问题，给企业的运营和声誉带来潜在威胁。在技术风险的背后，安全隐患也逐渐显露。电商平台的用户数据是极为敏感的信息，一旦泄露将对用户造成不可估量的损失，同时也会损害企业的信誉。除了外部攻击，内部技术问题也是一个不可忽视的安全隐患。员工的疏忽或不当操作可能导致系统漏洞，为潜在的安全威胁创造机会。随着移动支付和电子货币的普及，支付安全成为跨境电商面临的又一技术风险。虚拟货币交易存在的不确定性和监管漏洞，使电商企业在进行跨境业务时需要更加谨慎。在技术风险与安全隐患之中，也蕴藏着企业的发展机遇。通过建立强大的信息安全体系和采用先进的防护技术，企业可以更好地保护用户数据，提升用户信任度。安全技术的不断进步也为企业提供了更多创新的可能性。区块链技术的应用，使得支付过程更加透明和安全，降低了虚拟货币交易的风险。企业可以通过引入新技术，提升支付体验，提高用户满意度，从而在市场竞争中脱颖而出。技术风险与安全隐患在跨境电商领域是不可避免的问题。企业需要不断加大技术投入力度，提升信息安全防护水平，同时要深入了解市场动态，及时调整安全策略。在风险与机遇共存的环境中，企业需要综合考虑，以科技创新为支撑，建立起可靠的信息安全体系，实现可持续发展。

三、解决方案与启示

在跨境电商领域，战略调整与市场定位是企业成功的关键要素。随着市场环境的不断变化和竞争的日益激烈，企业需要灵活应对，通过战略调整来适应新的市场趋势和满足消费者需求。一家跨境电商公司在面对市场动态变化时，进行了战略调整。公司对其市场定位进行了重新审视。通过深入分析目标市场的特点和竞争格局，公司发现了新的商机和潜在增长点。这使公司得以重新定位自身在市场中的角色，确定更加精准的目标客户群体，以提高市场占有率。在市场定位调整的同时，公司还进行了产品线的优化和拓展。通过深入了解不同市场对产品的需求，公司根据消费者反馈和市场趋势，对产品进行了创新和升级。这有助于提高产品的竞争力，满足消费者不断变化的需求，进而实现销售增长。战略调整的一部分是加强与供应商和合作伙伴的合作。公司通过建立更加紧密的合作关系，促进信息共享和资源整合，提高供应链的灵活性和响应速度。这种战略调整有助于缓解供应链上的压力，确保商品能够及时上架并迅速响应市场变化。公司在数字化和技术方面进行了重要的战略调整。通过引入先进的数据分析和人工智能技术，公司能够更好地理解消费者行为、分析市场趋势，并基于数据做出更精准的决策。这有助于提高市场营销的效果，降低运营成本，提高企业的竞争力。战略调整还包括了国际市场的拓展。公司通过深入了解不同国家和地区的市场特点，制定了更为灵活的进入策略。这可能包括与当地企业的合作、开展定制化的市场活动以及针对不同国家的差异化营销策略。这种灵活的战略调整有助于公司更好地适应不同国际市场的需求和规则。在战略调整的过程中，公司还注重品牌建设和用户体验的提升。通过提高品牌的知名度和美誉度，公司能够在市场上拥有更强大的竞争优势。优化用户体验也成为公司战略调整的关键部分，通过提供更加便捷、个性化的服务，吸引和留住更多的用户。这家跨境电商公司通过灵活的战略调整，成功地应对了市场的挑战并抓住了新的机遇。通过重新审视市场定位、优化产品线、强化供应链合作、升级数字化以及拓展国际市场，公司实现了业务的持续增长和竞争力的提升。这表明在跨境电商领域，战略调整是适应市场变化、实现可持续发展的不可或缺的手段。

在跨境电商领域，供应链优化和技术创新是企业实现高效运营和持续发展的两个核心要素。供应链优化在降低成本、提高效率方面发挥着至关重要的作用。通过优化供应链，企业能够更好地满足不同市场的需求，减少库存压力，提高资金周转效率。以亚马逊为例，该公司通过建设先进的仓储系统和物流网络，实现了订单的及时配送，有效提高了客户满意度，同时也降低了物流成本，为企业的可持续增长创造了有利条件。技术创新是供应链优化的关键推动力。通过引入先进的信息技术、物联网和大数据分析等技术手段，企业能够实现对供应链的实时监控和智能调度。阿里巴巴的"新零售"模式就是一个典型的例子，通过整合线上线下渠道、运用大数据技术分析消费者行为，实现对供应链的精准化管理，提高了产品周转率，降低了库存成本，从而提升了企业的盈利能力。供应链优化和技术创新也面临着一系列挑战。全球化的市场使供应链更加复杂，企业需要在全球范围内协调多个环节，国际物流问题也给供应链管理带来了一定的不确定性。例如，苹果公司在全球供应链中的管理面临着不同国家和地区的法规与文化的差异，这需要企业在供应链设计中做出灵活应对。技术创新的引入也可能面临一些技术实施和成本方面的挑战。企业在引入新技术时需要克服技术集成的难题，确保各个系统能够协同工作，同时需要投入大量资源进行研发和培训。谷歌的自动驾驶汽车项目就是一个例子，该项目在技术上取得了显著的进展，但由于法规、安全性和公众接受度等问题，实际应用仍面临着一系列挑战。尽管存在挑战，供应链优化和技术创新也为企业带来了巨大的机遇。在全球化市场的背景下，企业通过优化供应链，实现跨境贸易的顺畅，将有望获得更大的市场份额。阿里巴巴通过"一带一路"倡议，积极拓展全球市场，实现了供应链的国际化，取得了显著的商业成功。技术创新也为企业提供了更多的增长点。通过研发和应用新技术，企业可以拓展产品线，提升用户体验，增强市场竞争力。供应链优化和技术创新是跨境电商企业实现高效运营与持续发展的双轮驱动。企业需要在全球市场中灵活应对供应链管理的多变环境，同时充分利用技术创新的力量，不断提高产品和服务的附加值，为实现可持续发展打下坚实基础。在市场竞争激烈的环境下，只有通过不断优化供应链、引入前沿技术，企业才能在跨境电商领域中取得更为显著的竞争优势。

第三章 跨境电商教学方法与策略

第一节 主题式教学与案例教学法

一、主题式教学法

（一）主题式教学法概览

主题式教学法是一种以主题为纲，围绕特定主题进行深入学习的教学方法。在跨境电商领域，主题式教学法具有独特的优势和适用性。这一教学方法打破了传统的单一学科教学框架，注重横向和纵向的知识融合，能够更好地满足学生对于复杂、综合知识的需求。主题式教学法有助于培养学生的综合素养。在跨境电商领域，不仅需要具备商业和管理知识，还需要了解国际市场、法规政策、物流供应链等多个领域的知识。主题式教学法通过设定贯穿全课程的主题，将这些领域的知识有机结合，使学生能够形成系统性的认知，提高解决实际问题的能力。主题式教学法注重问题导向，强调学生的主动学习。在跨境电商的教学中，学生通过参与主题式教学，能够从问题出发，主动探讨解决方案。这样的学习方式能够激发学生的学习兴趣，培养他们对问题的敏感性和批判性思维。主题式教学法有助于跨境电商课程的灵活性。由于跨境电商领域知识的快速更新和发展，传统的学科划分和教学模式可能无法满足实际需求。而主题式教学法能够根据实际情况灵活调整主题，保持课程的时效性和实用性，确保学生获得最新的、实际可行的知识。主题式教学法还有助于培养学生的团队协作和沟通能力。在跨境电商的实际操作中，团队协作是至关重要的。通过主题式教学，学生往往需要分工合作，共同解决与主题相关的问题。这样的学习环境培养了学生的团队协作精神，提高了沟通协调的能力。主题式教学法在跨境电商领域的应用呼应了知识融合和实际应用的需求。通过这一教学方法，学生能够更好地理解和应用跨境电商领域的知识，培养全面素养，为未来在这一领域的从业或研究奠定坚实基础。

（二）主题选择与设计

在跨境电商领域，主题选择与设计是企业成功的核心元素之一。企业需要深刻理解目标市场，精准把握消费者需求，并通过巧妙的主题选择与设计，使其产品和服务在国际市场中脱颖而出。主题选择是企业市场定位的基石。通过精心选择主题，企业能够准确传达其品牌理念和价值观。这不仅有助于建立品牌的独特性，还能够在消费者心中形成深刻的印象。主题选择要紧密结合目标市场的文化特点，以确保品牌传播不受文化差异的阻碍，从而更好地融入当地市场。设计在跨境电商中扮演着关键角色。产品设计要注重融合当地文化特色，以适应不同市场的审美和消费习惯。通过巧妙的设计，企业能够提高产品的吸引力，创造独特的用户体验，从而在国际市场中赢得更多的认可和忠诚度。在网站和移动应用的设计上，用户界面和用户体验同样至关重要。合理的布局和直观的操作流程能够增加用户在平台上的停留时间，并提高购物转化率。通过注重细节的设计，企业能够打破语言和文化的障碍，使用户更加轻松地理解和使用平台。企业还需关注品牌整体形象的设计。品牌标识、广告宣传和营销材料等的设计要一致、有趣，并能够引起目标受众的共鸣。通过设计形象独特、易记的品牌形象，企业能够在激烈的市场竞争中脱颖而出，产生持久的品牌影响力。在主题选择与设计过程中，企业需要不断地关注市场变化和消费者反馈。市场是一个不断演变的生态系统，企业只有紧跟潮流并灵活调整主题选择和设计，才能在竞争中保持优势。消费者的反馈也是重要的参考依据，通过对用户需求和反馈的深入分析，企业能够更好地优化主题和设计，提升产品和服务的质量。主题选择与设计在跨境电商中具有重要的战略价值。通过精准的主题选择，企业能够在国际市场中找到定位，建立起品牌独特性；通过巧妙的设计，企业能够提高产品吸引力，增加用户黏性。在市场竞争激烈的环境中，主题选择与设计是企业脱颖而出、实现可持续发展的关键因素。

（三）主题式教学法的教学活动设计

在跨境电商教学中，主题式教学法的教学活动设计应注重贴近实际、强调实践操作，旨在激发学生的兴趣和动手能力。这种活动有助于学生了解实际业务运作中的挑战和机遇，培养学生的团队协作和问题解决能力。设计跨境贸易实操场景，让学生模拟实际的国际贸易流程，包括谈判、报关、物流等环节。通过实际操作，学生能够更好地理解和掌握跨境电商中的各个环节。国际市场调研分组要求学生选择一个国家或地区，进行深入的市场调研，包括文化差异、消费习惯、法规政策等方面。通过实地或网络调研，学生能够对不同市场有更全面的了解。跨境电商平台设计要求学生以小组形式设计一个跨境电商平台，包括界面设计、功能设置、支付系统等。通过这一活动，学生能够将理论知识与实际操作相结合，提升他们的创新能力。设计国际物流管理的模拟游戏，让学生扮演不同角色，体验物流环节中的协调与运作。这种活动有助于培养学生的团队协作、沟通和问题解决能力。法规政策辩论赛将跨境电商中涉及的法规政策问题作为辩题，组织学生进行辩论。这样的活动有助于培养学生对复杂法规的理解能力，提高他们的辩论和表达能力。行业嘉宾讲座邀请跨境电商行业的专业人士来分享行业经验和最新趋势。学生通过与行业人士的互动，能够更深入地了解行业现状和未来发展方向。主题式教学法可以在跨境电商教学中得到更充分的应用。这些活动将理论知识与实际操作相结合，培养学生的实际应用能力，提高他们在跨境电商领域的竞争力。

（四）主题式教学法在跨境电商教育中的应用

主题式教学法在跨境电商教育中的应用是一种突破传统教学模式的创新措施。以实际案例为核心，深度挖掘和呈现相关主题，主题式教学法有助于提高学生的学习兴趣，培养综合应用能力，并使学生更好地理解和掌握跨境电商领域的知识与技能。在教学过程中，通过选取典型的跨境电商案例，如某企业成功进入国际市场、应对贸易摩擦挑战等，使学生在具体案例中深入了解实际运营中的挑战和机遇。通过对案例的细致分析，学生能够在真实的商业环境中吸取经验和教训，提升他们的实际操作技能。主题式教学法突破了传统学科间的界限，将知识整合为具有主题性的内容。例如，可以以"国际市场拓展"为主题，涵盖国际市场分析、进入策略、市场推广等多个方面的知识，使学生能够系统性地理解和运用相关概念。教学中还可以通过引入实地考察和行业专家分享等方式，让学生亲身感受跨境电商运营的实际情况。这有助于将理论知识与实际操作相结合，培养学生对跨境电商行业的深刻理解。主题式教学法还可以通过小组合作项目来推动学生的主动学习。例如，组织学生深入研究某一国家或地区的跨境电商市场，提出市场进入策略，制订具体的商业计划等。这样的项目不仅培养了学生的团队协作和分析决策能力，也使他们能够更好地应对实际业务中的挑战。主题式教学法还注重培养学生的创新思维和问题解决能力。通过设置具有挑战性的主题，激发学生对问题的独立思考和创新解决方案的提出。例如，可以以"跨境电商的未来趋势"为主题，引导学生思考新兴技术、市场趋势、全球贸易政策等方面的影响和应对策略。主题式教学法在跨境电商教育中的应用为学生提供了更为实际和全面的学习体验。通过深度挖掘主题，引入实际案例、实地考察和项目合作等教学手段，主题式教学法促使学生更好地理解和应用跨境电商的知识，培养了他们在实际业务中成功应对挑战的能力。

二、案例教学法

（一）案例教学法基础理论

案例教学法是一种基于实际案例的教学方法，通过对真实或虚构的情境进行深入分析，引导学生主动思考、解决问题。在跨境电商领域，案例教学法作为一种强调实际操作和问题解决的教学手段，具有重要的理论基础。案例教学法的基础理论之一是学习理论。该理论认为，学习是一种积极的、个体主动的过程，学生通过参与实际案例的解析和讨论，能够更深刻地理解知识，提高学习的深度和广度。在跨境电商领域，学生通过分析真实案例，能够更好地理解国际市场、贸易政策、物流运作等方面的知识，形成系统性的认知。案例教学法借鉴了问题导向学习的理念。问题导向学习认为，学生在解决实际问题的过程中，能够更主动地获取知识，提高问题解决的能力。在跨境电商的案例中，学生常常面临各种复杂的商业问题，通过对案例的深入讨论，能够培养学生的实际操作和解决问题的技能。案例教学法强调社会建构主义的观点。社会建构主义认为知识是通过社会互动和合作建构而成的，学生通过与同学合作分析案例，能够获得不同角度的观点，拓展思维，增强合作精神。在跨境电商案例中，学生可以共同思考国际市场中的挑战，共享解决问题的经验，形成对跨境电商领域多元化的理解。案例教学法注重情境学习理论。这一理论认为，学生通过在真实或虚构情境中应用知识，能够更好地理解和记忆知识。在跨境电商案例教学中，学生能够将所学的理论知识运用到具体的情境中，更好地理解知识的实际运用。案例教学法倡导问题解决的思维方式。学生通过对案例进行深入分析，需要提出问题、寻找解决方案，培养了批判性思维和创造性思考的能力。在跨境电商案例中，这种问题解决的思维方式使学生能够更好地应对日益复杂和多变的国际商业环境。案例教学法在跨境电商领域的理论基础主要包括学习理论、问题导向学习、社会建构主义和情境学习理论等。通过这些理论的支持，案例教学法为学生提供了一个更贴近实际、更具深度和广度的学习平台，培养了他们在跨境电商领域应对复杂问题的能力。

（二）案例选择与设计

案例选择与设计是跨境电商教学中至关重要的一环，直接影响着学生对实际业务操作的理解和应用。在跨境电商领域，案例的选择和设计需考虑多方面因素，以确保案例的实际性、综合性和挑战性。案例的选择应基于真实业务情境。选取真实的跨境电商案例，有助于学生更好地理解实际业务运作中的挑战和机遇。这样的案例能够贴近实际，使学生能够在课堂中模拟真实场景，更深刻地理解国际市场、物流运作、贸易政策等方面的知识。案例的设计需具有综合性。跨境电商业务涉及众多方面，包括市场营销、供应链管理、国际贸易法规等，因此，案例应能够涵盖这些综合性的知识点。通过设计能够触及多个领域的案例，学生能够形成系统性的认知，更好地应对真实的业务环境。案例的挑战性也是设计的关键。具有挑战性的案例能够激发学生的思考和探索欲望，促使他们深入分析问题，并寻找创新的解决方案。在跨境电商领域，案例的挑战性可以体现在国际市场竞争激烈、法规政策繁杂、物流运作复杂等方面，促使学生在解决问题的过程中培养实际操作的能力。案例的选择还需关注案例的时效性。跨境电商行业发展迅速，相关政策、技术、市场变化较快，因此，选取具有一定时效性的案例有助于学生了解最新的发展动态。这样的案例使学生更容易将所学知识与当前实际情况相结合,提高其在实际业务中的适应能力。案例的选择还需考虑国际化因素。跨境电商的特点之一是其涉及多国市场和多元文化,因此,案例的选择应能够反映国际化的业务环境。这有助于学生深入了解国际市场的差异,培养他们在国际业务中的跨文化沟通和合作能力。案例的设计要注重实际操作。通过模拟真实业务操作的案例设计,学生能够在实际操作中理解和运用理论知识,提高实际应用能力。这种设计能够使学生更好地适应未来在跨境电商领域工作时可能面临的实际问题。案例选择与设计在跨境电商教学中是至关重要的。通过合理选择和设计案例,可以使学生更好地理解和应用跨境电商领域的知识,培养其实际操作和解决问题的能力,为将来的实际工作打下坚实的基础。

(三)案例教学法的教学策略

在跨境电商教育中,案例教学法作为一种重要的教学策略,通过具体的实际案例为学生提供了深入学习和思考的机会。这种教学方法以实际业务情景为基础,通过分析和解决实际问题,培养学生的综合能力和决策能力。案例教学法注重将理论知识与实际应用相结合。通过选取真实的跨境电商案例,学生能够在实际运营中了解和分析不同的挑战与机遇。这有助于将抽象的理论知识具体化,使学生更容易理解和应用所学的概念。案例教学法强调学生的主动参与和实际操作。学生在分析案例的过程中需要提出问题、寻找解决方案,并做出相关决策。这种参与式的学习过程能够激发学生的学习兴趣,培养他们的问题解决和团队协作能力。案例教学法还有助于培养学生的批判性思维。通过对案例的深入分析,学生需要评估不同决策对业务的影响,并提出合理的批判性意见。这有助于培养学生在实际工作中独立思考和判断问题的能力。在教学过程中,可以引入多样化的案例,包括成功的案例和失败的案例,以便学生从成功和失败中都能够吸取经验教训。例如,可以分析一家跨境电商企业成功进入某一国际市场的案例,探讨其成功的因素和策略。也可以分析某企业在国际市场遇到的挑战和失败的原因,帮助学生更全面地理解跨境电商运营中的复杂性和变数。在案例教学中,教师可以起到引导和辅导的作用,激发学生的思考和讨论。通过提出相关问题,引导学生深入思考案例中的关键问题,并通过小组讨论和分享,促使学生形成多元化的观点。案例教学法还可以与其他教学方法相结合,形成多元化的教学体系。例如,可以结合实地考察、行业研究和讲座等形式，使学生在不同层面、不同维度上全面理解跨境电商领域的实际运作情况。案例教学法在跨境电商教育中的应用有助于提高学生的实际操作能力、批判性思维水平和团队协作能力。通过深入分析真实案例，学生能够更好地理解和应用跨境电商的知识，为将来在实际工作中取得成功打下坚实基础。

（四）案例教学法在跨境电商教育中的应用

在跨境电商教育中，案例教学法被广泛应用，旨在通过具体实例为学生提供深刻的学习体验。这种教学方法以实际业务案例为基础，使学生能够深入理解跨境电商领域的复杂性和变化性，培养学生的综合分析和解决问题的能力。通过案例教学法，学生能够直观地了解跨境电商业务的各个方面。通过分析成功和失败的案例，学生能够从中吸取经验和教训，提升他们的商业洞察力。例如，通过分析一家成功拓展国际市场的企业，学生可以深刻理解其成功的关键因素，如市场定位、创新策略等。反之，通过分析一家面临国际市场挑战的企业，学生可以了解到应对贸易壁垒、文化差异等方面的策略。案例教学法能够培养学生的实际操作能力。通过让学生分析和解决实际业务案例，他们能够运用在课堂上学到的理论知识，将知识转化为实际操作的能力。例如，通过分析一个企业在国际市场遇到的挑战，学生可以提出解决方案，从而培养解决问题的实际操作技能。在教学中，案例教学法注重学生的主动参与。学生在案例分析中需要提出问题、展开讨论，并做出相关决策。这种参与式的学习过程能够激发学生的学习兴趣，促使他们更深入地思考问题。通过小组讨论，学生能够从多个角度思考案例，形成全面的观点。案例教学法通过实际案例的引入，能够培养学生的批判性思维。学生需要评估不同决策对企业的影响，提出合理的批判性意见。这有助于培养学生在实际业务中独立思考和判断问题的能力。例如，学生可以从国际市场竞争的角度评估某企业的市场推广策略是否足够具有竞争力。案例教学法还有助于培养学生的团队协作能力。通过小组合作解决实际业务案例，学生需要共同思考、共同讨论，达成共识。这有助于培养学生的团队沟通和协作能力，提高他们在团队中的执行力。在案例教学法的应用中，教师起到引导和辅导的作用。教师可以通过提出相关问题，引导学生深入思考案例中的关键问题。通过讨论，教师能够促使学生形成多元化的观点，拓宽他们的视野。案例教学法在跨境电商教育中的应用具有显著的优势。通过深入分析实际业务案例，学生能够深刻理解跨境电商领域的知识和技能，培养实际操作、批判性思维和团队协作等多方面的综合素养。这种教学方法的灵活性和实用性使其成为跨境电商教育中不可或缺的一环。

第二节　实践性学习与模拟经验

一、实践性学习的理论框架

（一）实践性学习的概念与重要性

实践性学习是一种以实际操作和体验为基础的学习方式，强调通过实践活动来深化理论知识的理解和应用。在跨境电商领域，实践性学习具有重要的概念和价值。实践性学习是将理论知识付诸实际应用的桥梁。通过实际操作，学生能够将课堂上学到的理论知识转化为实际技能，更好地理解和应用跨境电商领域的复杂业务流程。实践性学习使学生能够在实际操作中发现问题、解决问题，培养实际应用和问题解决的能力。实践性学习有助于培养学生的团队协作和沟通能力。在跨境电商业务中，团队协作是取得成功的关键之一。通过实践性学习，学生需要在团队中合作完成任务，分享经验、协调意见，提高团队协作和沟通的能力，为将来在跨境电商行业的职业发展做好准备。实践性学习有助于学生形成全面的实际操作能力。跨境电商涉及多个环节，包括市场营销、供应链管理、国际贸易法规等多方面知识。通过实际操作，学生能够综合运用这些知识，提高他们的实际操作能力，更好地应对未来跨境电商业务的复杂性。实践性学习还有助于培养学生的创新精神。跨境电商行业发展迅猛，涌现出许多创新型企业和商业模式。通过实践性学习，学生能够在实际操作中发现问题，寻找创新解决方案，培养创新精神，使他们更具竞争力。实践性学习能够提高学生对国际市场的适应能力。跨境电商涉及多个国家和地区，学生通过实际操作能够更深入地了解不同市场的文化、法规、消费习惯等因素，提高他们在国际市场中的适应能力，为跨境电商行业的国际化发展做出贡献。实践性学习在跨境电商领域的重要性不可忽视。

通过实际操作，学生能够更深刻地理解和应用所学知识，培养实际操作和问题解决的能力，提高团队协作和沟通的能力，形成全面的实际操作能力，培养创新精神，提高在国际市场的适应能力。因此，实践性学习不仅是理论教育的补充，更是培养跨境电商专业人才不可或缺的重要手段。

（二）实践性学习的教学设计原则

实践性学习在跨境电商教育中占据重要地位，教学设计的原则直接影响学生在实际操作中的学习效果。以下是一些实践性学习教学设计的原则问题导向原则教学设计应围绕实际问题展开，激发学生的兴趣和主动学习欲望。通过引导学生解决真实的跨境电商问题，培养其解决问题的能力。任务驱动原则教学设计应以任务为导向，让学生在实际任务中应用所学知识。通过实际任务的完成，学生能够更好地理解和掌握跨境电商运营的关键要素。项目化原则将教学内容组织成项目，使学生参与到一个完整的项目中，从而全面掌握相关知识和技能。通过项目实践，学生能够更好地理解实际业务运作的流程和环节。多元化资源原则利用多元化的资源，包括实地考察、企业访谈、模拟市场等，拓宽学生的学习渠道。这有助于让学生接触到更为真实和多样化的跨境电商情境，提高他们的综合素养。实践与理论相结合原则将理论知识与实践紧密结合，确保学生在实际操作中理解和应用所学的概念。通过实际操作，学生能够更好地理解理论知识的实际应用场景。个性化学习原则针对不同学生的兴趣和学习风格，提供个性化的学习体验。通过差异化的任务和项目，满足学生个体差异，激发他们更高层次的学习动机。实时反馈原则提供及时的反馈机制，使学生在实践中能够及时纠正错误、改进行动。通过及时的反馈，学生能够更快地适应跨境电商运营的实际环境。团队协作原则鼓励学生进行团队协作，通过小组项目等方式，培养学生的团队协作和沟通能力。跨境电商往往涉及多方面的合作，团队协作能力对于学生未来的职业发展至关重要。问题解决与创新原则强调学生在实践中面对问题时的解决能力和创新思维。通过解决实际问题，培养学生分析、判断和创新的综合素养，使其具备在复杂环境中应对挑战的能力。跨学科整合原则教学设计应鼓励不同学科的知识整合。跨境电商涉及多个学科领域，通过整合跨学科知识，帮助学生更好地理解复杂的业务运作和环境。这些原则在实践性学习的教学设计中相辅相成，共同构建了一个有机、全面的学习体系。通过遵循这些原则，教育者能够更好地引导学生进行深度实践，为他们未来在跨境电商领域的职业发展打下坚实基础。

（三）实践性学习的评估方法

实践性学习的评估方法在跨境电商领域具有关键性的作用，通过科学有效的评估方式，可以全面了解学生在实际操作中的表现，促使其更好地应用所学知识，培养实际应用和问题解决的能力。以下是一些常见的实践性学习评估方法项目报告学生可以通过完成一个跨境电商项目，并提交详细的项目报告，包括项目目标、实施步骤、问题解决方案以及最终成果。通过对报告的评估，可以了解学生在实际项目中的能力表现，包括项目管理、团队协作、解决问题的能力等。实际操作评估学生在实际操作中的表现可以通过观察和评估来进行。可以设置一些实际操作的任务，例如模拟国际贸易流程、设计跨境电商平台等，通过观察学生的操作过程和结果，评估其实际应用能力。团队项目评估在跨境电商领域，团队协作是至关重要的。通过设立团队项目，评估学生在团队协作中的表现，包括团队沟通、合作能力、分工协作等方面。这种评估方法能够综合考察学生的团队协作和实际操作能力。案例分析报告要求学生对跨境电商领域的实际案例进行深入分析，并提交案例分析报告。通过评估学生对案例的理解和分析，可以了解其对实际业务环境的把握程度，以及在解决问题时的思考能力。模拟演练评估设置一些实际场景的模拟演练，要求学生在模拟情境中进行操作和应对问题。通过评估学生在模拟环境中的应变能力、解决问题的能力，可以全面了解其实际操作能力和应用水平。国际市场调研报告学生可以选择一个国家或地区，进行深入的国际市场调研，并提交调研报告。通过评估报告，可以了解学生对于国际市场的深度了解程度，包括文化差异、市场需求、法规政策等方面的把握。问题解决方案提案学生可以根据实际业务中遇到的问题，提出解决方案的提案。通过评估提案，可以了解学生对于问题解决的创新性和实际操作的可行性，培养其在跨境电商业务中的创新精神。实际业务演示学生可以进行实际业务的演示，展示其在跨境电商领域的实际操作能力。通过观察演示过程和结果，可以全面了解学生的实际操作水平，包括技术操作、业务流程等方面。这些实践性学习的评估方法能够全面了解学生在实际操作中的能力表现，促使其更好地应用所学知识，培养实际应用和问题解决的能力，为其未来在跨境电商领域的实际工作提供有力支持。

（四）实践性学习的实际应用与案例分析

实践性学习在跨境电商教育中的实际应用是为学生提供深入体验和实际操作机会，通过具体案例分析来展现学习效果。以下通过一个实际案例来阐述实践性学习的应用及其价值。某高校跨境电商专业组织了一个实践性学习项目，旨在让学生深入了解跨境电商运营中的挑战和机遇。该项目选择了一家国际化程度较高的跨境电商企业作为合作伙伴，通过实地考察、企业访谈等方式，使学生全面接触和理解企业的运营模式、市场策略以及面临的问题。在实地考察中，学生深入了解了企业的仓储、物流管理，以及国际市场拓展的实际情况。通过观察企业的仓储系统，学生了解到如何优化仓储流程以提高效率。学生还通过实际物流操作，感受到物流环节中可能面临的挑战，如海关清关流程、国际运输等。企业访谈环节使学生直接与企业管理层和运营团队进行沟通。学生有机会向企业了解市场营销策略、国际市场进入策略等方面的实际操作经验。通过与企业人员的深度交流，学生得以更全面地认识到在跨境电商领域成功运营的关键因素。在项目的最后阶段，学生根据实地考察和企业访谈所得信息，结合专业知识，展开小组项目。每个小组负责分析一个特定的问题，比如企业在某一国际市场的市场策略，或是提出对企业物流系统的改进建议。通过小组合作，学生将理论知识应用到实际问题中，锻炼了团队协作和问题解决能力。该实践性学习项目的成功经验在于将学生置身于真实的跨境电商业务环境中，通过实际操作和案例分析，提高了学生的综合素养。学生通过亲身体验，不仅深入理解了课堂上学到的理论知识，还培养了实际操作、团队协作、问题解决等实际技能，为将来在职业生涯中更好地应对挑战奠定了基础。该项目的成功还在于紧密结合了企业实际需求。通过与企业的深度合作，学生能够了解到行业内最新的发展趋势、企业面临的实际问题，从而更好地为他们的专业发展做好准备。实践性学习通过深度参与实际业务，结合案例分析，为学生提供了更为综合和深刻的学习体验。通过将理论知识与实际操作相结合，培养学生的实际操作能力、团队协作和问题解决能力，实践性学习在跨境电商教育中发挥着不可替代的作用。

二、模拟经验在跨境电商教育中的应用

（一）模拟经验在跨境电商教育中的理论基础

模拟经验在跨境电商教育中的理论基础主要基于几个关键的教育理论和方法，这些理论和方法相互交织，共同构建了模拟经验在跨境电商教育中的基础框架。建构主义理论为模拟经验提供了理论基础。建构主义理论强调学生通过与环境的互动，基于已有的知识和经验，构建新的理解和认知。在跨境电商教育中，通过模拟实际业务场景，学生可以参与到一个动态的、真实感的学习环境中，通过互动和经验构建，深化对跨境电商业务的理解。情境学习理论也是支撑模拟经验的理论之一。情境学习理论认为，学习应该在与实际应用相似的情境中进行，以便更好地理解和应用所学知识。通过模拟实际跨境电商业务的情境，学生能够在模拟环境中应对真实场景中可能出现的问题，促使他们更好地适应实际业务环境。社会学习理论对模拟经验在跨境电商教育中的应用提供了支持。社会学习理论认为，学习是社会活动，通过与他人的互动和合作，学生可以共同构建知识。在模拟经验中，学生通常需要进行团队合作，共同应对模拟业务场景中的挑战，这有助于培养团队协作和沟通技能，与他人共同构建跨境电商知识体系。认知负荷理论对于设计模拟经验教学也具有启示意义。认知负荷理论认为，学习者的认知负荷应该适度，过高或过低都会影响学习效果。在跨境电商教育中，通过合理设计模拟经验，可以使学生在适度的认知负荷下进行学习，更好地处理和理解跨境电商业务的复杂性。问题解决学习理论也为模拟经验提供了理论支持。问题解决学习理论强调学生在解决实际问题的过程中，能够更深刻地理解和应用知识。通过设计模拟经验中的问题解决场景，可以激发学生的思维和创新能力，提高他们在跨境电商实际业务中解决问题的能力。经验学习理论强调通过实际经验的积累和反思，学生能够更好地理解和应用知识。在跨境电商教育中，通过模拟实际业务场景，学生能够在实践中积累经验，通过反思和总结，形成对业务流程、市场变化、法规政策等方面的深刻认识。建构主义、情境学习、社会学习、认知负荷、问题解决学习以及经验学习理论等相互交织，为跨境电商教育中模拟经验的设计和应用提供了多层次的理论基础。这些理论共同构建了一个有机的框架，为模拟经验在跨境电商教育中的有效性提供了

理论支持，促使学生更好地理解和应用复杂的业务知识。

（二）模拟经验设计原则与方法

在跨境电商领域，模拟经验设计是一种重要的教学方法，通过虚拟场景模拟真实业务情境，帮助学生在模拟中获取实际经验。模拟经验设计的成功实施离不开一系列的设计原则，这些原则在设计过程中发挥关键作用，以确保学生能够在虚拟环境中全面提升实际操作技能。模拟经验设计需要关注真实性原则。模拟环境应当尽可能真实地反映跨境电商业务中的复杂性和多样性，确保学生在模拟中能够面对真实的挑战和问题。这有助于提高学生对实际业务的理解和适应能力。设计过程中需要注重场景还原原则。通过模拟环境中的场景设计，学生能够更好地理解不同业务环节的运作流程，从而形成对整体业务过程的把握。场景还原有助于提高学生的实际操作能力，使其能够更好地应对类似情境的挑战。模拟经验设计应当贯彻任务导向原则。设计中的模拟任务应当具有明确的目标和任务，使学生在模拟中能够追求实际业务运营中需要解决的问题。这种任务导向的设计有助于激发学生的学习兴趣，使他们更主动地参与到模拟经验中。实时反馈原则在模拟经验设计中也至关重要。模拟环境应当设置及时反馈机制，以确保学生在模拟中能够及时了解自己的表现和改进的空间。通过实时反馈，学生能够更迅速地适应和纠正自己在模拟中的操作和决策。在设计过程中需要考虑多元化资源原则。模拟经验设计应当融入多种学习资源，包括模拟软件、实地考察、虚拟现实技术等。通过多元化的资源，学生能够更全面地体验跨境电商业务的多方面特点，提高学习的广度和深度。设计中的项目化原则也不可忽视。通过将模拟经验设计组织成具体的项目，学生能够更好地应用所学知识，形成对整体业务的综合理解。项目化的设计有助于培养学生的团队协作和问题解决能力。设计过程中需要强调个性化学习原则。不同学生有不同的学习风格和兴趣点，模拟经验设计应当根据学生的个体差异，提供个性化的学习体验。这有助于激发学生的学习动机，使其更主动地参与到模拟经验中。模拟经验设计应当强调问题解决与创新原则。设计中的模拟任务应当具有一定的挑战性，激发学生解决实际问题的能力。鼓励学生在模拟中提出创新性的解决方案，培养其创新思维。设计过程中的团队协作原则也是不可或缺的。通过模拟经验设计，学生有机会与同学进行团队协作，共同完成模拟任务。团队协作的经验有助于培养学生的团队沟通和协作能力，提高整体学习效果。模拟经验设计在跨境电商教育中的成功应用离不开一系列关键的设计原则。这些原则共同确保了模拟经验的真实性、任务导向性、实时反馈性，以及对个性化学习、团队协作、问题解决和创新思维的强调，从而使学生能够在虚拟环境中全面提升实际操作技能，为未来在实际跨境电商业务中做好准备。模拟经验的设计在跨境电商教育中至关重要，它需要考虑到多个方面的因素，以确保学生在模拟环境中能够有效地应用理论知识，培养实际应用和问题解决的能力。通过将真实的跨境电商业务场景还原到模拟环境中，使学生置身于真实情境中。这种方法能够提高学生对业务流程和环境的感知度，增加模拟的真实性，促使学生更好地应对实际业务问题。通过设计一个综合性的项目，要求学生在模拟环境中完成跨境电商业务的全过程。这种方法能够促使学生在实际项目中运用多方面的知识，从而培养综合运用知识的能力。将学生组织成小组，每个小组扮演一个跨境电商企业，共同应对模拟环境中的挑战。这种方法能够培养学生的团队协作和沟通技能，模拟真实的团队工作情境，提高实际操作的效果。设计不同的角色，要求学生分别扮演，模拟在跨境电商业务中可能出现的不同角色，如销售经理、市场专员、物流协调员等。通过角色扮演，学生能够更深入地理解和体验各个环节的工作流程。将学生分成若干团队，每个团队代表一个跨境电商企业，模拟竞争环境。通过竞争，学生能够更好地理解市场竞争、制定竞争策略等实际问题，培养市场敏感性和竞争意识。选取真实的跨境电商案例，要求学生在模拟环境中对案例进行深入分析和解决问题。通过实际案例演练，学生能够更好地应对类似问题，提高问题解决的实际操作水平。模拟国际贸易流程，要求学生在模拟环境中进行进出口贸易操作，了解国际贸易的流程、法规和风险。这种方法有助于学生理解和应对实际的跨境电商贸易环境。模拟跨境电商中的法规和政策变化，要求学生在模拟环境中适应新的法规要求，了解法规对业务的影响。这种方法能够培养学生对法规变化的敏感性和应变能力。技术应用模拟法模拟跨境电商平台的设计和应用，要求学生在模拟环境中体验和操作真实的电商平台。这种方法能够提高学生的技术应用能力，使他们更好地适应电商业务的技术发展。跨文化模拟法模拟国际化环境，要求学生在模拟环境中面对不同文化的挑战，体验跨文化沟通和合作。这种方法有助于培养学生在国际业务中的跨文化意识和沟通技能。这些设计方法相互结合，能够使模拟经验更具有综合性、真实性和挑战性，为学生提供更丰富的学习体验，促使其更好地应用所学知识，培养实际应用和问题解决的能力。

（三）模拟经验在团队协作与沟通中的应用

在跨境电商领域，模拟经验在团队协作与沟通中的应用具有重要意义。通过模拟经验，团队成员可以在虚拟环境中协同合作，面对实际业务情境，提高团队的协作能力和沟通效果。模拟经验能够促进团队成员之间的相互理解。在模拟中，团队成员需要共同面对模拟业务场景，理解每个人在团队中的角色和任务。这种共同面对的经历有助于团队成员更好地了解彼此的优势、特长，建立相互之间的信任和默契。模拟经验为团队提供了一个实践场景，让团队成员能够在协作中学习和实践。通过共同完成模拟任务，团队成员能够更深入地了解团队内部的协作机制，学习如何更好地分工合作、协同推进项目。在模拟经验中，沟通是团队协作的关键环节。团队成员需要及时、准确地传递信息，共同解决问题。模拟经验通过设置各种沟通场景，如在线讨论、虚拟会议等，促使团队成员培养出良好的沟通习惯，提高团队的协同效率。模拟经验还能够锻炼团队成员的问题解决能力。在模拟过程中，团队可能会面临各种挑战和问题，需要共同思考并找到解决方案。这种协作解决问题的经历有助于培养团队成员在实际业务中快速反应和灵活应对问题的能力。在模拟经验中，团队成员可以模拟国际合作场景，体验多文化团队合作的挑战。跨境电商业务涉及多个国家和地区，团队成员需要适应不同文化和工作方式。通过模拟国际合作，团队成员能够更好地理解文化差异，提高在国际业务中的沟通和协作水平。通过模拟经验，团队成员能够建立起一种紧密的协作关系，提高对团队目标的共识。在模拟中，团队成员共同经历困难和成功，共同努力达成任务目标，这有助于加强团队凝聚力，形成团队的共同价值观和目标导向。模拟经验在团队协作与沟通中的应用还能够培养团队成员的领导力。在模拟中，团队成员可以轮流担任领导角色，学习如何有效地组织团队，激发团队成员的积极性，推动项目的顺利进行。通过模拟经验，团队成员能够在虚拟环境中不断优化和改进协作模式。模拟过程中的经验可以被团队成员用来分析和总结，形成一套适合团队特点的协作模式，为未来实际业务提供更有效的协作和沟通基础。模拟经验在跨境电商领域中的团队协作与沟通中发挥着重要作用。通过在虚拟环境中模拟实际业务，团队成员能够在协作中学习、实践、提高问题解决能力，培养团队协作和沟通效果，为未来在实际业务中的团队合作打下坚实基础。

（四）模拟经验的实际案例与效果评估

在跨境电商教育中，通过实际案例的模拟经验能够为学生提供更为深刻、真实的学习体验。以下是一个具体的实际案例，通过对该案例的模拟经验，学生能够更好地理解和应用跨境电商领域的知识。致力于在国际市场上销售手工艺品。该企业面临了多方面的挑战，包括国际市场的竞争、物流运输的问题、关税和法规的复杂性等。为了提高学生对跨境电商业务的实际操作能力，该模拟经验的情境设定为，学生被要求扮演该小型跨境电商企业的团队成员，每个学生将分别负责销售、市场推广、物流运输、法务等不同角色。学生需要在模拟环境中面对国际市场上的竞争，制定相应的销售策略，解决物流运输中可能出现的问题，并了解和遵守各国的关税和法规。负责分析国际市场，了解不同国家和地区的文化差异，制定相应的销售策略，提高手工艺品在国际市场上的竞争力。负责设计市场推广方案，包括线上线下推广活动、社交媒体营销等，提高品牌知名度和产品曝光度。负责制定最优化的物流运输方案，考虑货物的运输成本、时效性和安全性，解决可能出现的物流问题。负责研究各国的关税政策和法规要求，确保企业在国际市场上的合法经营，防范潜在法律风险。国际市场竞争激烈，销售团队需要通过市场调研和分析，确定目标市场，制定差异化的销售策略。物流运输中可能出现的问题，物流团队需要解决货物延误、损坏等问题，确保货物顺利到达目的地。各国关税和法规的复杂性，法务团队需要研究各国关税政策，确保企业的进出口合规性，防范法律风险。可以采用多种评估方法，要求学生撰写模拟业务报告，详细描述团队的策略和行动，以及面对的挑战和解决方案。评估学生在团队合作中的表现，包括沟通、协调、分工等方面的能力。通过每个学生扮演的角色来评估其在模拟经验中的角色表现，例如销售团队的销售能力、法务团队的法规了解能力等。通过这个实际案例的模拟经验，学生将能够在模拟环境中全面了解跨境电商业务的复杂性，培养实际应用和问题解决的能力，提高团队协作和沟通技能，为将来在实际跨境电商业务中更好地应对挑战奠定基础。模拟经验的效果评估在跨境电商教育中是一个至关重要的环节，通过科学合理的评估方法，可以全面了解学生在模拟经验中的学习效果，从而为教育的改进提供有力支持。业务绩效评估是模拟经验效果评估的核心内容之一。通过对模拟经验中模拟业务的实际表现进行评估，包括销售业绩、市场份额、物流运输效率等方面。这种评估能够直观地反映学生在模拟经验中对跨境电商业务的理解和应用水平。问题解决能力是跨境电商从业人员必备的核心能力之一。通过评估学生在模拟经验中面对各种挑战时提出的解决方案的质量和实际操作情况，能够全面了解学生的问题解决能力。跨境电商业务常涉及多个团队协作的环节，因此团队合作评估是模拟经验效果评估的重要一环。评估学生在团队中的沟通、协作、分工等方面的表现，以及团队达成的共同目标，以提高团队协作能力。在模拟经验中，学生扮演不同的角色，例如销售、市场推广、物流运输、法务等。通过评估学生在模拟环境中对所扮演角色的理解和表现，能够了解其在不同业务领域的实际操作水平。跨境电商业务受到不同国家和地区的法规约束，法规遵从评估能够反映学生对于国际贸易法规的了解和遵守情况。通过模拟经验中法务团队的表现，评估学生对法规的敏感性和应变能力。在跨境电商中，技术应用是至关重要的一环。通过模拟经验中对电商平台的设计和应用，可以评估学生的技术应用能力，包括对平台操作的熟练度和对技术变化的适应能力。跨文化沟通是国际业务中的重要技能之一。通过模拟经验中对不同文化背景的理解和沟通情况的评估，能够了解学生在国际业务中的跨文化沟通能力。反思能力是学生在模拟经验后对自身经验的思考和总结的能力。通过对学生在模拟经验后的反思报告或讨论的评估，可以了解学生对实际操作的反思程度，促使其在实际工作中不断提高。效果评估不仅是对学生进行评价，也是对模拟经验设计的反馈。通过收集学生的反馈意见，了解学生对模拟经验的看法和建议，为后续课程的改进提供参考。对学生个体学习成长轨迹的评估能够追踪学生在模拟经验中的发展过程，了解其在不同业务领域的学习进展，为个性化学习提供支持。可以全面了解学生在模拟经验中的表现，为跨境电商教育的实际效果提供科学的评价和改进依据。这种综合性的评估方法有助于更好地培养学生的实际应用和问题解决能力，提高其在跨境电商业务中的综合素质。

第三节　国际合作项目与实地考察

一、国际合作项目设计与实施

（一）国际合作项目的背景与意义

国际合作项目在跨境电商领域具有深远的背景和重要的意义。国际合作项目的背景可以追溯到全球化发展趋势。随着全球经济的日益一体化，国际贸易和合作变得更加紧密，跨境电商成为连接各国市场的桥梁。在全球化的大背景下，国际合作项目为各国提供了共同发展的机遇。通过合作，不同国家的企业可以充分利用各自的资源和优势，实现互利共赢。特别是在跨境电商领域，国际合作有助于企业开拓更广阔的市场，共同应对国际市场的竞争挑战。国际合作项目的背景受到科技发展的推动。随着信息技术的飞速发展，跨境电商得以迅速崛起。国际合作项目在这一背景下得以更加高效、便捷地实现。科技的发展为跨境电商提供了先进的技术工具，促使各国企业更容易进行合作与交流。国际合作项目在背后承载着各种经济和商业意义。合作项目有助于降低生产和运营成本。通过资源共享和合作，企业可以更有效地利用资源，提高生产效率，降低成本，从而在国际市场上更具竞争力。国际合作项目为企业提供了拓展市场的机会。跨境电商企业在合作中可以借助合作伙伴的渠道和网络，更容易进入新的国际市场。这种市场拓展的方式相比独自开拓更为迅速、有效。国际合作项目还能够促进创新和技术进步。不同国家的企业在合作中可以分享各自的技术和创新经验，共同推动行业的发展。这有助于提高整个跨境电商领域的竞争力和创新水平。在背景的支持下，国际合作项目有着丰富的意义。国际合作有助于实现资源的优化配置。通过合作，各国企业可以充分发挥各自的优势，形成一种互补关系，实现资源的有效利用。国际合作项目有助于促进跨境电商行业的标准化和规范化。合作伙伴之间可以在合作项目中达成共识，制定一致的标准和规范，提高整个行业的透明度和规范水平。国际合作项目还能够促进人才的流动和共享。在合作中，企业可以通过人才的交流和培训，提高团队的整体素质，推动人才的共享和流动，有助于各国在跨境电商领域人才的共同培养。最重要的是，国际合作项目有助于推动全球经济的可持续发展。各国企业通过合作可以更好地应对共同面临的挑战，推动全球经济的稳定增长。特别是在数字化时代，国际合作项目更为需要，以共同应对数字化带来的挑战和机遇。国际合作项目在跨境电商领域的背景和意义十分显著。通过合作，各国企业可以实现互利共赢，推动行业的发展，促进全球经济的繁荣。在全球化和科技发展的大背景下，国际合作项目将继续在跨境电商领域发挥着不可替代的作用。

（二）国际合作项目的设计原则

在跨境电商领域，设计国际合作项目时需遵循一系列原则，以确保项目的顺利实施和取得可持续的成果。国际合作项目设计首要原则是确保项目目标明确。明确的项目目标能够为各合作方提供明确的方向，确保项目的可衡量性和可达成性。项目目标的明确性有助于激发合作方的积极性，使其更好地投入到项目实施中。国际合作项目的设计应基于共赢合作原则，以确保各方都能从项目中获益。通过平等互利的合作关系，可以建立稳固的伙伴关系，促使各方更好地协同工作，实现项目的共同目标。跨境电商领域的国际合作项目需要具备灵活适应的能力，以因应市场变化和不同国家间的文化差异。项目设计应充分考虑到各种变数，保持灵活性，随时调整合作策略，确保项目在不同环境中的顺利推进。由于国际合作项目涉及不同文化、语言和商业习惯，项目设计时应考虑到文化融合的原则。在合作项目中，应尊重各方文化差异，促使不同文化元素相互融合，形成更加融洽的合作氛围。信息透明是国际合作项目成功的关键。在项目设计中，应确保信息的透明和共享，各方应充分了解项目的进展、问题和决策，以便及时做出调整和应对。由于国际合作项目的不确定性较高，项目设计应包括风险防范的原则。对可能的风险进行全面评估，并制定相应的风险管理计划，以最大限度地减小项目实施中的不确定性和风险。国际合作项目应考虑到可持续发展的原则，即在项目实施中要注重环境、社会和经济的可持续性。通过在项目设计中考虑到可持续性因素，能够确保项目的长期效益，对各方都能够带来实际的利益。在跨境电商领域，技术创新是推动业务发展的重要因素。国际合作项目的设计应包含技术创新的原则，以确保各方能够共同推动技术的应用和发展，提升业务的竞争力。国际合作项目的设计应符合各国的合规法规。项目中的合作方应了解并遵守各自国家和地区的法规，以确保项目的合法性和可持续性。项目设计时应考虑到绩效评估的原则，即在项目实施的不同阶段进行定期绩效评估，以全面了解项目的进展情况，及时调整项目策略，确保项目的最终成功。

（三）国际合作项目的实施策略

国际合作项目的实施策略是确保项目按计划、有序推进的关键。在跨境电商领域，这涉及应对不同国家、文化和商业环境的挑战，因此实施策略需要综合考虑多方面的因素。跨境电商项目涉及不同国家和地区的文化，因此文化融合策略是至关重要的。团队成员需要敏感并尊重不同文化，建立开放、包容的工作氛围，以促进团队协作和项目的成功实施。国际合作项目通常涉及来自不同国家的团队成员，因此多元团队建设策略是确保团队高效协作的关键。项目管理者需要倡导多元化，鼓励团队成员分享各自的经验和观点，以促进创新和问题解决。由于国际合作项目涉及不同地区和时区，信息的透明性对于项目的顺利实施至关重要。建立定期的沟通渠道，确保各方都能够及时了解项目的进展、问题和决策，以便及时做出调整。跨境电商领域的变化较为迅速，因此灵活调整策略是确保项目适应环境变化的关键。项目管理者需要及时收集和分析市场信息，灵活调整项目计划和策略，以确保项目始终与市场保持一致。国际合合作项目涉及各种潜在的风险，包括市场风险、政治风险等。建立完善的风险管理策略，对可能的风险进行全面评估，并采取相应的风险缓解措施，以减小项目实施中的不确定性。在跨境电商项目中，技术应用是推动业务发展的重要因素。制定明确的技术应用策略，包括对新技术的采纳和应用，以确保项目在技术层面具备竞争力。考虑到全球可持续发展的趋势，项目实施过程中应制定可持续发展策略。这包括对环境、社会和经济方面的影响进行评估，以确保项目的可持续性，并在项目实施中积极履行社会责任。国际合作项目需要遵循各国的合规法规，因此建立合规法规策略是确保项目合法合规的关键。项目团队需要充分了解各自国家和地区的法规要求，并确保项目在法律框架内运作。在跨境电商项目中，客户导向是推动业务成功的关键。建立客户导向的策略，通过深入了解客户需求和市场趋势，调整产品和服务策略，以提高客户满意度和业务成功率。国际合作项目的实施过程中，持续学习是不可或缺的。建立持续学习的文化，鼓励团队成员不断提升自己的知识和技能，以适应不断变化的市场和业务环境。综合这些实施策略，可以为国际合作项目的顺利推进提供有力支持。这些策略的合理运用可以在项目实施中解决各种挑战，确保项目的可持续成功。

（四）国际合作项目的效果评估与改进

国际合作项目的效果评估与改进是确保项目可持续发展和取得最佳结果的重要环节。在跨境电商领域，合作项目的成功与否直接关系到各国企业的利益和整个行业的发展。因此，进行有效的评估和及时的改进对于项目的持续推进至关重要。对国际合作项目的效果进行评估时，需要关注项目的目标达成程度。评估的焦点应集中在项目是否达到了预期的商业目标、市场份额和盈利水平。通过对这些关键指标的定量分析，可以客观地评价合作项目在商业层面的成效。需要对国际合作项目的战略契合度进行评估。战略契合度包括合作伙伴之间的战略目标是否一致、合作是否有助于提升各方的竞争力等方面。通过深入研究战略契合度，可以评估合作是否有望在长期内保持稳定和健康的发展态势。对于合作项目的市场影响力评估也至关重要。市场影响力反映了项目在市场上的知名度、品牌价值和市场份额。通过市场影响力的评估，可以了解合作项目在国际市场上的竞争地位，为进一步的市场扩张提供指导。在评估效果的基础上，进行改进是确保项目可持续发展的关键一环。改进应注重深度调研，通过了解市场趋势、竞争格局和消费者需求等信息，找到项目存在的瓶颈和问题。改进需要建立在充分沟通的基础上。合作伙伴之间应当保持积极的沟通和合作，共同发现问题、分享经验，并共同制定改进方案。建立开放的沟通机制对于解决问题至关重要，确保改进过程中各方的利益得到充分考虑。在改进过程中，技术创新是一种重要手段。通过引入新技术、新系统，提高生产效率、降低成本，有助于项目的长期健康发展。技术创新还能够提升合作伙伴之间的战略合作水平，推动项目向更高水平迈进。改进的过程中，人才培养也是一项关键工作。培养具有国际视野和创新精神的人才，有助于项目更好地适应国际市场的需求。项目成员的专业水平和团队协作能力对于项目的成功至关重要。合作项目的可持续发展还需要考虑社会责任的履行。在国际合作项目中，应当注重社会影响和可持续发展目标的实现。通过实施社会责任项目，提高企业的社会形象，增加对项目的可持续支持。在改进过程中，政策与法规的遵循也是至关重要的。不同国家存在不同的法规和政策环境，合作项目需要确保其运营和发展符合各国的法规要求，避免不必要的法律风险。合作项目的改进需要建立在长期的战略视野下。通过长期规划和战略调整，项目可以更好地适应市场的变化，确保合作的稳健发展。长期战略规划还能够提高合作伙伴之间的战略共识，促进合作项目的成功。对于国际合作项目，效果评估和改进是确保项目可持续发展的关键步骤。通过深入分析项目的商业目标、战略契合度、市场影响力等方面，制定科学合理的改进计划，注重技术创新、人才培养、社会责任履行、法规遵循等多方面的因素，合作项目能够更好地应对挑战，取得更好的成效。

二、实地考察与实践体验

（一）实地考察与实践体验的背景与目的

实地考察与实践体验在跨境电商领域具有重要的背景，这源于全球经济的不断发展和数字化技术的日益普及。随着全球贸易的增长和国际市场的竞争加剧，跨境电商已经成为连接全球商业的重要纽带。实地考察和实践体验为了解跨境电商的复杂性、应对挑战、把握机遇提供了实质性的支持。实地考察的背景需要关注全球贸易环境的变化。随着国际关系的不断发展和国际贸易政策的调整，全球经济体系呈现出复杂多变的态势。实地考察为企业提供了直接感知市场环境、了解本地实际情况的机会，使其能够更加准确地制定战略，适应国际市场的变化。数字化技术的飞速发展也是推动实地考察与实践体验的重要因素。随着互联网、大数据、人工智能等技术的不断创新，电子商务在全球范围内蓬勃发展。实地考察使企业能够深入了解数字化技术在本地市场中的应用情况，从而更好地借助这些技术推动跨境电商业务的发展。实地考察与实践体验的背景还与全球供应链的优化密切相关。全球化供应链的建立和发展使得企业能够更加高效地获取全球资源，实现全球范围内的生产和分销。实地考察为企业提供了机会深入了解本地供应链的情况，从而更好地整合全球资源，提高供应链的效益。实地考察还能够加深对国际市场文化差异的认识。不同国家和地区拥有独特的文化、习惯和消费行为，实地考察使企业能够更加深入地了解本地市场的文化特点，更好地进行市场定位和产品定制，提高产品在国际市场的竞争力。实践体验在跨境电商领域的背景中也发挥着重要作用。通过实际操作，企业能够更好地理解和应对实际业务中的挑战。实践体验可以帮助企业员工积累实际操作的经验，提高解决问题的能力，从而更加灵活应对不同的市场情况。实地考察与实践体验作为跨境电商业务发展的重要手段，其背景受到全球经济、数字化技术、全球供应链、文化差异等多方面因素的影响。深入了解这些背景，企业可以更加全面地认知国际市场，制定更为精准的战略，提高在跨境电商领域的竞争力。实地考察与实践体验在跨境电商领域具有重要的目的和意义。实地考察能够深入了解目标市场的实际情况，包括当地的商业环境、文化特点、法规政策等因素。通过亲身体验，企业可以更全面地了解市场需求和竞争状况，为制定切实可行的战略提供有力支持。实地考察有助于建立和拓展企业的商业网络。通过与当地企业和机构进行面对面的交流，企业可以建立更紧密的合作关系，了解行业内最新动态，寻找潜在的合作伙伴。这种实地联系能够促使企业更好地融入当地商业社群，为合作提供更有力的支持。实地考察还能够提高企业对市场的敏感性。通过亲身体验当地消费者的生活方式、购物习惯以及对产品的需求，企业能够更准确地调整产品和服务，满足目标市场的实际需求。这种市场敏感性有助于企业更灵活地应对市场变化，提高在跨境电商领域的竞争力。实地考察能够提升企业的国际化水平。了解不同国家和地区的文化、语言、法规等差异，有助于企业更好地适应和融入不同市场。通过实地考察，企业能够更全面地了解和理解目标市场，为开展国际业务提供实际的经验基础。实地考察也是企业培养全球化人才的有效手段。员工通过参与实地考察，能够更深刻地认识国际市场的复杂性和多样性，提高国际业务运营的能力。实践体验能够使员工更好地理解目标市场的实际运作情况，培养出具备全球视野的商业人才。实地考察与实践体验还有助于企业更好地了解和遵守当地的法规政策。通过亲身体验当地的商业环境，企业可以更深入地了解目标市场的法规和政策要求，确保企业的经营活动合法合规。这有助于降低法律风险，提高企业在跨境电商领域的稳定运营水平。实地考察也为企业的战略决策提供实际依据。通过亲自走访当地市场，企业可以更准确地了解市场的潜在机会和挑战。这种直观的了解能够为企业的战略决策提供实际依据，有助于制定更符合市场需求的战略方案。实地考察还能够加强企业的品牌形象。通过深入了解目标市场，企业可以更有针对性地开展市场推广活动，提高品牌在当地市场的知名度和美誉度。这种深入了解市场的做法有助于企业在跨境电商领域建立更强大的品牌影响力。实地考察与实践体验是企业在跨境电商领域中获取实际经验和信息的重要手段。通过亲身参与目标市场，企业能够更全面地了解市场需求和竞争状况，建立紧密的商业网络，提高国际化水平，培养全球化人才，遵守当地法规，为战略决策提供实际依据，加强品牌形象，从而在跨境电商领域取得更为可持续和卓越的发展。

（二）实地考察与实践体验的设计原则

实地考察与实践体验的设计需要遵循一系列原则，以确保其在跨境电商领域的有效性和实际价值。实地考察与实践体验的设计应基于深度定制原则，根据企业的具体需求和目标，精准设计考察内容和实践任务。深度定制能够使实践更贴合企业的实际情况，确保考察和体验的内容对业务发展具有直接的指导意义。设计实地考察与实践体验时应全面考虑业务链条的各个环节，确保覆盖到生产、供应链、销售、市场推广等方面。全面覆盖有助于员工全面了解企业运作，促进团队协同作战，增强企业的整体竞争力。实地考察与实践体验的设计需要通过多维度的分析，深入挖掘本地市场的特点、文化、法规等因素。多维度分析有助于更全面地把握市场情况，使企业在跨境电商领域更具针对性。由于市场环境的不断变化，设计应具有灵活性和适应性。即使在设计初期，也应考虑后续可能的变化，以便在实施过程中能够灵活调整考察和实践的方向，适应市场的实际情况。设计应充分考虑实践与理论的结合，既注重培养员工实际操作能力，又为其提供相关理论知识的支持。实践与理论结合有助于员工深度理解业务运作原理，提高问题解决的能力。跨境电商涉及多个国家和地区，设计考察和实践体验时应尽量多样化。多样性体验有助于员工更好地适应跨文化环境，提高其在不同市场中的适应力。设计应设立有效的反馈机制，使员工能够在实践中及时获取反馈，了解自身表现和取得成绩。反馈机制有助于实时调整培训方向，提高培训的效果。考察和实践体验应侧重于实际问题导向，使员工在实际操作中面对和解决真实问题。实际问题导向有助于培养员工的实际应用能力，提高其在跨境电商业务中的执行力。考察和实践体验的设计应充分考虑员工的参与度，鼓励其积极参与到实际操作中。员工参与度高有助于增强学习的主动性，提高培训的实效性。考虑到实地考察与实践体验的成本和投入，设计应注重长期价值。即使短期内无法看到显著的效果，也要确保培训的内容和方式对企业未来的长期发展具有积极的影响。企业可以更好地规划和实施实地考察与实践体验，提高员工的实际操作能力，为跨境电商领域的业务发展提供坚实的基础。

（三）实地考察与实践体验的组织与实施

组织与实施实地考察与实践体验对于跨境电商企业而言具有重要的战略价值。企业在进行实地考察时需要从整体出发，建立清晰的目标与方向。明确考察的目的，如市场调研、合作伙伴寻找、法规了解等，有助于组织实地考察活动的有序展开。企业在实施实地考察时需充分发挥团队协作的优势。团队成员间要形成紧密的合作关系，充分发挥各自专业领域的优势，共同推动实地考察的实施。团队协作有助于提高信息收集效率和深度，确保考察过程中各个方面都得到充分关注。实地考察活动的组织与实施中，充分利用当地资源是取得成功的关键之一。与当地企业、行业协会、政府机构建立良好的合作关系，能够为企业提供更多的支持和协助。通过与当地资源的合作，企业能够更好地了解目标市场的实际情况，提高考察的实效性。有效的计划和时间管理对于实地考察的成功至关重要。在组织实地考察时，企业要事先进行详细的计划，包括考察路线、时间安排、会议安排等方面。精细的计划有助于提高活动的执行效率，确保在有限的时间内完成考察任务。在实施实地考察时，灵活应对各种突发情况是不可忽视的能力。市场环境可能会发生变化，当地合作伙伴的计划可能会有所变动。企业需要具备应变能力，及时调整考察计划，确保能够充分适应变化的市场环境。实地考察的实施需要注重信息的收集和记录。企业要通过各种途径搜集市场信息，包括面谈、调查、参观等方式，确保获取全面、准确的信息。及时对信息进行记录和整理，有助于后续的深入分析和总结。在组织实地考察时，确保团队成员的参与度和积极性也是关键因素。激发团队成员的热情和参与意愿，能够提高实地考察的效果。通过团队成员的积极参与，企业能够获得更广泛、深入的信息，有助于提升考察的实际效果。有效的沟通与协调机制也是实地考察活动成功的保障。确保团队成员之间的信息流畅、沟通顺畅，有助于快速解决问题和及时调整计划。建立高效的协调机制，确保团队在考察过程中能够高效配合，提高工作效率。在实地考察的实践体验方面，企业需要着眼于与目标市场的深度互动。通过参与当地商务活动、行业展会等实际体验，企业能够更深刻地了解市场的实际运作情况，获得更丰富的实践经验。这种深度互动有助于企业更好地融入目标市场，提高对市场的了解水平。实地考察与实践体验的组织与实施是跨境电商企业成功开拓国际市场的关键步骤。通过明确目标、团队协作、利用当地资源、有效计划和时间管理、灵活应变、信息收集与记录、团队积极性、沟通与协调机制等方面的有效措施，企业能够更好地组织和实施实地考察活动，获取实际经验，为跨境电商的顺利发展提供有力保障。

（四）实地考察与实践体验的效果评估与持续改进

实地考察与实践体验的效果评估与持续改进是一个动态的过程，需要通过系统性的方法来确保培训的有效性和可持续性。评估的关键是建立明确的指标体系。这一体系应涵盖培训前、中、后的多个阶段，包括员工知识水平的提升、实际操作技能的改善、团队协作能力的加强等多个方面。指标的设定应基于实际业务需求，具体反映培训的目标和期望效果。评估过程中要引入多维度的数据收集方法。这包括定量数据和定性数据的收集，旨在全面了解员工在培训过程中的表现和学习效果。可以通过问卷调查、实地观察、案例分析等方式，收集员工的反馈意见和具体操作情况，以更全面地了解培训的实际效果。评估过程中需要注重反馈机制的建立。及时的反馈有助于员工了解自身的不足之处，并能够迅速做出调整。通过设立有效的反馈机制，可以收集员工对培训的建议和意见，为后续的改进提供有力支持。建立有效的跟踪体系也是评估的关键。跟踪员工在培训后的实际表现和业务贡献，以评估培训对业务的实际影响。这可以通过业绩考核、项目成果评估等方式实现，确保培训的效果与业务发展紧密关联。评估的结果应当作为持续改进的依据。通过分析评估数据，发现培训过程中存在的问题和不足，制定相应的改进计划。改进计划需要具体明确，包括修改培训内容、调整培训方法、加强教育资源等多方面的措施。在持续改进的过程中，要注重团队间的沟通和协作。与参与培训的团队进行充分的沟通，了解他们的真实需求和反馈，以便更好地调整培训计划。通过团队间的协作，共享培训中的优秀实践经验，促使整个团队的综合水平得到提升。建立长效的反馈循环机制。不仅要在短期内进行一次评估和改进，还要建立定期的反馈循环。这可以通过设立定期的培训回顾会议、经验分享会等方式实现，以确保培训的效果在长期内得到稳固的提升。实地考察与实践体验的效果评估与持续改进可以在跨境电商领域发挥更大的作用。这一系统性的方法有助于确保培训的实效性，提高员工的实际操作能力,为企业在国际市场中的竞争提供有力的支持。

第四节　学生参与与团队合作

一、学生参与的激发与引导

(一)学生参与的理论框架

学生参与的理论框架是一种基于学生积极参与的教育模式,旨在促进学生深度学习和实际能力的培养。在跨境电商领域,构建有效的学生参与理论框架对于培养具备全球视野和实际操作技能的人才至关重要。学生参与的理论框架应注重培养学生的实际操作能力。跨境电商是一个实际应用广泛的领域,理论学习与实际操作的结合对于学生的职业发展至关重要。通过参与真实项目、实地考察、模拟实操等方式,学生能够更好地理解和应用所学理论知识。理论框架需要关注学生的跨文化沟通与协作能力。在跨境电商业务中,学生可能需要与不同文化背景的人合作,因此跨文化沟通与协作能力是必备的素养。理论框架应通过项目团队合作、国际交流等方式培养学生的跨文化能力。学生参与的理论框架应强调实际问题解决的能力。跨境电商领域面临复杂多变的市场和技术挑战,学生需要具备解决实际问题的能力。通过案例分析、问题导向的学习等方式,学生能够培养问题识别和解决的实际能力。理论框架的设计还需要注重学生的团队协作与创新意识。跨境电商业务通常涉及多个环节和团队,学生需要具备团队协作的能力。通过项目合作、创业实践等方式,学生能够培养团队协作和创新精神。学生参与的理论框架应注重个性化发展。每个学生在知识、兴趣和能力方面存在差异,理论框架需要考虑到学生个体差异,提供个性化的学习和发展路径。通过导师辅导、个性化项目选择等方式,学生能够更好地发展自身优势。理论框架还应强调学生的信息获取和分析能力。跨境电商领域的信息涉及市场动态、国际政策、技术创新等多个方面,学生需要具备有效获取和分析信息的能力。通过信息搜索、数据分析等实践活动,学生能够提高信息素养和分析水平。学生参与的理论框架需要与企业实际需求和市场趋势相结合。跨境电商是一个快速发展的领域，理论框架应密切关注行业趋势和企业需求，确保培养出的学生具备符合市场需求的实际能力。学生参与的理论框架在跨境电商领域的设计需注重实际操作、跨文化沟通、问题解决、团队协作、创新意识、个性化发展、信息获取和分析，同时紧密结合企业实际需求和市场趋势，以培养具备全球视野和实际操作技能的跨境电商专业人才。

（二）学生参与的重要性

学生参与是跨境电商教育中的一项至关重要的因素。学生参与能够激发学生的学习兴趣和主动性。通过参与实际的跨境电商项目和案例分析，学生可以亲身体验到课程所涉及的知识在实际应用中的价值，从而增强学习的实践性和针对性。学生参与有助于培养学生的团队合作能力。在跨境电商领域，团队协作是取得成功的关键。学生通过参与项目和团队活动，能够学习如何有效地与他人合作、沟通和共同解决问题，提高团队协作的水平。学生参与还有助于培养学生的创新思维和解决问题的能力。在实际项目中，学生面临各种挑战和难题，需要运用所学知识进行创新性思考和解决问题。通过这样的实践，学生能够培养独立思考和创新思维，提高解决实际问题的能力。学生参与还能够帮助学生建立实际工作经验。跨境电商行业需要具备实际操作能力的人才，而学生通过参与实际项目，能够在模拟的实践环境中积累实际工作经验，为将来步入职场做好充分准备。学生参与还能够促进学生的自我发展和自我管理能力。在实际项目中，学生需要承担一定的责任和任务，这有助于培养学生的时间管理、任务分配和自我监管的能力。通过这样的实际参与，学生能够更好地发展自己的综合素质。学生参与还有助于拓宽学生的国际视野。跨境电商是一个涉及多国合作的领域，学生通过参与国际项目和案例分析，能够更好地理解不同文化之间的差异，拓展自己的国际视野，提高跨文化沟通的能力。学生参与还能够促进学科知识的综合运用。跨境电商涉及多个学科领域，包括市场营销、国际贸易、物流管理等。通过学生的实际参与，能够促使他们将不同学科领域的知识进行有机整合，提高综合运用知识解决问题的能力。学生参与还能够促使学校和企业之间建立更紧密的合作关系。学生通过参与实际项目，能够成为学校和企业之间的桥梁，促进校企合作的深化，为学校提供更多实践机会，为企业提供更多人才资源。学生参与在跨境电商教育中占据着极其重要的地位。通过参与实际项目和案例分析，学生能够激发学习兴趣，提高团队协作能力，培养创新思维和解决问题的能力，建立实际工作经验，促进自我发展和自我管理能力，拓宽国际视野，促进学科知识的综合运用，促进学校与企业之间的紧密合作关系。这一切都有助于学生更好地适应未来跨境电商领域的挑战和机遇。

（三）学生参与的实际操作

学生参与的实际操作在跨境电商领域具有深远的意义。这种实际操作不仅是理论学习的延伸，更是学生培养实际技能和解决实际问题的关键环节。通过实际操作，学生能够更深入地理解跨境电商的复杂性，提升实际应用能力，并更好地适应未来职业发展的挑战。学生的实际操作涉及实地考察。通过参与实地考察，学生能够亲身感受跨境电商业务中的现实情况，了解不同国家和地区的市场环境、文化特点、法规要求等。实地考察使学生直接接触到业务运作的实际情况，有助于培养他们的市场洞察力和跨文化沟通能力。学生的实际操作涉及实际项目的参与。通过参与真实项目，学生能够将在课堂上学到的理论知识应用到实际业务中。这种参与不仅考验学生的实际操作能力，还培养了他们解决实际问题的能力。实际项目的参与使学生在真实场景中体验业务运作的全过程，从而更好地掌握业务的本质。学生的实际操作也包括实际的市场推广和销售。在跨境电商业务中，市场推广和销售是至关重要的环节。通过实际操作，学生能够了解市场推广的策略、销售渠道的选择以及顾客服务的重要性。实际的市场推广和销售活动使学生在真实市场中锻炼了自己的商业思维和销售技巧。学生的实际操作也包括对供应链的实际管理。跨境电商的供应链管理涉及多个环节，包括采购、物流、库存管理等。学生通过参与实际操作，能够了解供应链的全过程，并学会如何协调各个环节，以确保产品能够及时、高效地流通。这有助于培养学生的供应链优化和协调管理的实际技能。学生的实际操作还包括对技术工具的实际应用。在跨境电商业务中，技术工具的使用是提高效率和竞争力的重要手段。学生通过实际操作，能够熟练掌握各种跨境电商平台、数据分析工具、支付系统等技术工具的使用方法。这使得学生能够更好地应对数字化时代的挑战，提高工作效率。学生参与的实际操作在跨境电商领域不仅包括实地考察、项目参与、市场推广和销售、供应链管理等多个方面，更是培养学生实际应用能力、市场洞察力、商业思维和技术应用能力的有效途径。这种实际操作不仅有助于学生更好地适应未来职业发展的需求,也为他们在跨境电商领域取得成功奠定了坚实的基础。

(四)学生参与的案例分析

学生参与案例分析在跨境电商教育中具有重要的价值。案例分析能够提供真实的商业场景,使学生在实际问题中进行思考和分析。学生通过参与案例分析,能够深入了解跨境电商行业中的实际挑战和机遇,从而培养解决问题的能力。学生参与案例分析有助于培养学生的团队合作精神。在案例分析中,学生通常需要以小组形式合作,共同研究和解决案例中的问题。这种团队合作的模式有助于学生相互协作,分享不同的观点和思考方式,提高团队整体的分析和解决问题的水平。案例分析还能够促使学生将理论知识与实际情况相结合。通过分析真实案例,学生能够将在课堂上学到的理论知识应用到实际情境中,提高对知识的理解和应用水平。这种实际运用的过程有助于加深学生对跨境电商领域的理解。学生参与案例分析还能够培养学生的创新思维。案例分析往往涉及行业内的新兴问题和挑战,学生需要通过创新的思维方式提出解决方案。这种培养创新思维的过程有助于学生更好地适应快速变化的跨境电商市场。学生通过案例分析还能够提高问题诊断和分析的能力。在案例中,学生需要深入挖掘问题的根本原因,进行全面的分析,制定有效的解决方案。这种问题诊断和分析的能力对于学生未来从事跨境电商行业的职业发展至关重要。学生参与案例分析还有助于提高学生的沟通能力。在小组中,学生需要与同伴充分沟通,协商解决问题。通过参与案例分析,学生能够锻炼表达观点、听取他人意见的能力,提高与他人合作的沟通效果。案例分析能够使学生在实际场景中感受到跨境电商行业的挑战。学生通过参与案例分析,能够更好地理解市场竞争、供应链管理、市场定位等方面的实际问题,从而更好地应对未来职业生涯中可能面临的挑战。学生通过案例分析还能够建立与实际业界的联系。通过与企业合作,学生能够深入了解行业的最新动态,建立与企业的联系,为将来就业提供更广阔的发展空间。这种联系不仅有助于学生更好地了解行业需求,也为企业提供了可能的人才资源。学生参与案例分析在跨境电商教育中发挥着重要的作用。通过案例分析,学生能够深入了解行业实际问题,培养团队合作精神,将理论知识与实际情况相结合,提高创新思维和问题解决能力,提升问题诊断和分析的能力,增强沟通技巧，感受行业挑战，建立与实际业界的联系。这一切都有助于学生更好地适应和发展在跨境电商领域。

二、团队合作的建设与管理

（一）团队合作的背景与必要性

团队合作在跨境电商领域的背景中扮演着至关重要的角色。这一背景涉及多方面的因素，其中包括全球化市场的竞争压力、复杂多变的国际贸易环境、跨文化合作的挑战以及不断发展的数字化技术。全球化市场的竞争压力是促使团队合作成为必然选择的原因之一。跨境电商业务不再局限于本地市场，而是面向全球。全球市场的竞争激烈，企业需要在不同国家和地区展开业务，这就要求团队能够紧密合作，协同应对全球市场的各种挑战。团队合作成为提高企业在全球市场竞争中优势的关键手段。复杂多变的国际贸易环境使得团队合作更为迫切。不同国家和地区的法规、关税政策、市场规模等因素存在差异，这要求企业形成高效协同的团队以适应国际贸易的多样性。团队合作可以帮助企业更好地理解和应对不同国家贸易环境的变化，提高企业的国际业务运作水平。跨文化合作的挑战也是背景中的重要因素。在跨境电商领域，团队可能由来自不同国家、具有不同文化背景的成员组成。跨文化合作涉及语言、习惯、价值观等多方面的差异，这就需要团队具备更强的沟通和协作能力。团队合作背景下，团队成员需要更好地理解和尊重彼此的文化差异，形成融洽合作的氛围。数字化技术的快速发展也是促进团队合作的因素之一。在跨境电商业务中，数字化技术不仅提供了高效的信息传递和处理手段，还支持远程协作和实时沟通。数字化技术的应用使得团队可以跨越地域限制，实现全球范围内的协同工作。数字化技术的普及为团队提供了更多创新和协同的机会。团队合作在跨境电商领域的背景中得到充分彰显。全球市场竞争、国际贸易环境、跨文化合作和数字化技术的发展共同构成了团队合作的背景。在这个背景下，团队合作不仅是应对挑战的有效手段，更是推动企业跨境电商业务取得成功的关键因素。团队合作不仅需要团队成员具备协同工作的能力，还需要灵活适应不断变化的国际市场环境，从而推动企业实现在全球范围内的可持续发展。跨境电商行业的复杂性和竞争激烈性决定了团队合作在该领域中的不可或缺性。团队合作能够整合不同成员的专业知识和技能，形成强大的整体能力。跨境电商涉及市场营销、国际贸易、物流管理等多个领域，每个领域都需要不同的专业知识和技能。通过团队合作，团队成员可以充分发挥各自的专业优势，形成协同效应，提高团队整体的综合素质。团队合作有助于加强信息共享和沟通，提高团队的协作效率。在跨境电商领域，信息的及时传递和共享对于团队的运作至关重要。团队合作能够打破信息壁垒，促使团队成员及时分享市场信息、竞争动态和项目进展，使团队在变化迅速的市场环境中更具应变能力。团队合作还有助于促进创新和解决问题的能力。在跨境电商领域，需要不断创新和适应变化，解决各种复杂的问题。团队合作能够集思广益，激发成员的创新思维，共同寻找解决方案。团队成员的多样性和互补性有助于在面对困难时找到更全面、更有效的解决途径。团队合作有助于提高团队的适应性和灵活性。跨境电商领域受到国际贸易政策、货币波动、文化差异等多方面因素的影响，需要团队具备较强的适应性。通过团队合作，团队成员能够相互协调、共同应对市场变化，更好地适应多变的国际市场环境。团队合作还能够提高团队的执行力。在跨境电商领域，项目涉及多个环节，需要团队成员协同合作，确保项目的顺利进行。通过团队合作，团队成员能够明确各自的职责和任务，形成高效的执行机制，确保项目目标的实现。团队合作有助于培养团队成员的职业素养和人际关系技能。在团队合作中，成员需要学会倾听、尊重他人意见，有效沟通和协商。这有助于提高团队成员的人际关系技能，培养团队合作的默契和默契。团队合作还能够提升团队的综合竞争力。跨境电商行业具有高度的竞争性，团队的综合素质直接关系到企业在市场中的竞争地位。通过团队合作，团队能够更好地适应市场变化，提高创新能力，加强协同作战的能力，从而提高整个团队的综合竞争力。跨境电商领域的团队合作不仅是一种需求，更是一种必然。通过整合不同领域的专业知识，加强信息共享和沟通，促进创新和解决问题的能力，提高团队的适应性、灵活性和执行力，培养团队成员的职业素养和人际关系技能，提升团队的综合竞争力，团队合作在跨境电商行业中发挥着重要的作用，为企业在激烈的市场竞争中取得成功提供了坚实的基础。

（二）团队建设的原则与方法

团队建设在跨境电商领域具有至关重要的地位，它不仅涉及团队成员之间的合作与协同，更关系到企业在全球市场的竞争力和可持续发展。在跨境电商的背景下，团队建设的原则需要综合考虑全球化市场、跨文化合作、数字化技术的应用以及国际贸易环境等多方面因素。全员参与。团队建设应该是一个全员参与的过程，每个团队成员都应该感到责任和使命。通过全员参与，可以促使团队形成更强的凝聚力和认同感，确保每个成员都能够充分发挥自身优势，为团队目标做出贡献。明确共同目标。跨境电商团队成员可能来自不同国家和文化背景，因此需要通过明确的共同目标来统一团队的方向。明确的共同目标有助于激发团队成员的积极性，使大家在同一个方向上努力，共同追求业务发展的目标。灵活适应。由于跨境电商业务的特殊性，市场环境和法规政策可能会不断发生变化。因此，团队建设需要灵活适应这些变化，及时调整团队战略和运作方式。灵活适应的原则有助于团队更好地适应国际市场的多样性，提高团队应对风险和机遇的能力。跨文化沟通。在跨境电商领域，团队成员往往涉及不同文化背景，跨文化沟通成为一个关键的原则。团队建设应注重培养团队成员的跨文化沟通能力，通过培训和沟通工具的支持，促进团队成员更好地理解和尊重彼此的文化差异。技术应用。在数字化时代，技术应用对于团队建设至关重要。团队成员需要掌握并善用各种数字化工具和平台，以提高工作效率和协同能力。技术的应用不仅可以加速信息传递，还可以支持团队远程协作，使得团队可以更灵活地跨越地域限制。不断学习。由于跨境电商业务的复杂性和快速变化，团队成员需要具备不断学习的能力。团队建设应该鼓励成员在工作中不断积累新知识，开展培训和学习活动，以保持团队的竞争力和创新力。团队建设的原则在跨境电商领域需要考虑到全员参与、明确共同目标、灵活适应、跨文化沟通、技术应用和不断学习等方面。这些原则有助于构建一个具有高度凝聚力、适应性和创新性的团队，为企业在全球市场中取得成功提供有力支持。团队建设在跨境电商领域中显得尤为重要，因为这是一个充满挑战和变化的行业，需要具备高效协同和良好合作的团队。一种常见的团队建设方法是定期组织团队培训。培训不仅能够提升团队成员的专业知识水平，还能够增强团队的整体素质。通过培训，团队成员可以了解到最新的市场动态、技术发展趋势等信息，从而更好地适应行业的变化。另一种有效的团队建设方法是组织团队活动。这种活动可以包括团队拓展、户外运动等形式，通过共同参与活动，团队成员能够建立更紧密的联系，增强团队凝聚力。团队活动有助于打破团队成员之间的陌生感，促使他们更好地理解和信任彼此。在团队建设中，定期进行团队评估也是一种常见的方法。通过评估，团队能够了解到自身存在的问题和不足之处，及时进行调整和改进。评估可以包括团队成员的表现、团队目标的达成情况等方面，有助于发现问题并及时解决。建立有效的沟通机制也是团队建设的重要一环。跨境电商涉及多个国家和地区，团队成员可能分布在不同的地理位置。因此，建立高效的沟通渠道对于团队协作至关重要。采用在线协作工具、定期开展视频会议等方式，能够确保团队成员之间信息的及时流通。团队建设中还需要注重培养团队的目标意识。明确团队的共同目标，使每个团队成员都能够清晰地认识到自己的任务和责任，从而更加明确团队前进的方向。团队目标意识有助于提高团队成员的责任心和积极性。团队建设还需要注重多元化团队成员的培养。跨境电商行业涉及不同国家和地区的市场，需要具备跨文化沟通和合作的能力。因此，团队建设应该注重培养多语言、跨文化的团队成员，提高团队的国际化水平。在团队建设中，领导者的角色至关重要。领导者需要发挥团队建设的引领作用，制定明确的发展战略和方向，为团队提供稳定的指导。领导者还需要激励团队成员，激发其潜力，促使团队朝着共同的目标努力。团队建设需要具备灵活性。跨境电商行业变化迅速，团队建设需要根据行业的发展变化及时调整。团队建设不是一劳永逸的过程，而是需要持续进行的，随着行业的发展变化，团队建设也需要灵活调整。团队建设在跨境电商领域中具有关键的地位。通过培训、团队活动、团队评估、有效沟通机制、目标意识培养、多元化团队成员培养、领导者的引领作用以及灵活性的调整，可以帮助跨境电商团队更好地应对市场变化，提高团队的整体素质和执行力，为企业的可持续发展提供坚实的基础。

（三）团队协作的挑战与解决方案

团队协作在跨境电商领域面临着多重挑战，这涉及团队成员的多元性、文化差异、时区差异、沟通障碍等方面。来自不同国家和文化背景的团队成员可能存在沟通障碍，语言差异和沟通风格的不同可能导致信息传递不畅。

团队成员分布在不同的时区，时间差异可能导致团队协作的效率下降，协同工作变得更加困难。团队成员的专业背景和技能水平的多元性也可能引发团队内部的合作问题，需要更多的努力来整合各种专业知识和技能。团队协作在跨境电商环境中的挑战之一是来自多元文化的团队成员之间的理解障碍。由于文化差异，团队成员对于工作方式、决策模式、沟通方式等存在认知上的差异，这可能导致团队内部的不协调和理解不足。解决这一问题需要团队成员增强跨文化沟通的能力，更好地理解和尊重不同文化背景下的工作方式和价值观。团队成员之间的协作难题还可能源于技术工具的使用问题。在跨境电商团队中，尤其是在全球范围内分布的团队中，常常需要依赖各种在线协作工具进行沟通和合作。不同团队成员对于这些工具的熟悉程度和使用习惯可能存在差异，导致工具使用效率低下，影响团队的整体协作效果。另一个挑战是团队成员之间的信任问题。在跨境电商团队中，团队成员可能从不同的国家和地区招募，缺乏面对面的交流机会，这使得建立起有效的信任关系变得更为复杂。团队成员可能因为缺乏直接接触而难以建立起深厚的信任感，这对于团队的协作是一个巨大的阻碍。团队成员之间的协作问题还可能受到不同工作文化和价值观的影响。由于来自同国家和地区的团队成员可能有着不同的工作方式和价值观，这可能导致冲突和误解。解决这一问题需要团队领导者具备跨文化领导力，能够有效地整合不同文化背景下的团队成员，促进团队的和谐协作。团队协作在跨境电商领域面临着众多挑战，包括来自多元文化的理解障碍、时区差异的时间管理问题、技术工具使用的不协调、信任缺乏以及工作文化和价值观的差异。克服这些挑战需要团队成员具备跨文化沟通的能力，采用有效的在线协作工具，建立起信任关系，培养团队协作的文化和共同价值观。只有通过克服这些挑战，跨境电商团队才能更好地协同合作，实现更为卓越的业绩。团队协作在跨境电商领域中是至关重要的，它不仅关乎整体工作效率，更涉及团队内部沟通、协调和问题解决的方方面面。有效的团队协作需要明确的沟通渠道和规范。通过建立明确的沟通渠道，团队成员可以更快速地分享信息、反馈问题，并及时解决。规范的沟通流程有助于避免信息传递中的混乱和误解。跨境电商涉及多领域的知识，团队成员可能来自不同专业背景。因此，团队协作的解决方案之一是推动跨学科的知识整合。通过共享不同领域的专业知识，团队可以更全面地理解问题，并提供更创新的解决方案。跨学科的团队合作有助于拓宽视野，为团队在跨境电商中的决策提供更多元的观点。在团队协作中，领导者的作用至关重要。一个有效的领导者能够促进团队成员之间的协作，激发团队的创造力和合作精神。领导者应该具备良好的沟通技巧，能够理解团队成员的需求和潜在问题，并及时进行调解和解决。鼓励团队成员提出建议和反馈，建立开放的沟通氛围，有助于解决问题的及时发现和解决。团队成员之间的相互信任也是团队协作的关键因素。建立互信的团队关系有助于提高工作效率和解决团队内部的问题。在跨境电商团队中，由于涉及不同文化和背景的团队成员，建立跨文化的信任尤为重要。通过互相尊重、理解和支持，团队成员可以更好地协同合作，共同迎接跨境电商带来的挑战。灵活性和适应性是团队协作中需要强调的品质。跨境电商行业变化迅速，团队需要具备及时调整计划和策略的能力。团队成员应当具备灵活性，能够适应市场的变化和客户需求的不断变化。在变动的环境中，团队的适应性可以更好地保持团队的稳定性和竞争力。在团队决策中，共同的目标是团队协作的驱动力。团队成员需要明确共同的目标和愿景，共同为实现这些目标而努力。共同的目标有助于激发团队成员的合作热情，凝聚团队力量，使团队更有凝聚力和执行力。明确的目标也有助于降低团队内部冲突，使团队更加协调一致。团队协作的解决方案还需要注重培养团队成员的学习和创新意识。在跨境电商领域，不断学习和创新是保持竞争优势的关键。团队成员应该保持对新技术、新市场和新趋势的敏感性，鼓励团队成员不断提升自己的技能和知识，推动团队保持领先地位。跨境电商中的团队协作是一个复杂而关键的问题。通过建立明确的沟通渠道和规范、推动跨学科的知识整合、培养有效领导者、建立互信关系、强调灵活性和适应性、明确共同的目标以及注重学习和创新，团队可以更好地应对跨境电商领域的挑战，实现更好的工作效果和团队绩效。

（四）团队绩效的评估与提升

在跨境电商这个充满竞争的领域，团队绩效评估显得尤为关键。团队绩效的成功不仅仅是每个成员个体努力的体现，更是团队协作与组织策略的有机结合。团队绩效的评估不应被简单地视为一个统一的标准，而是需要深刻理解跨境电商的多元复杂性，因为这个领域要求团队具备多方面的能力和反应灵活的战略思维。团队绩效的评估在跨境电商中不可避免地与市场变化密切相关。团队需要具备对不断变化的市场趋势的敏感性，迅速调整战略以适应市场的多变性。在这个动态环境中，团队应该能够快速获取并分析市场信息，及时调整产品定位和销售策略，以保持竞争力。团队的绩效评估需要充分考虑国际化的挑战。跨境电商往往涉及多个国家和地区的法规、文化和消费习惯的不同。团队必须具备足够的国际化视野和本地化执行能力，以确保产品在各个市场中都能够取得成功。这就需要团队成员具备跨文化沟通和协作的能力，同时灵活应对不同国家的市场需求。技术创新是推动跨境电商团队绩效的重要因素。在这个数字化时代，团队需要不断更新技术，提升平台的用户体验，以满足用户对高效、便捷购物的需求。团队成员应当具备持续学习和创新的精神，紧跟科技发展的步伐，借助先进的技术手段提升团队的运营效率和服务质量。供应链的管理也是团队绩效不可忽视的方面。在跨境电商中，高效的供应链是保障产品能够及时交付的关键。团队需要建立稳定的供应链体系，确保物流的畅通和库存的充足。供应链管理需要团队成员密切协作，迅速响应市场需求变化，确保产品能够及时上市并满足用户需求。团队的品牌建设和营销策略也是团队绩效评估中不可忽视的因素。在竞争激烈的跨境电商市场中，良好的品牌形象和巧妙的营销策略能够有效吸引目标客户群体，提升产品的知名度和美誉度。团队成员需要具备市场营销的专业知识，制定创新的广告和宣传方案，确保产品在市场中脱颖而出。跨境电商领域的团队绩效评估是一个高度复杂而综合性的过程，需要全面考虑市场变化、国际化挑战、技术创新、供应链管理和品牌营销等多个因素。团队应该具备敏锐的市场洞察力、跨文化协作能力、技术创新精神、供应链敏捷性和市场营销智慧，以保持在竞争激烈的跨境电商领域中的竞争力。在跨境电商领域，提升团队绩效是至关重要的任务之一。团队成员需具备跨文化沟通的能力，了解和尊重不同文化的差异，以促进团队合作和减少沟通障碍。团队的目标需明确清晰，成员需共同努力朝着这一目标努力，形成高度的团队凝聚力。团队绩效的提升还需强调适应性，随时应对行业和市场的变化，并灵活调整战略和计划。建立有效的团队协作机制，包括明确的沟通流程和团队成员间的信任关系，对于提升团队绩效也具有重要作用。综合来看，通过培养跨文化沟通能力、明确共同目标、强调适应性和建立有效的团队协作机制，团队绩效在跨境电商领域将得到有效提升。

第四章 跨境电商教育教学的实践研究

第一节 跨境电商市场分析教学

一、跨境电商市场概况

（一）跨境电商市场规模

在涉足跨境电商领域时，我们需要审慎思考这一市场的规模。跨境电商市场规模不仅仅是一个数字，更是一个庞大而错综复杂的网络，涵盖着国际贸易、电子商务、物流体系等多个层面。这个庞大的市场规模既是机遇，也是挑战，需要企业具备深刻的洞察力，以在激烈的竞争中立于不败之地。跨境电商市场的规模受到全球经济的多方面因素的影响。经济全球化使得商品、资金和信息在全球范围内得以流通，为跨境电商市场的扩张提供了广阔的空间。国际贸易的日益便利化和数字技术的飞速发展，使得企业能够更加高效地开拓国际市场，进而扩大自身在全球范围内的影响力。跨境电商市场规模的增长也伴随着激烈的竞争和复杂的挑战。随着市场规模的扩大，竞争对手的数量和实力逐渐增加，企业需要更具创新性和竞争力才能在激烈的竞争中脱颖而出。国际市场的多元性和不确定性也给企业的经营带来了一系列的挑战，需要企业具备高度的灵活性和适应性。跨境电商市场规模的变化还受到国际贸易政策的直接影响。贸易壁垒的降低和自由化推动了跨境电商的蓬勃发展，使得企业更容易实现全球范围内的资源整合和市场拓展。国际贸易政策的变化也可能导致市场环境的不稳定，企业需要时刻关注国际政治、经济的动态，灵活应对各种潜在的风险和机遇。在跨境电商市场中，物流体系也是一个不可忽视的因素。随着市场规模的扩大，物流系统的效率和可靠性对于企业的运营至关重要。物流环节的不畅通可能导致交货延迟，影响用户体验，因此企业需要建立高效的物流体系，确保产品能够及时、安全地到达目的地。与此同时，市场规模的扩大也意味着消费者的需求多样化。企业需要深入了解不同国家和地区的文化、消费习惯和法规，以推出符合当地市场需求的产品和服务。跨境电商企业需要在全球范围内建立强大的市场洞察力，以满足不同地区用户的个性化需求。跨境电商市场规模的庞大既为企业提供了广阔的发展空间，又带来了激烈的竞争和复杂的挑战。企业在拓展国际市场的过程中需要谨慎思考，充分考虑全球经济、国际贸易政策、物流体系等多方面因素，以制定合理的战略，应对市场的变化，实现在全球范围内的可持续发展。

（二）市场增长趋势

市场增长趋势是跨境电商领域内不断演变的关键方面。数字化技术的不断进步推动了跨境电商市场的扩张。随着互联网和移动技术的普及，跨境电商平台得以更加广泛地触及全球消费者，实现了更加便捷的国际贸易。消费者的购物行为发生了变化，越来越多的人选择在线购物。这一趋势推动了跨境电商市场的快速增长，吸引了更多的商家和消费者参与其中。全球物流和供应链的不断优化也是市场增长的关键因素。新兴的物流技术和全球供应链网络的建设使得商品能够更快速、便捷地从一个国家运送到另一个国家，降低了跨境电商的运营成本。这进一步激发了企业参与跨境电商的积极性，推动了市场的不断扩大。市场上出现了更多的创新商业模式，例如社交电商、直播销售等。这些新型商业模式通过整合社交和购物体验，满足了消费者对于个性化和社交化的需求，进一步促使了市场的发展。这也使得跨境电商的市场增长呈现多元化和创新性。国家政策的开放和支持也对市场增长起到积极作用。一些国家为了促进国际贸易和跨境电商，采取了更加开放的政策，提供了更多的便利和支持措施。这些政策的推动促使了跨境电商市场的繁荣，吸引了更多的企业和资本参与其中。消费者对于跨境商品的需求也在不断上升。人们对于多样性、独特性商品的追求促使了他们更加愿意购买来自其他国家的产品。跨境电商作为一个能够提供全球商品的平台，正迎合了这一消费趋势，推动市场的扩大。随着人工智能、大数据等技术的应用，跨境电商平台能够更好地理解和满足消费者的需求。个性化推荐、定制化服务等通过技术手段实现的创新方式，进一步提升了跨境电商市场的用户体验，也推动了市场的增长。数字化技术的发展、全球物流和供应链的优化、新型商业模式的涌现、国家政策的开放支持、消费者需求的提升以及技术创新的推动等多方面因素共同作用，形成了跨境电商市场增长的有力动力。这一市场增长趋势预示着跨境电商领域将继续迎来更大的发展空间，为全球商家和消费者带来更多机遇和便利。

（三）主要参与方

在涉足跨境电商这一领域时，主要参与方扮演着关键的角色。这个庞大的生态系统中，有多方面的参与者相互合作，形成了错综复杂的网络。这些主要参与方包括了生产企业、电商平台、物流公司、政府监管机构、消费者等多个层面，每个参与方在整个跨境电商生态系统中都发挥着独特而至关重要的作用。生产企业是跨境电商生态系统中的重要组成部分。他们负责产品的设计、生产和供应，直接决定了产品的质量和种类。生产企业需要不断创新，适应不同国家和地区的市场需求，保持产品的竞争力。他们还需要与其他参与方建立合作关系，确保产品能够迅速、高效地进入国际市场。电商平台是跨境电商领域中不可或缺的一环。作为产品的销售渠道，电商平台承担着连接生产企业和消费者的重要角色。他们需要提供安全、便捷的购物环境，同时通过数据分析和推广策略，帮助生产企业提升产品的曝光度和销售量。电商平台还需要处理跨境交易中的支付、税收和法律问题，确保交易的合规性和安全性。物流公司在跨境电商生态系统中同样占据着重要位置。他们负责产品的运输和配送，直接影响着交易的速度和成本。物流公司需要建立高效的国际物流网络，同时克服各种复杂的运输和关税障碍。在全球化的背景下，物流公司需要具备强大的全球资源整合能力，以保障产品能够快速、安全地到达目的地。政府监管机构在跨境电商中发挥着监管和规范的作用。他们需要确保跨境电商交易的合法性和公平性，制定和执行相关法规和政策。政府监管机构还需要协调各个国家和地区的法规差异，促进国际贸易的有序发展。在保护消费者权益的政府监管机构也需要支持企业的创新和发展，促进跨境电商生态系统的健康发展。消费者是跨境电商中最终的受益者和推动力。他们通过电商平台购买商品，推动了市场的需求和产品的生产。消费者对于产品的质量、价格和服务有着高度的敏感性，他们的反馈直接影响着生产企业和电商平台的运营。消费者的多样化需求也推动了生产企业不断提升产品的创新性和个性化。跨境电商的生态系统是一个多方参与、相互合作的庞大网络。生产企业、电商平台、物流公司、政府监管机构和消费者各自扮演着不可替代的角色，他们的紧密合作共同构建了一个全球化的电商生态系统。在这个生态系统中，每个参与方都需要充分发挥自己的优势，密切合作，以推动整个跨境电商生态系统的可持续发展。

（四）市场结构

市场结构是跨境电商领域内的一个关键方面，涉及市场中不同参与者之间的关系和相互影响。跨境电商市场呈现出较为复杂的结构，包括电商平台、卖家、物流服务商、支付机构等多个参与主体。这些主体之间形成了错综复杂的交互关系，共同构建了一个多元而庞大的市场体系。在跨境电商市场中，电商平台是市场结构中的核心节点。各大电商平台如亚马逊、阿里巴巴、京东等在国际市场上扮演着主导角色，它们通过提供在线购物平台、支付系统、物流服务等一揽子解决方案，成为连接卖家和全球消费者的桥梁。与此同时，卖家作为市场中的供应方，通过电商平台拓展全球市场，实现商品的跨境销售。这种电商平台与卖家的互动构成了市场结构的基础。物流服务商在市场结构中扮演着连接卖家和买家之间的关键角色。由于跨境电商涉及国际物流和供应链，物流服务的高效性直接影响到商品的运输速度、成本以及消费者的满意度。因此，物流服务商与电商平台和卖家之间的合作关系成为市场结构中一个至关重要的环节。除了电商平台、卖家和物流服务商，支付机构也是跨境电商市场中的重要参与者。由于涉及不同国家和地区的货币和支付体系，支付机构的参与使得跨境交易更为便捷和安全。支付机构与电商平台、卖家之间形成了紧密的合作关系，共同构建了完善的支付体系。市场结构还涉及消费者，他们是市场的最终目标和驱动力。消费者通过电商平台获得商品，与卖家和物流服务商形成交互。他们的购物行为、消费需求直接影响着市场的走向。因此，电商平台需要不断关注消费者的反馈和需求，及时调整市场策略，满足消费者的期望。在市场结构中，竞争是不可避免的。电商平台之间展开激烈的竞争，通过价格、服务、创新等方面争夺卖家和消费者的青睐。卖家也在市场中竞争，通过提供优质商品和服务，争夺消费者的购物需求。这种竞争促使市场更加活跃和有活力，推动了市场结构的不断演进。

市场结构还受到国际政治经济环境的影响。不同国家和地区的法规、政策、贸易壁垒等因素都会直接影响到跨境电商市场的运作。市场结构需要适应各种复杂的国际环境，同时也会通过市场力量影响国际政治经济格局。跨境电商市场结构呈现出多元、复杂的特点，涉及电商平台、卖家、物流服务商、支付机构和消费者等多个参与者。这些参与者之间的相互作用构成了一个庞大而有机的体系，受到国际政治经济环境、竞争力、消费者需求等多方面因素的影响，共同推动着市场结构的演进和发展。

二、跨境电商市场分析方法

（一）市场细分

跨境电商市场的细分是一个不可忽视的议题，因为市场的细分能够更准确地满足不同消费者群体的需求。市场细分不仅有助于企业更好地了解目标市场，提高产品的市场占有率，还能够促进行业的健康发展。在跨境电商领域，市场细分涉及多个方面，包括产品特性、消费者需求、地域差异等。跨境电商市场的产品特性是进行市场细分的重要考量因素。不同类型的产品可能受到不同消费者群体的青睐。有些产品更加注重品质和奢侈感，吸引那些对品牌和独特性有较高追求的消费者；而另一些产品可能更注重实用性和价格优势，吸引那些注重性价比和功能性的消费者。因此，企业需要通过对产品特性的深入分析，有针对性地进行市场细分，以满足不同消费者群体的多样化需求。消费者需求的差异也是进行市场细分的重要考虑因素。不同国家和地区的消费者在文化、生活方式、购物习惯等方面存在着显著差异。一些国家的消费者更注重个性化和创新，而另一些国家的消费者可能更注重传统和稳定。因此，企业需要对不同地区的消费者需求进行深入研究，根据实际情况调整产品定位和营销策略，以更好地满足各地消费者的独特需求。地域差异也是进行市场细分的一个关键因素。不同地区的法规、政治环境、经济水平等因素都会影响到企业在该地区的运营。一些地区可能对进口产品有更为严格的监管要求，而另一些地区可能更开放。因此，企业需要充分了解各个目标地区的特点，有针对性地制定战略，以适应不同地域环境的变化。市场细分还需要考虑到不同消费者的购物习惯和渠道偏好。一些消费者更倾向于通过电商平台购物，而另一些消费者可能更喜欢实体店购物。因此，企业需要根据目标市场的特点，灵活选择适合的销售渠道，以更好地满足消费者的购物偏好。跨境电商市场的市场细分是一个多方面、复杂而严谨的过程。通过深入了解产品特性、消费者需求、地域差异以及购物习惯等多个方面的因素，企业能够更准确地把握市场的脉搏，更好地满足不同消费者群体的需求。市场细分的有效实施有助于企业更有针对性地制定产品策略和市场推广策略，提高市场竞争力，推动跨境电商市场的健康发展。

（二）竞争分析

在跨境电商领域，竞争分析是一项至关重要的任务，它涉及市场内各方主体之间的相互较量和竞争态势的全面洞察。各大跨境电商平台之间展开了激烈的竞争。这些平台包括亚马逊、阿里巴巴、京东等，它们通过不断提升自身的服务、创新商业模式、拓展全球市场等手段，争夺卖家和消费者的关注。这种平台之间的竞争推动了整个市场的发展，也为卖家和消费者提供了更多的选择。卖家之间也存在激烈的竞争。卖家通过提供具有竞争力的产品、优质的服务、灵活的价格策略等手段，争夺市场份额。在全球范围内，卖家通过建立良好的品牌形象、开发创新产品、拓展销售渠道等方式，提高竞争力，争取更多的国际消费者。物流服务商在跨境电商领域也扮演着竞争的关键角色。不同的物流服务商通过提供更快速、安全、成本效益高的国际物流服务，争夺卖家的合作和消费者的信任。物流服务商之间的竞争促使物流行业不断提升服务水平，适应市场需求的变化，提高全球物流效率。在支付领域，支付机构也展开激烈的竞争。为了吸引更多的电商平台和消费者选择自己的支付服务，支付机构通过降低费率、提高支付安全性、推出创新支付产品等方式，提升竞争力。这种竞争促使支付领域不断创新，满足市场对支付便捷性和安全性的不断增长的需求。消费者需求的变化也推动了跨境电商市场的竞争。随着消费者对于个性化、品质化商品的需求增加，电商平台和卖家通过提供更符合消费者期望的商品和服务，竞争获取更多的用户。这种以消费者需求为导向的竞争，推动了市场向更加差异化、个性化的方向发展。国际政治经济环境的不断变化也为跨境电商市场带来了竞争的挑战。不同国家和地区的法规、政策、贸易壁垒等因素影响着企业的跨境经营。企业需要在复杂多变的国际政治经济环境中保持敏感性，及时调整战略，以适应市场的竞争态势。

市场中的新兴技术也成为竞争的焦点。人工智能、大数据、区块链等技术的应用使得电商平台、物流服务商、支付机构等能够提供更智能、高效的服务，从而在市场中获得竞争优势。技术的创新成为推动市场竞争的重要动力，促使企业不断升级自身技术水平以应对激烈的市场竞争。跨境电商市场中各方主体之间的竞争激烈而复杂。电商平台、卖家、物流服务商、支付机构等在全球范围内展开角逐，通过提升服务水平、创新商业模式、满足消费者需求等手段，争夺市场份额。这种多方面、多层次的竞争推动了整个跨境电商市场的不断发展和创新。

（三）市场趋势分析

跨境电商市场的趋势呈现多元化、快速演变的特征。全球数字化技术的快速发展推动了跨境电商市场的升级。各类先进技术如人工智能、大数据分析、物联网等广泛应用于电商平台，为企业提供了更智能化、个性化的服务。这种数字化趋势使得消费者体验得以提升，也推动了电商行业的不断创新。全球化市场格局逐渐形成，跨境电商在国际贸易中扮演着越来越重要的角色。随着物流和供应链的不断优化，商品能够更迅速、便捷地跨越国界，实现全球范围内的交易。这促使了跨境电商市场的迅速扩张，吸引了更多的卖家和消费者参与其中，形成了全球互联的电商生态系统。社交电商成为市场的新兴趋势。通过社交媒体平台，消费者可以直接与卖家互动，分享购物心得，形成更为真实、有趣的购物体验。这种社交电商的兴起改变了传统购物模式，为品牌和商家提供了更直接、精准的销售渠道。移动端的普及也是市场趋势中不可忽视的一部分。随着智能手机的普及，消费者越来越倾向于通过移动设备进行购物。移动端购物的便捷性促使电商平台不断优化移动应用，提升用户体验，适应消费者在不同场景下的购物需求。绿色可持续发展逐渐成为市场的关注焦点。在全球环保意识的升温下，消费者对于产品的环保性和可持续性提出更高的要求。电商平台和卖家纷纷响应这一趋势，推动绿色供应链的建设，推出环保产品，以适应市场对于可持续发展的需求。国际政治经济环境的变化也在影响着跨境电商市场的走势。贸易政策的调整、关税的变化、国际关系的波动等因素都会对跨境电商市场带来一定程度的影响。企业需要密切关注国际政治经济动态，灵活调整战略，以适应不断变化的市场环境。市场竞争也在逐渐升级，企业需要不断提升自身的创新能力、服务水平和品牌影响力。个性化定制服务的兴起使得市场走向更加差异化，满足了不同消费者群体的个性需求，提升了市场的多样性。跨境电商市场的趋势在数字化、全球化、社交化、移动化、绿色可持续发展等多个方面表现出多样性。企业需要紧密关注市场动态，不断创新和调整自身战略，以迎接市场趋势带来的机遇和挑战。只有不断适应市场的变化，才能在激烈的竞争中保持竞争力，实现可持续发展。

第二节 跨境电商营销与推广教学

一、跨境电商营销基础

（一）跨境电商营销概述

跨境电商营销在当今全球化的商业环境中占据着至关重要的地位。这一领域的发展离不开深刻的市场洞察和灵活的战略应对。跨境电商营销的概述涉及多个层面，包括市场定位、品牌建设、多渠道推广、社交媒体营销等多个方面。市场定位是跨境电商营销中的关键一环。企业需要深入了解目标市场的特点，包括文化、消费习惯、法规等方面的差异。准确的市场定位有助于企业更好地调整产品定位和定价策略，以迎合目标市场的需求，提高产品的市场适应性。品牌建设是跨境电商营销不可或缺的一环。在激烈的竞争中，品牌是企业区分于竞争对手的关键。通过建设独特而有吸引力的品牌形象，企业能够在消费者心中树立起信任和认可，从而提高产品的市场份额和忠诚度。多渠道推广是跨境电商营销中的一个重要策略。企业需要巧妙运用不同的推广渠道，包括搜索引擎优化、搜索引擎营销、社交媒体推广、内容营销等手段，以提升产品的曝光度和知名度。通过多渠道推广，企业能够更全面地触达潜在客户，拓展市场份额。社交媒体营销在跨境电商中扮演着愈加重要的角色。随着社交媒体的普及，企业能够通过各种社交平台与消费者建立更直接、更亲密的联系。通过发布有趣、引人入胜的内容，企业能够吸引更多关注，激发消费者的购买欲望。社交媒体还提供了一个即时互动的平台，使得企业能够更加灵活地调整营销策略，满足消费者的实时需求。在跨境电商营销中，数据分析是一项至关重要的工作。通过对大量的数据进行深度分析，企业能够更全面地了解消费者行为、市场趋势等信息。数据分析为企业提供了有力的支持，使其能够更准确地制定营销策略，提高市场反应速度，更好地满足市场需求。用户体验也是跨境电商营销中需要特别关注的方面。在全球范围内，不同地区的消费者对于购物体验有着不同的期望。因此，企业需要不断优化网站设计、支付体系、客户服务等方面，以确保消费者能够在购物过程中获得愉悦的体验，提升品牌形象。跨境电商营销的概述涉及多个方面，包括市场定位、品牌建设、多渠道推广、社交媒体营销、数据分析和用户体验等。这些方面相互交织，相互影响，需要企业全面考虑，制定灵活而精准的战略，以在竞争激烈的跨境电商市场中取得成功。

（二）跨境电商市场分析

跨境电商市场的分析是一个庞大而复杂的过程，涉及多个层面的因素。市场规模是跨境电商发展的基石。由于全球化的推动，跨境电商市场呈现出日益扩大的趋势。这一市场的巨大规模为企业提供了广阔的发展空间，同时也加剧了市场竞争的激烈程度。企业需要通过深入的市场调研和细致入微的数据分析，全面了解市场规模的变化趋势，以制定切实可行的发展战略。跨境电商市场的竞争格局是需要仔细分析的一个方面。在市场上，不同企业之间的竞争关系错综复杂，不同规模和实力的企业在市场中展开角逐。了解竞争格局对于企业合理定位自身在市场中的位置、选择适当的竞争策略至关重要。企业需要通过对竞争对手的深入研究，全面了解其优势和劣势，以便在激烈的竞争中脱颖而出。市场需求是跨境电商市场分析的核心之一。了解消费者的需求对于企业提供符合市场需求的产品和服务至关重要。市场需求的多样性和不断变化需要企业具备灵活的产品调整和市场响应能力。通过深入了解目标市场的消费者，企业能够更好地满足其需求，提高产品的市场接受度。政策法规是跨境电商市场分析中的另一个重要方面。不同国家和地区的政策法规存在差异，直接影响企业的运营和发展。了解目标市场的政策法规，企业可以更好地规遵当地法规，降低经营风险。政策法规的合理解读和应对对于企业稳健经营至关重要。物流体系也是跨境电商市场分析中不可忽视的一环。在全球范围内实现高效、快速的物流是企业成功开展跨境电商的关键。了解目标市场的物流体系，企业可以优化供应链，提高物流效率，确保产品及时达到消费者手中。物流体系的畅通程度直接影响着企业在市场上的竞争力。市场趋势和创新是跨境电商市场分析的一个重要方面。市场的发展是一个不变化的过程，了解市场的趋势有助于企业把握市场的发展方向。创新是推动市场发展的动力之一，企业需要密切关注新技术、新模式的出现，以保持市场竞争的活力。跨境电商市场分析是一个多层次、多维度的过程。市场规模、竞争格局、市场需求、政策法规、物流体系、市场趋势和创新等因素相互交织，构成了一个复杂而庞大的市场网络。企业需要通过全面而深入的分析，不仅了解市场现状，更能够预判未来的发展趋势，以制定切实可行的战略，取得在跨境电商市场中的持续竞争优势。

（三）国际市场定位与差异化策略

国际市场定位是跨境电商中至关重要的战略之一。企业在选择国际市场时，需要充分考虑目标市场的文化、社会、经济、法律等因素，以确保产品或服务能够与当地市场环境相契合。深入了解目标市场的消费者需求和购物习惯，以便调整产品定价、促销策略，提供更符合当地需求的产品。国际市场定位需要根据不同市场的竞争环境进行灵活调整。企业需评估竞争对手在目标市场的实力、市场份额、品牌影响力等因素，以便制定更具针对性的市场战略。在激烈竞争的市场中，企业可以通过差异化策略，提供独特的产品或服务，以赢得消费者的青睐。在国际市场定位中，营销渠道的选择也是至关重要的一环。企业需要根据目标市场的特点，选择适当的销售渠道，可能是通过电商平台、代理商、分销商等。通过建立稳定的渠道合作关系，企业能够更好地实现产品的推广和销售，提高市场占有率。企业需要注重品牌建设和品牌传播。在国际市场中，建立良好的品牌形象对于赢得消费者信任和忠诚度至关重要。通过创造独特的品牌故事、强化品牌标识，企业可以在激烈的市场竞争中脱颖而出，形成自身的竞争优势。国际市场定位还需要注重与当地政府和行业协会的合作。了解并遵循当地法规、政策，积极参与行业活动，有助于企业更好地融入目标市场，降低经营风险。与当地合作伙伴的建立也是推动企业在国际市场上获得成功的关键因素之一。在国际市场定位中，跨文化沟通能力也至关重要。企业需要适应不同文化、语言、习俗，以确保其品牌和产品在目标市场得到更好的接受。有意识地调整广告、宣传等营销手段，以适应不同文化的审美和消费心理，有助于企业更好地融入目标市场。国际市场定位需要考虑到全球供应链的优化。通过建立高效的全球供应链网络，企业可以更灵活地满足国际市场的需求，降低运营成本，提高市场竞争力。优化供应链还可以缩短产品上市周期，更快速地响应市场变化。国际市场定位是一个综合性的战略过程，需要企业深入研究目标市场，灵活调整战略，以适应不同的文化、竞争环境和政策法规。通过合理定位和精准执行，企业能够在国际市场中取得竞争优势，实现全球化经营的成功。在跨境电商领域，国际市场差异化策略是企业实现全球业务成功的关键因素之一。国际市场的差异性体现在文化、消费习惯、法规、经济发展水平等多个方面。因此，企业在制定国际市场差异化策略时，需要深入了解目标市场的独特特点，以更好地适应并满足不同地区的多元化需求。文化差异是国际市场中的一个重要考虑因素。不同国家和地区拥有独特的文化背景和价值观，这直接影响了消费者对产品和服务的认知和接受度。企业需要通过深入的文化研究，调整产品设计、营销策略，以确保产品与目标市场的文化相契合，赢得消费者的认可。消费习惯和购物行为的差异也是国际市场差异化策略的关键因素。不同地区的消费者可能有不同的购物心理和行为模式，对于促销活动、购物体验等方面有着不同的期望。企业需要深入了解目标市场的消费者习惯，通过定制化的销售和服务方式，提高购物的便捷性和满意度。法规和政策差异是国际市场中的另一个挑战。不同国家和地区有着不同的法规标准和政策要求，涉及关税、进口限制、质量标准等方面。企业需要建立强大的法务团队，紧密关注目标市场的法规动态，确保产品和运营符合当地法规，降低市场进入的法律风险。经济发展水平的不同也是国际市场差异化策略的一个重要方面。不同地区的经济水平差异导致了消费能力和购买意愿的不同。企业需要根据目标市场的经济特点，调整产品定价和销售策略，以确保产品在当地市场的竞争力。语言差异也是国际市场中的一个挑战。不同的语言和文化传达方式直接影响了品牌传播和宣传的效果。企业需要建立专业的国际化团队，确保广告、宣传语言的准确翻译和文化适应，以避免由于语言差异而造成的沟通障碍。社会和环境因素的差异也需要被充分考虑。不同地区的社会价值观和环境问题可能对产品的受欢迎程度和销售造成影响。企业需要通过社会责任和环保举措，展示对当地社会和环境的尊重，赢得消费者的好感。国际市场差异化策略是在全球化背景下，企业走向国际市场不可或缺的一环。了解和适应不同国家和地区的文化、消费习惯、法规、经济发展水平等差异，是企业成功拓展国际市场、建立持续竞争优势的基础。通过制定有针对性的差异化策略，企业能够更好地融入目标市场，满足当地消费者的需求，实现在国际市场上的可持续发展。

（四）国际市场品牌建设

在跨境电商领域，国际市场品牌建设是一项至关重要的战略任务。建立品牌识别度是国际市场品牌建设的关键目标之一。通过设计独特而易识别的品牌标识，企业能够在竞争激烈的市场中脱颖而出。这有助于消费者在海量信息中迅速辨认品牌，建立品牌忠诚度。国际市场品牌建设需要注重品牌故事的打造。通过讲述富有情感色彩和独特性的品牌故事，企业能够更好地引起消费者的共鸣。一个深受消费者喜爱的品牌故事不仅仅是商品的背后，更是一种文化和价值观的传递，从而深化品牌与消费者之间的情感连接。品牌建设还需要与目标市场的文化和价值观相契合。了解并尊重不同国家和地区的文化差异，调整品牌传播策略，使之更符合当地的审美和消费者心理。通过在广告、宣传中体现文化敏感性，企业能够更好地融入目标市场，建立可持续的品牌形象。国际市场品牌建设还需要注重数字化营销的创新。随着数字化技术的飞速发展，企业可以通过社交媒体、搜索引擎优化、电子邮件等多种数字化渠道，将品牌信息传播到全球范围内。这种数字化营销的创新不仅提高了品牌曝光度，也为企业与消费者之间的互动提供了更多可能性。品牌建设的过程中，客户体验是至关重要的一环。企业需要关注并不断优化用户在购物、售后服务等方面的体验，以提高客户满意度。通过提供便捷、个性化的购物体验，企业可以赢得更多的忠诚消费者，并通过口碑传播品牌形象。品牌建设也需要与社会责任相结合。在国际市场，消费者对企业的社会责任感兴趣。通过参与公益活动、环保倡议等社会责任项目，企业不仅能够建立积极的企业形象，还能够满足消费者对可持续发展的关切，提升品牌的社会声誉。国际市场品牌建设需要不断创新和调整。随着市场环境和消费者需求的变化，品牌建设的策略也需要灵活调整。通过不断创新产品、服务，适应市场变化，品牌能够保持活力，持续吸引目标消费者。建立品牌联盟和合作伙伴关系也是品牌建设的一项有效战略。与其他有影响力的品牌合作，共同推出跨界合作产品或服务，可以拓展品牌影响力，吸引更多消费者的关注。国际市场品牌建设需要注重标识度、品牌故事、文化契合、数字化营销、客户体验、社会责任、创新和合作等多个方面。通过全方位的品牌建设战略，企业能够在国际市场中建立起独特而有吸引力的品牌形象，取得市场竞争的优势。

二、跨境电商推广策略

（一）跨境电商数字营销

跨境电商数字营销是一项至关重要的战略，为企业在全球范围内拓展市场提供了有力的支持。数字营销的核心在于充分利用数字技术和在线平台，以推动产品和品牌的曝光，建立和维护与消费者的互动关系。搜索引擎优化（SEO）是跨境电商数字营销的重要组成部分。通过优化网站内容和结构，提高在搜索引擎中的排名，企业能够增加在线可见性，吸引更多潜在客户。SEO 的有效实施有助于提高网站的有机流量，为企业在竞争激烈的市场中取得优势提供了基础。社交媒体营销在数字时代具有重要地位。通过在各种社交平台上发布有趣、有价值的内容，企业能够与消费者建立直接的互动关系。社交媒体平台为企业提供了一个即时而广泛的传播渠道，有效地推动品牌形象的传播和建设。电子邮件营销是数字时代的另一重要策略。通过定期向客户发送个性化的邮件，企业能够保持与消费者的联系，提高品牌的留存率。电子邮件营销的精准定位和针对性能够有效地引导消费者进行购买决策，实现销售转化。在线广告是数字时代营销的重要渠道之一。通过在搜索引擎、社交媒体和其他在线平台上投放广告，企业能够实现精准的目标客户覆盖，提高品牌的知名度和产品的曝光度。在线广告的灵活性和实时性使得企业能够更迅速地调整营销策略，适应市场的变化。内容营销是数字时代建立品牌影响力的有效手段。通过发布高质量、有价值的内容，企业能够吸引目标客户的关注，建立专业形象。内容营销的长期效应在于提升品牌的信誉和忠诚度，为企业在竞争激烈的市场中树立持久优势。数字时代的数据分析也是数字营销中不可或缺的一环。通过深入分析消费者行为、市场趋势等大量数据，企业能够更准确地了解目标市场，制定更具针对性的数字营销策略。数据分析有助于企业实时调整营销计划，更好地满足消费者需求，提高市场反应速度。跨境电商数字营销是在数字时代背景下企业不可或缺的一项策略。通过综合利用搜索引擎优化、社交媒体营销、电子邮件营销、在线广告、内容营销和数据分析等多种手段，企业能够更全面地拓展市场，与消费者建立紧密的互动关系，提高品牌的竞争力。数字营销不仅仅是一种营销方式，更是企业在数字时代保持敏锐市场洞察力、适应市场变化的关键工具。

（二）跨境电商广告与促销

跨境电商广告与促销是企业在全球市场竞争中取得关键优势的重要手段。广告在跨境电商中扮演着突出的角色。通过有针对性的广告投放，企业能够提高品牌曝光度，吸引更多潜在客户的关注。这种广告投放应该根据目标市场的文化、习惯和口味进行调整，以确保广告更好地契合当地消费者的需求，提高广告的有效性。跨境电商广告需要注重多渠道的整合。在数字化时代，企业可以通过社交媒体、搜索引擎、电子邮件等多种渠道进行广告投放。多渠道的整合可以提高广告的覆盖面，同时降低单一渠道风险，使得企业能够更全面地覆盖目标受众，提高广告的触达率。促销策略在跨境电商中也占有重要地位。促销活动可以有效刺激消费者购买欲望，提高交易频次。企业可以通过限时促销、满减优惠、折扣券等手段，吸引消费者完成购物行为。这种促销策略的制定需要考虑目标市场的消费习惯，因地制宜，提高促销的吸引力。在跨境电商中，团购和拼团也是促销的一种常见形式。通过推出团购活动，企业可以在一定程度上增加销售量，同时提高用户黏性。团购活动的成功与否需要企业综合考虑产品定价、促销幅度和团购周期等因素，以制定合适的团购策略。积分制度和会员优惠是另一类有效的促销手段。通过建立积分体系，企业可以鼓励消费者多次购物，提高顾客忠诚度。会员优惠也是一种吸引忠实消费者的方式，通过提供会员专属优惠、生日礼品等形式，促使消费者成为忠实的品牌粉丝。在跨境电商促销中，跨界合作也是一项创新的策略。企业可以与其他有影响力的品牌或社交媒体达成合作，共同推出跨界合作产品或服务。这种合作既可以扩大品牌曝光度，还可以共享双方受众，实现互惠共赢。对于跨境电商广告与促销，数据分析也是关键的一环。通过对广告投放和促销活动的效果进行数据分析，企业可以及时调整策略，提高广告和促销的 ROI（投资回报率）。数据分析还能帮助企业更好地了解消费者行为，优化广告定位和促销方案，提升整体销售效果。企业需要不断创新和尝试新的广告与促销手段。随着市场的变化和竞争的加剧，创新是企业在跨境电商中保持竞争优势的关键。通过运用新颖的广告形式、促销策略，企业能够在市场中脱颖而出，吸引更多消费者的目光，实现品牌的长期增值。

（三）跨境电商内容营销

跨境电商领域的内容营销是一种至关重要的策略，旨在通过有针对性的内容创作，吸引目标受众，提高品牌认知度，并最终促使消费者进行购买决策。内容营销的本质在于创造具有吸引力、有价值的内容，以满足潜在客户的信息需求，建立起品牌与消费者之间的深层次联系。内容营销需要充分了解目标市场的文化、消费者行为和购物习惯。不同的国家和地区拥有独特的文化背景和价值观，因此，内容的创作必须与当地文化相契合，以确保能够真正引起目标受众的共鸣。深入了解目标市场的文化脉络，有助于企业根据文化差异调整内容策略，创造更具感染力的内容。内容的质量对于内容营销的成功至关重要。高质量的内容不仅能够提升品牌形象，还能够在激烈的市场竞争中脱颖而出。内容创作者需要具备深厚的行业知识，以确保内容的专业性和可信度。通过深度的研究和策划，企业能够生产出具有独创性和深度的内容，为受众提供有价值的信息。内容的多样性也是内容营销的关键特征之一。不同受众对于内容的喜好和接受程度存在差异，因此，企业需要采用多样化的内容形式，包括文章、图片、视频、社交媒体帖子等，以满足不同受众的需求。通过灵活运用多样化的内容形式，企业能够更好地吸引潜在客户的关注，提升内容的传播效果。社交媒体是内容营销中不可或缺的平台之一。通过在社交媒体上发布有趣、引人入胜的内容，企业能够更广泛地触达目标受众，建立品牌与消费者之间的互动关系。社交媒体平台提供了即时互动的机会，企业可以通过评论、分享等形式与消费者进行实时互动，促使受众更深层次地参与品牌。内容的时效性也是内容营销的关键考虑因素。在迅速变化的市场环境中，及时更新、发布新颖的内容对于吸引受众的关注至关重要。企业需要密切关注行业动态和市场趋势，确保内容的时效性，以保持受众的关注和参与度。跨境电商内容营销需要注重搜索引擎优化（SEO）。通过优化关键词、提高内容的搜索引擎排名，企业能够在潜在客户进行在线搜索时更容易地被发现。SEO 的实施有助于提升品牌在跨境电商市场的可见性，为企业在全球范围内吸引更多潜在客户创造有利条件。跨境电商领域的内容营销是一项复杂而综合的策略。通过深入了解目标市场文化、提供高质量的多样化内容、充分利用社交媒体平台、保持内容的时效性和注重 SEO 等手段，企业能够构建强大的内容营销体系，实现品牌在全球市场中的广泛传播和深度渗透。这种深度融入目标市场、满足受众需求的策略不仅有助于提高品牌的竞争力，还能够建立稳健的品牌形象，为企业在全球市场中取得长期成功打下坚实基础。

三、跨境电商社交媒体营销

跨境电商在全球范围内广泛利用社交媒体平台，构建品牌形象、拓展市场份额，实现与消费者之间更加直接、互动性的沟通。社交媒体平台提供了实时互动的机会，让跨境电商与消费者建立更紧密的联系。通过发布实时更新、回应用户评论、开展问答活动，企业能够迅速响应市场需求，了解消费者反馈，实现更高效的产品改进和服务优化。社交媒体平台在跨境电商中起到了品牌塑造的关键作用。通过在平台上发布品牌故事、活动花絮、背后制作过程等内容，企业能够深刻地展现品牌文化和价值观，引起用户的共鸣，增强品牌认知度和好感度。这有助于建立品牌忠诚度，使消费者更愿意选择该品牌的产品或服务。社交媒体平台成为跨境电商推广和广告的热门场所。通过有针对性的广告投放，企业能够在社交媒体上精准锁定目标受众，提高广告的触达率。在这个过程中，创意和视觉效果也是关键因素，吸引用户停留、点击广告，进而提高转化率。社交媒体平台还为跨境电商提供了广泛的社群建设机会。通过创建专属品牌社群、用户群组，企业能够与粉丝、用户直接交流，分享最新产品信息、促销活动、行业资讯等。社群建设促使消费者形成一个有着共同兴趣爱好的群体，提升了用户黏性，增加了品牌的口碑传播力。社交媒体平台在跨境电商中的推广效果也受益于用户生成内容。消费者通过在社交媒体上分享使用体验、产品评价、购物心得等内容，为品牌创造了更加真实、有说服力的推广材料。不仅为企业提供了免费的宣传资源，还能够引导更多用户参与互动，形成用户社群的口碑效应。社交媒体平台也为跨境电商提供了数据分析的工具，通过用户行为分析、社交趋势研究，企业能够更好地了解目标市场，调整策略，实现更精准的市场定位。数据分析也有助于企业更好地了解用户需求，提供更符合市场期待的产品和服务。社交媒体平台的国际化特性使得跨境电商能够突破地域限制，直接面向全球用户。通过多语言、多文化的内容发布，企业能够更好地适应不同国家和地区的市场环境，实现全球市场的拓展。社交媒体平台已经成为跨境电商不可或缺的一部分。通过在这些平台上进行品牌建设、市场推广、用户互动等活动，企业能够实现与全球用户的实时连接，构建更加丰富而立体的品牌形象，推动产品销售和市场份额的增长。社交媒体平台的不断发展和创新将继续为跨境电商带来更广阔的发展空间。跨境电商社交媒体策略是企业在全球范围内推广产品和品牌、建立品牌形象的关键手段之一。社交媒体的兴起和普及为企业提供了广阔的市场机遇，要在跨境电商领域成功运用社交媒体，企业需要精心制定并执行一系列的策略。了解目标市场的社交媒体偏好是制定有效策略的前提。不同国家和地区的消费者对社交媒体的使用习惯有所不同，有些地区可能更倾向于使用特定的社交媒体平台。因此，企业需要深入了解目标市场的社交媒体生态，确定受众主要活跃的平台，并根据不同平台的特点进行针对性的内容制作和传播。社交媒体策略需要注重文化差异的融入。不同文化对于幽默、语言、图像等方面的理解存在差异，企业在社交媒体上的内容制作需要具备跨文化的敏感性。通过深入研究目标市场的文化特点，企业能够创造更具有共鸣力的内容，引起受众的注意并增强品牌与消费者之间的情感联系。社交媒体策略的核心是与受众建立紧密的互动关系。通过回应用户的评论、关注用户的反馈，企业能够在社交媒体上建立积极的品牌形象，增加用户对品牌的信任感。积极互动有助于提高品牌的口碑，形成良好的品牌口碑传播效应，进而吸引更多用户关注和参与。内容创作是社交媒体策略的关键环节。企业需要根据目标市场的特点，制作具有吸引力和共享性的内容。高质量、创意十足的内容有助于引起用户的注意，激发用户的分享欲望，进而扩大品牌的影响力。内容创作需要符合当地文化和消费者的审美趣味，以确保内容的传播效果。在社交媒体上进行品牌合作是一种拓展受众、提高品牌知名度的有效途径。通过与相关行业、领域的品牌合作，企业能够借助对方的受众基础，实现双方互惠共赢。品牌合作有助于丰富品牌故事，拓宽品牌形象，使品牌更具吸引力。社交媒体广告是一种有效的推广手段。通过在社交媒体平台上投放广告，企业能够精准定位目标受众，提高品牌曝光度。社交媒体广告的特点在于其可视性和交互性，可以通过图片、视频等形式生动地呈现产品和品牌，引起用户的兴趣，从而提高广告的点击率和转化率。社交媒体策略需要注重数据分析。通过深入分析社交媒体数据，企业能够了解用户的行为习惯、喜好，从而更好地调整和优化社交媒体策略。数据分析有助于企业更全面地了解社交媒体运营效果，发现潜在机会，为策略的调整提供有力支持。跨境电商社交媒体策略是企业在全球市场中建立品牌影响力和拓展受众的关键手段。通过了解目标市场的社交媒体环境、注重文化差异的融入。

第三节　跨境电商运营与管理教学

一、跨境电商运营基础

（一）跨境电商运营概述

跨境电商运营是企业在全球市场中实现高效、有序运作的核心活动。运营涵盖了从供应链管理到市场推广、售后服务等多个环节，其成功与否直接影响到企业的竞争力和可持续发展。供应链管理是跨境电商运营的关键环节之一。通过建立高效的全球供应链网络，企业可以实现从生产到销售的顺畅流程。供应链的优化涉及原材料采购、生产制造、仓储物流等方面，需要企业在全球范围内建立合作关系，提高供应链的灵活性和响应速度。产品选择和定价是跨境电商运营中需要重点考虑的方面。企业需要深入了解目标市场的消费者需求，根据市场定位选择适宜的产品。在定价方面，需要综合考虑生产成本、竞争对手价格、目标市场价格敏感度等因素，制定具有市场竞争力的价格策略。市场推广是跨境电商运营中的重要一环。通过在全球范围内的广告投放、社交媒体宣传、搜索引擎优化等手段，企业能够提高品牌知名度，吸引更多潜在客户。创新的市场推广策略能够使企业在激烈的市场竞争中脱颖而出，实现品牌的快速推广。电商平台的选择也是跨境电商运营中需要仔细考虑的问题。选择合适的电商平台有助于企业更好地实现在线销售。主流的跨境电商平台如亚马逊、eBay、阿里巴巴等提供了全球化的销售渠道，而选择合适的平台需要根据产品属性、目标市场、平台政策等多方面因素来综合考虑。支付和结算体系也是跨境电商运营中不可忽视的一环。建立安全、便捷的支付系统，能够提高用户购物体验，增加交易完成率。合理的结算体系有助于降低运营成本，提高资金流转效率，为企业带来更好的盈利状况。售后服务是跨境电商运营中的关键环节。通过建立健全的售后服务体系，企业能够更好地保持客户满意度，提高用户忠诚度。售后服务包括售后咨询、退换货处理、维修保养等方面，要在全球范围内建立高效、及时的售后服务机制。数据分析和运营优化是跨境电商运营中的战略性工作。通过对销售数据、用户行为数据的深入分析，企业可以更好地了解市场趋势、用户需求，进而调整运营策略，提高运营效率。数据分析还有助于企业优化库存管理、供应链调配，降低运营风险。法规合规是跨境电商运营中需要高度重视的方面。由于涉及多国法规、税收政策等，企业需要了解并遵守各国相关法律法规，确保运营活动的合法合规性。合规运营有助于降低法律风险，增强企业在国际市场的可持续经营能力。跨境电商运营是一项综合性的工作，需要企业在供应链、产品定价、市场推广、电商平台选择、支付结算、售后服务、数据分析等多个方面进行全面考虑。通过高效的运营，企业能够在全球市场中取得竞争优势，实现可持续发展。

（二）跨境电商运营模式

跨境电商运营模式是企业在国际市场中成功拓展业务的基石之一。不同于传统零售，跨境电商面临着更加复杂的国际化挑战，包括物流、支付、法规等方面的考虑。因此，企业需要制定切实可行的运营模式，以适应不同国家和地区的市场环境，提高在国际市场中的竞争力。直接出口模式是一种常见的跨境电商运营模式。该模式下，企业直接将产品从生产国家或地区出口到目标市场，通过线上销售渠道直接面向国际消费者。这种模式的优势在于能够迅速进入目标市场，降低中间环节成本，提高产品的价格竞争力。直接出口模式也面临着物流、关税和法规等问题，需要企业积极应对。跨境仓储模式是为了解决物流和配送问题而应运而生的一种运营模式。企业在目标市场建立仓库，将产品预先存储在当地，以提高配送速度和降低物流成本。跨境仓储模式有助于缩短交货时间，提升客户体验，同时也能够更好地遵守目标市场的法规和税收政策。本地化运营模式是一种注重适应目标市场文化、习惯和消费者需求的模式。企业通过在目标市场设立本地化的团队，进行市场调研、产品定制和营销策略制定，以更好地满足当地消费者的需求。本地化运营模式强调对当地市场的深刻理解和快速响应，有助于企业更好地融入目标市场，建立品牌认可度。合作伙伴模式是跨境电商中常见的一种合作形式。企业通过与当地的电商平台、物流公司、支付机构等建立合作伙伴关系，共同实现资源共享和优势互补。合作伙伴模式有助于企业更快速地适应当地市场，降低进入市场的风险，提高在国际市场中的竞争力。全球供应链模式是一种注重整合全球资源的运营模式。企业通过构建全球供应链网络，整合全球优质资源，以确保产品质量、降低生产成本。全球供应链模式有助于企业更好地应对国际市场的变化，灵活调整生产和供应链，提高企业的抗风险能力。跨境电商平台模式是在大型跨境电商平台上进行运营的一种模式。企业通过在知名平台上开设自家店铺，借助平台的流量和品牌影响力，迅速接触到国际市场的潜在客户。跨境电商平台模式的优势在于能够借助平台的资源和技术优势，降低市场进入难度，但也需要注意与平台的合作关系和规定。社交电商模式是近年来兴起的一种运营方式。通过社交媒体平台进行销售和推广，企业能够直接与消费者进行互动，提高产品的曝光度。社交电商模式注重社交化的购物体验，通过社交分享和口碑传播，推动销售增长。跨境电商运营模式的选择取决于企业的定位、资源和市场策略。企业需要根据目标市场的特点，灵活选择并整合不同的运营模式，以实现在国际市场中的长期成功和可持续发展。不同的运营模式之间存在着千差万别的挑战和机遇，企业应当根据自身情况进行有针对性的选择和创新，以应对复杂多变的国际市场环境。

（三）跨境电商供应链管理

跨境电商供应链管理是企业全球运营的核心环节，涵盖了从原材料采购、生产制造、物流仓储到最终产品到达消费者手中的全过程。供应链的有效管理对于企业在国际市场的竞争力和运营效率具有至关重要的意义。全球采购是跨境电商供应链管理的首要任务之一。企业需要在全球范围内选择合适的供应商，确保原材料的质量和可获得性。通过建立战略性的采购合作关系，企业能够降低采购成本、提高采购效率，并确保生产所需的各种原材料能够及时到位。生产制造环节需要高效协同。跨境电商企业通常分布在全球不同地区，因此需要建立协同的生产制造体系。通过信息技术的支持，企业可以实现全球生产制造过程的实时监控和调度，保证产品能够按时交付，提高生产效率。物流和仓储管理是供应链中的重要环节。跨境电商通常面临着不同国家的运输、海关申报、仓储等方面的挑战。通过建立高效的国际物流网络，企业可以实现全球范围内的快速配送。建立智能化的仓储管理系统，能够实现对库存的实时监控和调配，提高库存周转率，减少库存成本。合理的供应链设计需要综合考虑成本、效率和可持续性。成本方面，企业需要通过合理的供应链设计来降低采购、生产、物流等环节的成本，提高企业整体的盈利水平。效率方面，建立高效的信息系统和协同机制，确保信息在供应链中的流通迅速、准确，提高反应速度和生产效率。可持续性方面，企业需要考虑环保、社会责任等因素，建立绿色、可持续的供应链，满足消费者对企业社会责任的关切，提高品牌形象。供应链的可见性是跨境电商供应链管理的一项关键任务。通过建立先进的供应链管理系统，企业能够实现对整个供应链的实时监控和追踪。这种可见性有助于降低信息滞后、减少库存波动，提高供应链的透明度，降低运营风险。风险管理是供应链管理中不可忽视的方面。跨境电商供应链涉及多国多元化的运营环境，企业需要全面识别和评估各种潜在的风险，包括政治、经济、自然灾害、市场需求波动等方面的风险。通过建立有效的风险管理机制，企业能够更好地应对各种突发事件，确保供应链的稳定运作。供应链协同是跨境电商供应链管理的一项重要任务。通过建立跨职能、跨地域的供应链协同机制，企业能够更好地应对市场变化、提高反应速度。协同机制包括信息系统的协同、跨部门的沟通、供应商与客户的紧密合作等方面，通过这些手段，企业能够更好地实现供应链的协同管理，提高整体运营效率。跨境电商供应链管理是一个复杂而多层次的系统工程，需要企业在全球范围内实施高效、灵活的供应链战略。通过优化供应链的各个环节，企业能够更好地适应全球市场的变化，提高市场竞争力，实现可持续的经营发展。

（四）仓储与物流管理

跨境电商的仓储与物流管理是整个供应链体系中至关重要的组成部分。有效的仓储与物流管理不仅关系到商品的存储和分发效率，还直接影响到客户体验和企业的竞争力。在国际贸易背景下，仓储与物流管理面临更加复杂的挑战，需要企业制定切实可行的策略来应对。全球仓储网络的建设是跨境电商仓储管理的关键。通过在全球范围内建立合理分布的仓库，企业能够更好地满足不同国家和地区的消费者需求。全球仓储网络的建设涉及物流基础设施、法规合规等多方面因素，需要企业在全球范围内进行深入研究和战略规划。仓储技术的应用是提升仓储效率的重要手段。自动化仓储系统、物联网技术、人工智能等先进技术的引入，能够实现仓库操作的智能化和高效化。通过采用先进的仓储技术，企业能够降低人力成本、提高仓储精度，并加速订单处理的速度，从而提升整体仓储管理的水平。透明化的供应链可视化系统有助于提高物流管理的效率。通过建立供应链可视化系统，企业能够实时监控货物的流动、库存情况以及订单状态，及时调整仓储和物流计划。可视化系统不仅提升了供应链的透明度，还有助于降低库存水平、减少滞销风险，从而更好地满足市场需求。跨境电商需要灵活应对不同国家和地区的关税和法规。仓储与物流管理需要密切关注目标市场的法规政策，确保企业的运营活动在合规范围内进行。了解并遵守各国的关税政策，对于减少进口和出口的运营风险至关重要。物流合作伙伴的选择对于仓储与物流管理至关重要。通过建立合作伙伴关系，企业能够共享物流资源、降低物流成本，并在全球范围内提高运输效率。合作伙伴的选择需要考虑其在目标市场的覆盖面、运输能力、仓储设施等多个方面的实力，以确保物流体系的顺畅运转。客户体验是仓储与物流管理的最终目标。通过提供更迅速、更准确的物流服务，企业能够提升客户的满意度，建立起良好的品牌口碑。在跨境电商中，客户体验不仅包括订单的准时交付，还涉及售后服务、退换货政策等多个方面。通过不断优化仓储与物流管理，企业能够为客户提供更加全面、周到的服务体验。跨境电商的仓储与物流管理是一个综合性、复杂性极高的系统工程。企业需要在全球范围内建立合理的仓储网络，应用先进的仓储技术，建立透明化的供应链可视化系统，合理应对各国的关税和法规，选择合适的物流合作伙伴，并不断优化客户体验。仓储与物流管理的高效运作，不仅能够提升企业的竞争力，还有助于在全球市场中取得更大的市场份额和品牌影响力。

二、跨境电商管理策略

（一）跨境电商团队建设

跨境电商团队建设是企业在全球市场中实现高效运作的关键环节。团队的建设涉及人员招聘、培训、激励机制等多个方面，对于提高团队的执行力、创新力和协同能力具有重要意义。团队建设的第一步是人员招聘。企业需要根据业务需求和国际市场的特点，招聘具有国际化视野和跨文化沟通能力的人才。招聘过程中，要注重挖掘候选人的团队合作经验，以确保新成员能够更好地融入团队并迅速适应国际化的工作环境。团队的培训是团队建设的重要一环。由于跨境电商涉及多国文化、法规等差异，团队成员需要接受全面的培训，包括业务知识、文化礼仪、国际贸易法规等方面的培训。培训不仅有助于提高团队成员的专业水平，也有助于增强团队的整体凝聚力和合作意识。团队建设中的激励机制对于提高团队的积极性和创造力至关重要。激励机制包括薪酬激励、职业晋升机会、培训机会等多个方面。通过建立科学合理的激励机制，能够激发团队成员的工作热情，增加工作动力，提高团队整体的绩效水平。跨境电商团队建设还需要重视团队协作和沟通。由于团队成员可能分布在不同的国家或地区，面对不同文化背景和时区的差异，团队协作和沟通的难度较大。因此，企业需要建立高效的沟通机制，利用现代技术手段，确保信息的及时传递和团队协同工作的高效进行。领导力的发展是团队建设的核心。企业需要培养具有国际化管理视野和领导才能的管理人才，能够在复杂多变的国际市场中带领团队应对各种挑战。领导者需要具备跨文化沟通的能力，理解并尊重不同文化的工作方式，激发团队成员的潜力，推动团队不断创新和进步。团队的多元化管理是跨境电商团队建设中的一个重要方面。由于团队成员来自不同国家、具有不同文化背景，管理者需要善于整合各种文化、习惯、思维方式，建立开放包容的团队文化，促进团队成员之间的相互理解和融合。团队建设中的知识共享和学习机制有助于团队的不断进步。企业可以建立知识库、定期组织团队内部培训和经验分享会，通过内部交流和学习，提高团队整体的业务水平和创新能力。团队建设需要不断的反馈和调整。通过定期的团队评估、成员反馈等方式，企业能够及时发现问题，调整团队建设策略，确保团队在国际市场中始终保持高效、协同的状态。跨境电商团队建设是一个全面、系统的工程，需要企业在人员招聘、培训、激励机制、团队协作和领导力发展等多个方面进行有机整合。通过科学合理的团队建设，企业能够在国际市场中取得竞争优势，实现全球化经营的长期可持续发展。

（二）跨境电商财务管理

跨境电商财务管理是企业在国际市场中取得成功的关键要素之一。有效的财务管理不仅仅是记录和报告企业的财务状况，更是为决策提供支持、降低风险、优化资源配置的重要手段。在国际贸易背景下，跨境电商面临着更加复杂的金融挑战，需要企业制定全面的财务战略以确保财务健康和可持续发展。跨境电商需要精确计算成本以确保价格的竞争力。成本管理是财务管理的重要环节，企业需要详细了解生产、物流、运营等各个环节的成本，并对其进行合理分配。通过精准计算成本，企业能够制定合理的价格策略，提高产品的市场竞争力，实现更好的销售业绩。货币风险管理是跨境电商财务管理的一项关键任务。由于涉及多个国家和地区，跨境电商经常会面临货币波动的风险。企业需要采取有效的货币风险管理措施，例如使用期货合约、选择多币种账户等，以降低由于汇率波动导致的财务风险。灵活的资金管理是确保企业经营流畅的关键。跨境电商运营可能受到国际贸易结算周期的影响，因此，企业需要具备足够的资金储备以应对可能的支付和收款延迟。灵活的资金管理还包括有效的账款管理和库存管理，以确保企业能够随时满足业务需求。税务合规是跨境电商财务管理中不可忽视的一环。由于涉及多国法规和税收政策，企业需要仔细了解并遵守各国的相关法规，以避免不必要的罚款和法律纠纷。税务合规还包括合理规划税务策略，以最大限度地减少税收负担，提高企业的竞争力。跨境电商需要建立健全的财务报告体系。财务报告是企业管理和外部利益相关者了解企业财务状况的重要工具。企业需要建立规范的会计制度，确保财务报告的真实、准确、及时。透明的财务报告有助于提高企业的信誉度，增强投资者和合作伙伴的信任感。投资和融资策略是支持企业可持续发展的一项重要工作。跨境电商可能需要进行不同形式的投资和融资，包括股权融资、债务融资等。企业需要综合考虑自身的发展阶段、资金需求、市场状况等因素，制定合理的投资和融资策略，以支持企业的战略目标。跨境电商财务管理需要全面、系统地考虑各种因素。企业需要通过准确计算成本、有效管理货币风险、灵活运用资金、遵守税务法规、建立规范的财务报告体系、制定合理的投资和融资策略等手段，保障企业财务健康，提高在国际市场中的竞争力。财务管理不仅仅是企业日常经营的保障，更是实现长期可持续发展的关键因素，需要企业从战略层面进行深入思考和精准规划。

（三）风险管理与合规

跨境电商的成功经营离不开有效的风险管理与合规策略。面对国际市场的多元化、法规差异和不确定性，企业需要建立全面的风险管理机制和合规体系，以应对各种潜在威胁，确保企业的稳健运营。首要的是建立全球化的风险评估体系。企业应全面分析国际市场的政治、经济、社会、技术等方面的因素，识别和评估可能影响业务的各种风险。这需要不仅考虑宏观环境的变化，也要深入了解所在行业的特殊风险，以制定有针对性的风险管理策略。法规合规是跨境电商风险管理的关键环节。不同国家和地区存在着各种各样的法规和政策，包括进口出口法规、税收政策、知识产权法等。企业要确保自身经营活动符合各项法规要求，避免可能的法律风险。建立专业法务团队，定期更新法规知识，积极配合政府的监管，是保持法规合规的有效途径。贸易风险是跨境电商常面临的挑战之一。包括货物运输中的损失、海关审批延误、国际支付问题等。企业需要通过建立健全的物流体系，选择可靠的运输合作伙伴，制定完善的物流计划，以最大程度降低贸易风险。通过分散风险，采用多元化的供应商和市场策略，降低单一因素对业务的影响。金融风险管理也是跨境电商中的重要一环。由于涉及多国货币、支付体系的差异，企业需要建立灵活的国际财务管理体系，以防范货币汇率波动、支付违约等金融风险。企业还需保持对全球金融市场的敏感性，及时应对可能对业务造成冲击的金融风险。信息安全和网络风险也是跨境电商需要高度重视的方面。随着业务的全球化和数字化，企业面临着越来越复杂的网络威胁。建立安全的信息技术体系，包括防火墙、数据加密、安全认证等措施，是确保企业信息安全的必要手段。定期进行安全漏洞检测和网络渗透测试，及时修复和加固网络防线，是有效预防网络风险的方式。自然灾害和政治风险也是跨境电商需要考虑的风险因素。自然灾害如地震、台风等可能对供应链和物流造成影响，企业需要通过建立备份计划、分散生产基地等方式降低自然灾害带来的损失。政治风险包括政局不稳、战争冲突等，企业需要密切关注国际政治动态，调整业务战略，减少政治风险对企业运营的干扰。品牌声誉风险也是跨境电商需要谨慎管理的风险之一。由于跨国经营，企业的品牌声誉可能受到不同国家和地区的不同文化、价值观念的影响。因此，企业需要根据不同市场的需求和文化差异，灵活调整品牌传播策略，以确保在全球范围内保持良好的品牌形象。跨境电商的风险管理与合规是企业成功开展国际业务的基础。企业需要通过全球化的风险评估、法规合规、贸易风险管理、金融风险管理、信息安全和网络风险防范、自然灾害和政治风险的考虑，建立完善的风险管理体系，以应对多样化、动态化的国际市场环境，确保企业在全球范围内的长期可持续发展。

（四）跨境电商数据分析与决策支持

跨境电商数据分析与决策支持是企业在全球市场中制定有效战略和实现可持续发展的关键环节。数据分析不仅是企业了解市场、客户和产品的重要手段，同时也是决策制定和执行的重要支持。在面对国际市场的多变和复杂性时，企业需要善用数据分析来深入挖掘信息、洞察趋势，并以此为基础制定科学合理的决策。数据的收集是进行跨境电商数据分析的前提。企业需要从多个渠道收集大量的数据，包括市场销售数据、客户行为数据、竞争对手数据等。数据的多样性和广泛性有助于建立全面的市场认知，为企业提供更为准确的信息基础。数据清洗和处理是确保分析结果准确性的关键步骤。原始数据往往存在缺失、错误、重复等问题，企业需要通过数据清洗和处理来规范数据格式、排除异常值、填充缺失值，以确保数据的质量和可用性。清洗后的数据有助于提高数据分析的精度和可信度。数据分析工具和技术的应用是进行有效数据分析的保障。企业可以采用各种数据分析工具，包括统计分析软件、数据可视化工具、机器学习算法等，以更好地挖掘数据背后的规律和关联。数据分析技术的不断创新有助于提高数据分析的效率和深度。市场趋势分析是跨境电商数据分析中的重要内容。通过对市场销售数据和行业发展趋势的分析，企业能够更好地把握市场的变化，预测未来发展方向。市场趋势分析有助于企业及时调整战略，把握市场机遇，避免潜在风险。客户行为分析是提升用户体验和推动销售增长的关键。通过分析客户在网站上的浏览、搜索、购买等行为，企业能够了解客户的偏好和需求。客户行为分析有助于个性化推荐、精准营销，提高客户的忠诚度和满意度。竞争对手分析是制定差异化战略的关键。通过对竞争对手的市场份额、产品特点、定价策略等进行深入分析，企业能够更好地了解市场竞争格局。竞争对手分析有助于企业发现差距和机会，制定更具有竞争力的战略。风险管理分析是跨境电商在国际市场中不可或缺的一项任务。通过对市场、政策、汇率等多方面风险的综合分析，企业能够及时发现并制定相应的风险防范策略。风险管理分析有助于降低企业在国际市场中的不确定性，保障企业的可持续发展。数据分析结果的落地执行是整个数据分析与决策支持过程的关键环节。企业需要将数据分析结果转化为实际行动，调整产品策略、优化营销方案、改进供应链管理等，以实现企业战略目标。只有通过有效的执行，数据分析才能为企业创造真正的价值。跨境电商数据分析与决策支持是企业在全球市场中取得成功的关键因素。通过全面收集、清洗、分析数据，企业能够更深刻地了解市场、客户和竞争对手，为制定科学合理的战略提供有力支持。数据分析不仅仅是一个技术活动，更是企业在国际市场中持续创新和适应的一项核心能力。

第四节　跨境电商法律与合规教学

一、跨境电商法律基础

（一）跨境电商法律环境概述

跨境电商作为一种全球性的商业模式，面对着复杂多变的法律环境。各国的法律体系、政策法规、合同法规定等差异，为跨境电商的运营带来了许多挑战。因此，了解和适应跨境电商的法律环境，成为企业在国际市场中成功经营的关键。了解各国的贸易法规至关重要。跨境电商涉及商品的进出口，因此需要遵循各国家的贸易法规和海关规定。这包括商品的分类、申报要求、关税税率等方面。企业需要深入研究并遵守目标国家的贸易法规，以确保货物能够顺利通过海关，避免可能的法律风险。知识产权法是跨境电商中的一项重要法律环境。由于产品和服务的国际交流，涉及商标、专利、著作权等知识产权的保护问题。企业需要了解不同国家的知识产权法律环境，确保自身的知识产权在国际市场上得到有效保护。在交易合同中，明确知识产权的归属和使用权是关键步骤，以避免侵权和争端的发生。电子商务合同法律环境需要特别注意。跨境电商活动通常通过在线平台进行，而平台上的交易往往涉及合同的签署和履行。了解并遵循各国合同法规定，明确合同的有效性、履行义务、争端解决方式等，有助于企业在国际贸易中保持合法合规的经营状态。隐私保护法是跨境电商领域必须关注的法律环境之一。由于跨境电商涉及用户的个人信息收集和处理，因此需要遵循各国的隐私保护法规。在用户协议中明确隐私政策、数据收集目的和方式、数据存储地点等，以确保企业在全球经营中不触犯隐私保护法规，维护用户信息的安全性。电商税收法律环境是跨境电商运营中的一大挑战。不同国家对于电商的税收政策各异，企业需要了解并遵守目标市场的税收法规，确保纳税义务的履行。针对跨境电商的复杂税收环境，企业还需谨慎选择税收筹划方案，以降低税负，提高经济效益。金融法律环境也是跨境电商运营中需要重点关注的法律领域。涉及国际支付、货币兑换等问题，企业需要了解并遵守各国的金融法规，确保跨境支付的合法性和安全性。在面对不同国家的货币政策和支付系统时，企业需要调整相应的财务策略，以适应不同的金融法律环境。了解竞争法律环境对于跨境电商的健康发展至关重要。不同国家对于市场竞争的法规存在差异，企业需要遵守反垄断法、反不正当竞争法等规定，保持公平竞争的市场秩序，防范可能的法律纠纷。跨境电商在全球范围内经营，需要面对多元化的法律环境。了解并遵守各国的贸易法规、知识产权法、电子商务合同法、隐私保护法、税收法、金融法和竞争法等方面的法规，是确保企业在国际市场中合法合规运营的重要保障。只有通过深入研究、及时调整策略，企业才能在法律环境中规避变数，确保稳健可持续的发展。

（二）国际贸易法规

国际贸易法规是跨境电商运营中不可忽视的重要方面，涵盖了一系列与国际贸易有关的法律和法规。这些法规旨在规范跨境电商活动，确保贸易的公平、公正进行，同时保护各方的合法权益。了解和遵守国际贸易法规是企业在国际市场中取得成功的关键因素之一。关税和贸易壁垒是国际贸易法规中的重要内容。各国制定了一系列关税和贸易规定，对商品的进口和出口征收不同的关税。企业需要了解目标市场的关税政策，以合理规划产品价格和避免潜在的贸易壁垒。各国还可能设立非关税贸易壁垒，如进口配额、技术标准等，企业需要仔细了解和遵守这些规定。知识产权法律是保护创新和知识产权的重要法规体系。跨境电商中，企业可能涉及产品设计、商标、专利等多个方面的知识产权。了解并遵守各国的知识产权法规，防范知识产权纠纷，是企业在国际市场中保护自身创新和品牌形象的重要手段。贸易合同法规是规范国际贸易交易的基础。在跨境电商中，贸易合同扮演着重要的法律纽带角色。企业需要制定明晰的贸易合同，规定双方的权利和义务，并在合同中明确支付、交货、质量标准等关键条款。遵守贸易合同法规有助于减少交易纠纷，确保贸易关系的顺利进行。海关和进出口法规是国际贸易中不可忽视的一环。海关法规涉及货物的报关、清关、报检等程序，对企业的进出口活动有着直接影响。了解目标市场的海关法规，合理准备相关资料和手续，能够提高货物的通关效率，降低运营成本。反垄断法是保护市场竞争的法规之一。在跨境电商中，企业可能面临各种竞争形式，了解并遵守各国的反垄断法规是确保企业公平竞争、维护市场秩序的必要措施。企业还需要注意在市场宣传和广告中避免虚假宣传、滥用市场支配地位等行为，以避免违反反垄断法规。数据保护法规是跨境电商中涉及个人信息保护的法规。随着电商平台的普及，企业在处理用户数据时需要遵守各国的数据保护法规，保障用户的隐私权。合规处理用户数据有助于增强用户信任感，降低法律风险。环境和可持续发展法规是跨境电商在可持续经营中必须考虑的法规。企业需要遵守各国的环保法规，对产品的生产、包装、运输等环节进行合理规划，以降低对环境的负面影响。企业还需关注可持续发展法规，积极推动绿色、可持续经营。合规培训和风险防范是企业在国际贸易法规中的持续任务。企业需要为员工提供相关的法规培训，确保团队具备足够的法规意识和遵守法规的能力。建立风险防范机制，定期评估并更新合规风险，及时调整经营策略，确保企业在国际市场中的合法合规运营。国际贸易法规对于跨境电商的合规运营至关重要。企业需要全面了解和遵守关税、知识产权、贸易合同、海关、反垄断、数据保护、环境和可持续发展等方面的法规，建立完善的合规体系和风险防范机制，以确保在国际市场中的合法经营和可持续发展。

（三）电子商务法规

电子商务法规是跨境电商运营中需要深刻理解和遵守的法律框架，涉及电商平台、交易合同、消费者权益、数据隐私等多个方面。不同国家和地区的法规存在差异，企业需要全面考虑，确保在国际市场中合法合规运营。电商平台的法规是跨境电商关注的重要方面。不同国家对于电商平台的监管政策和要求不同，企业需要了解并遵守各国对于电商平台的注册、审批、运营规范等法规。电商平台应注意在用户协议中规范平台的责任和义务，以确保平台运营的合法性和安全性。交易合同的法规环境需要企业特别重视。电商交易涉及合同的签署、履行等环节，企业需要遵守各国合同法规定，确保交易合同的合法有效。在交易合同中，明确商品的质量、价格、交付方式、支付方式等细则，有助于防范合同纠纷，确保交易的顺利进行。消费者权益保护是电商法规中的一个重要方面。不同国家和地区对于消费者的权益有不同的法规要求，包括退货政策、质量保障、消费者教育等。企业需要在电商平台上明确消费者的权益，并在交易合同中遵循相关法规，以建立信任关系，提高消费者满意度。数据隐私法规是当前电商法规中备受关注的方向。随着数字化时代的发展，涉及用户个人信息的收集和处理，企业需要遵循各国的数据隐私法规，保护用户的隐私权益。在隐私政策中明确数据收集目的、使用方式、保护措施等，有助于确保企业在全球范围内符合数据隐私法规，避免可能的法律责任。支付与金融法规是电商运营中的关键法规之一。不同国家对于支付体系和金融业务的监管政策有所不同，企业需要遵守各国相关法规，确保电商交易的支付过程合法合规。了解并遵守国际货币政策和支付系统规定，有助于降低金融风险，提高交易的安全性。广告法规是电商运营中需要严格遵守的法规之一。不同国家对于广告的监管政策有所不同，企业需要确保广告内容的真实性、合法性，避免虚假宣传和误导消费者。在广告中明确商品的特点、价格、促销活动等，有助于建立诚信形象，避免可能的法律纠纷。电子商务税收法规也是电商运营中需要重点关注的法规方向。由于涉及多国货币和税收政策的差异，企业需要遵守各国的税收法规，确保按规定履行纳税义务。在面对不同国家的税收政策时，企业需要谨慎选择税收筹划方案，以降低税负，提高经济效益。电子商务法规是跨境电商运营中需要深刻理解和遵守的法律框架，包括电商平台的法规、交易合同的法规、消费者权益保护、数据隐私法规、支付与金融法规、广告法规和电子商务税收法规等多个方面。只有通过深入研究各国法规、不断调整企业策略，企业才能在法律环境中规避变势，确保稳健可持续的发展。

（四）跨境电商合同与知识产权

在跨境电商领域，合同与知识产权是至关重要的法律和商业议题。合同是商业交易的法律框架，而知识产权则是企业创新和品牌价值的重要组成部分。深入理解并有效管理合同和知识产权对于企业在国际市场中取得成功至关重要。跨境电商合同的有效性直接影响到贸易交易的进行。在国际贸易中，企业需要制定清晰、具体的合同，明确交易各方的权利和责任。合同中应明确产品规格、价格、交货期限、支付方式等关键条款，以降低交易风险，避免纠纷的发生。合同还需要考虑到跨境贸易的特殊性，如货物运输、支付方式的选择以及可能的海关手续等。知识产权在跨境电商中占据着举足轻重的地位。企业的知识产权包括商标、专利、著作权等。在跨境电商中，保护知识产权尤为重要，因为产品和品牌的成功往往依赖于独特的设计和创新。企业需要通过注册商标、专利等方式来确保其知识产权的合法性和独占性。企业还需要密切监测市场，防范他人的侵权行为，及时采取法律手段维护自身权益。在跨境电商合同中，知识产权条款扮演着重要的角色。合同中应明确各方对于知识产权的权利和义务，确保合同的签署不会侵犯到任何一方的知识产权。合同中还应包括关于知识产权违约责任的约定，以及在发生争议时的解决方式，为各方提供法律依据和保障。对于跨境电商企业而言，建立起健全的知识产权管理体系至关重要。这包括了解和遵守各国的知识产权法律法规，定期进行知识产权审查，确保企业的创新和设计符合相关法规要求。企业还可以通过培训员工，提高其知识产权意识，以及建立紧密的合作关系，共同维护知识产权。跨境电商企业还需要关注知识产权的全球化保护。在国际贸易中，不同国家有不同的知识产权法律体系和实践，企业需要根据不同的市场环境调整其知识产权保护策略。通过了解各国知识产权登记、争端解决机制等方面的情况，企业能够更好地在国际市场中保护自身的知识产权。合同在知识产权保护中扮演了规范和保障的角色。在合同中，企业可以规定对于知识产权的独占性使用权、转让权以及保密义务等方面的条款，以确保其在交易中不会失去对知识产权的控制。合同还可以规定争端解决机制，确保在发生知识产权争议时有明确的法律依据和解决途径。跨境电商合同与知识产权的有效管理是企业在国际市场中取得成功的关键。通过制定明确、具体的合同，规范交易行为，以及通过注册和保护知识产权，企业能够确保在国际市场中的合法合规运营，降低法律风险，提升品牌竞争力。因此，企业需要在合同和知识产权管理上投入足够的精力和资源，以确保其在跨境电商领域的可持续发展。

二、跨境电商合规管理

（一）跨境电商隐私保护

跨境电商隐私保护是电商运营中的重要环节，关系到用户信息的合法获取、存储和处理。由于不同国家和地区对隐私的法规存在差异，企业需要在全球范围内建立健全的隐私保护机制，以保障用户权益、维护企业声誉。用户明示同意是跨境电商隐私保护的基本原则之一。企业在收集用户个人信息前，应当明确告知用户所收集的信息内容、用途和方式，并征得用户的明示同意。这涵盖了用户在注册账户、参与活动、进行交易等场景下的个人信息提供，企业应在隐私政策中明确说明，确保用户在知情的情况下选择是否提供信息。企业需要建立安全的用户信息存储和处理机制。对于用户提供的个人信息，企业应采取有效的技术和组织措施，确保信息的安全性和保密性。这包括采用加密技术、访问控制措施、安全审计等手段，防范信息泄露、非法访问等安全风险。隐私权保护要充分考虑不同国家和地区的法规差异。在跨境电商中，企业可能涉及多国用户的个人信息，因此需要了解并遵守各国的隐私法规。一些国家对于个人信息的收集、使用、转移和删除都有具体规定，企业应当制定相应的政策和程序，确保在全球范围内合法合规运营。透明度原则是隐私保护中的重要原则之一。企业应当以透明的方式向用户呈现隐私政策，明确表达信息收集和使用的目的，告知用户可以随时访问和修改自己的个人信息。这有助于建立信任关系，提高用户对企业隐私保护措施的认可度。用户权利的保障是隐私保护的核心。企业应当尊重用户的知情权、选择权和控制权，确保用户有权决定是否提供个人信息，以及如何使用和共享这些信息。企业应提供用户便捷的方式行使隐私权，例如提供简便的个人信息管理工具和隐私设置选项。企业应当建立完善的隐私保护责任体系。这包括指定专门的隐私保护负责人，建立内部隐私培训机制，确保员工了解并遵守隐私保护政策。建立隐私保护风险评估和监控机制，及时发现和应对潜在的隐私风险。跨境电商隐私保护是电商运营中不可忽视的一环。通过明示同意原则、安全的信息存储处理、考虑不同法规差异、透明度原则、用户权利的保障和建立完善的责任体系，企业能够有效保护用户隐私，建立可持续的良好信誉，提高用户满意度，从而在竞争激烈的电商市场中脱颖而出。

（二）跨境电商税收法规

在跨境电商领域，税收法规是一个极其复杂而又至关重要的方面。由于涉及多国之间的贸易和交易，跨境电商需要面对不同国家、地区的税收政策和法规。税收法规的合规性直接影响到企业在国际市场中的经济效益和可持续发展。因此，了解并遵守跨境电商税收法规是企业成功经营的关键之一。消费税是跨境电商中一个备受关注的税收问题。在不同国家和地区，消费税的适用标准和税率可能存在差异。企业需要了解目标市场的消费税法规，确保产品价格的合理制定，以防止因为消费税问题导致的交易纠纷和争议。一些国家可能对跨境电商提供的服务征收增值税，企业也需要仔细了解和遵守相关法规。关税是跨境电商面临的另一个重要税收问题。关税是在商品进口或出口时征收的一种税款，不同国家和地区对不同类型的商品征收不同的关税。企业需要了解目标市场的关税政策，确保在商品进出口过程中不发生关税问题。一些国家还可能实行特殊的关税政策，如关税配额、优惠关税等，企业需要根据具体情况进行合理规划和运作。企业所在国家和目标市场之间的税收协定是跨境电商税收法规中的重要影响因素。税收协定旨在避免双重征税和防止逃税。企业需要仔细研究和了解相关税收协定，以确定适用的税收规则和优惠条件，确保在国际贸易中不会因为双重征税而导致不必要的成本增加。数字经济税收问题也成为跨境电商领域的热点。随着数字经济的发展，一些国家开始关注数字服务和跨境电商在其境内的经济活动，并提出相关的数字经济税收政策。企业需要密切关注和适应这些新兴的税收法规，确保在数字经济时代仍然能够合规经营。跨境电商在跨境供应链中的角色也对其税收法规产生了影响。企业需要根据其在供应链中的具体位置，了解和遵守相关的税收法规。例如，企业作为贸易商可能需要面对更复杂的税收规定，而企业作为平台服务提供商可能面临不同的税收挑战。企业在进行跨境电商时需要注意转移定价的问题。转移定价是指企业在不同国家和地区的相关企业之间进行交易时确定价格的问题。合理的转移定价有助于降低税收风险，但也需要企业确保合规性，避免因为不当的转移定价而引发的税收调查和争议。企业需要注意全球税收透明度和合规性的要求。一些国际组织和国家提倡增强税收信息的透明度，推动企业在全球范围内遵守税收法规。企业需要建立健全的税务管理体系，积极配合相关的税收信息披露要求，提高自身的税收合规水平。跨境电商税收法规是企业在国际市场中必须直面的重要问题。企业需要深入了解各国和地区的消费税、关税、数字经济税收政策等相关法规，建立强大的税务团队和系统，确保企业在国际贸易中能够合规、高效地运营，降低潜在的税收风险，实现可持续发展。

（三）跨境电商反垄断法律

在跨境电商领域，反垄断法律扮演着至关重要的角色，旨在维护市场公平竞争和保护消费者权益。跨境电商的复杂性和全球性质使得对反垄断法的理解和遵守成为企业不可忽视的责任。反垄断法旨在防止市场上出现垄断和滥用市场支配地位的行为。跨境电商企业应当遵守各国反垄断法规，不得进行限制竞争的垄断协议，不得滥用市场支配地位，确保在全球市场中维持公平竞争的秩序。企业应关注价格歧视和垄断定价等反垄断法上的问题。在跨境电商中，由于涉及多个国家和地区，企业需要谨慎制定价格策略，避免通过不正当手段损害其他竞争对手的利益。合理定价和竞争价格的制定有助于维护市场的公平竞争环境。竞争政策要求企业避免进行反竞争的商业行为。跨境电商企业在进行价格战和促销活动时，需注意不得采取排挤、歧视等手段，以确保市场上的其他竞争对手能够公平竞争，维护市场的健康发展。横向和纵向垄断行为，跨境电商企业应当保持警惕。在供应链和销售渠道中，企业不得通过垄断手段排挤其他竞争对手，也不得通过纵向整合的方式限制市场上的竞争。维持供应链的开放性和多样性是维护市场公平竞争的关键。随着跨境电商的不断发展，数据垄断问题也日益凸显。企业在数据收集、处理和使用方面应当遵循隐私保护法规，避免滥用数据垄断地位，确保用户信息的合法使用，维护用户权益。在全球范围内，反垄断法律的差异性需要跨境电商企业细化运营策略。企业需要制定全球性的反垄断合规计划，加强对各国反垄断法规的了解，建立专门的合规团队，并通过培训确保员工了解并遵守反垄断法规。跨境电商企业在全球范围内经营时，需要充分认识并遵守各国的反垄断法规。通过建立合规机制、避免价格歧视和垄断定价、注重竞争政策、保持横向和纵向的公平竞争、防范数据垄断问题等手段，企业能够有效维护市场公平竞争的秩序，确保在全球市场中合法合规运营，为可持续发展奠定基础。

（四）跨境电商风险合规管理

在跨境电商经营中，风险和合规管理是企业必须持续关注和有效处理的关键问题。由于涉及多个国家和地区的法规、文化、市场等因素，跨境电商面临着多样化且复杂的风险，而合规管理则是确保企业在国际市场中合法经营的基石。因此，企业需要建立完善的风险管理体系和合规机制，以保障业务的稳健发展。政策和法规风险是跨境电商经营中的首要考虑。由于不同国家和地区存在不同的法规和政策，企业需要深入了解和遵守相关规定。包括但不限于关税政策、知识产权法规、数据保护法规等方面。企业应密切关注目标市场的法规动态，及时调整运营策略，以防止因法规变化而带来的合规风险。市场和竞争风险是跨境电商面临的另一挑战。由于国际市场的竞争激烈，企业需要在市场定位、产品差异化等方面进行全面分析，制定相应的市场策略。企业还需警惕来自竞争对手的不正当竞争行为，采取必要手段保护自身的合法权益。汇率和金融风险是跨境电商不可忽视的方面。由于涉及多种货币交易，企业需要关注全球汇率波动，采取有效的风险对冲措施，降低因汇率波动带来的财务风险。企业在进行国际支付和结算时，应选择安全、稳定的金融机构，以确保交易的安全性和可靠性。物流和供应链风险是跨境电商运营中的常见问题。由于国际物流和供应链涉及多个环节，企业需要仔细选择合作伙伴，确保供应链的透明度和可控性。在面对物流中断、货物丢失、交付延误等问题时，企业需迅速应对，减少对客户的影响，维护声誉。网络安全和隐私保护风险是当今数字时代下不可忽视的问题。企业在跨境电商中处理大量用户数据，必须采取有效的网络安全措施，防范数据泄露和网络攻击。企业需要遵循目标市场的隐私保护法规，保护用户隐私，避免面临法律责任和声誉风险。品牌和声誉风险是跨境电商中需要高度关注的方面。由于国际市场的复杂性，企业面临着品牌知名度、产品质量、客户服务等多方面的考验。企业需积极维护品牌形象，采取有效措施处理潜在的声誉危机，保持消费者信任。企业需要关注跨境电商的社会责任和可持续发展风险。在全球化的经济环境中，企业的社会责任已经成为关键关注点之一。企业需要积极参与社会公益活动，关注可持续发展，避免因为环境、劳工权益等问题而引发的潜在风险。在应对这些风险的企业需要建立起科学合理的风险评估和管理体系。通过深入研究和了解目标市场的法规、市场、文化等因素，以及建立紧密的合作伙伴关系，企业能够更好地应对潜在的风险。合规管理也需要成为企业战略的一部分，确保企业在全球范围内的经营活动都是在法规之内、道德之中进行。通过全面有效的风险和合规管理，企业能够在跨境电商领域中实现稳健的发展，确保长期的竞争优势。

第五章 跨境电商教育的国际化

第一节 跨境电商教育的国际合作与交流

一、跨境电商教育国际合作概览

（一）国际合作的背景

国际合作在跨境电商领域具有重要的背景，其背后涉及全球化、数字化、技术创新等多个方面的动力和因素。全球化的趋势推动了不同国家和地区之间的经济联系和合作。全球化使得跨境电商企业能够更容易进入国际市场，拓展业务边界，实现资源的优化配置和经济的互补。数字化技术的迅猛发展为跨境电商提供了前所未有的机遇。互联网、大数据、人工智能等技术的应用，使得跨境电商能够更高效地进行信息传递、市场分析、供应链管理等方面的操作，促使各国之间的电商合作变得更为便捷和实用。不同国家和地区的市场需求和资源优势的差异性催生了跨境电商的国际合作。合作能够使得跨境电商企业更好地满足全球市场的多样化需求，通过资源整合和互补，提高企业的竞争力和市场份额。与此同时，国际合作也面临一系列挑战。文化差异和法律体系的不同可能导致合作中的理解和协调困难。涉及数据安全和隐私保护等方面的法规差异也需要企业在合作中加以应对。全球贸易政策的不确定性和地缘政治的波动性也会对跨境电商国际合作产生一定影响。在这一背景下，跨境电商企业需要认识到国际合作是实现可持续发展的必然选择。通过深入理解全球市场的需求、推动数字化技术的创新、主动适应全球贸易政策的变化，企业能够更好地融入国际合作的大环境，实现自身的发展和壮大。国际合作的背景还体现在国际间信息流通和资源整合的便利性上。通过建立全球性的合作伙伴关系，跨境电商企业可以更加高效地获取全球范围内的市场信息、人才和技术资源，为企业的全球化战略提供有力支持。全球化、数字化、技术创新等多个方面的动力使得跨境电商国际合作成为可行且必要的战略选择。国际合作能够带来市场的扩张、资源的整合以及经验的共享，有助于推动跨境电商企业的可持续发展，为全球市场的经济融合提供了有力支持。

（二）国际合作的动因

国际合作在跨境电商领域具有多方面的动因。全球市场的开放和互联互通使得企业在寻求国际合作方面具有更多机会。国际合作有助于企业扩大市场份额，进入新兴市场，获取更广泛的客户群体。这是推动企业积极寻求国际合作的主要原因之一。跨境电商企业通常面临来自不同国家和地区的法规和政策的挑战。通过国际合作，企业可以更好地理解和遵守各国的法规要求，减少法律风险。与国际伙伴合作还有助于企业建立更加全面和完善的法律合规体系，提高在全球范围内的可持续发展能力。技术和创新是跨境电商领域国际合作的动力之一。通过与国际合作伙伴共享技术和创新资源，企业能够更加迅速地应对市场的变化，提高产品和服务的创新水平。技术合作还可以降低研发成本，提高企业在全球市场上的竞争力。国际合作有助于企业构建全球化供应链体系。跨境电商企业通常涉及复杂的全球供应链，与国际伙伴建立合作关系有助于提高供应链的透明度和效率。通过共享资源和信息，企业能够更好地应对供应链中的各种挑战，确保货物的及时交付和服务的质量。跨境电商企业在国际市场中还面临着文化差异的问题。国际合作可以帮助企业更好地理解和适应不同国家和地区的文化差异，提高产品和服务的本地化水平，更好地满足当地市场的需求。资金和投资渠道的拓展是推动跨境电商企业进行国际合作的动因之一。通过国际合作，企业可以更容易地获取来自不同国家和地区的资金支持，降低融资成本，扩大企业规模，实现更大范围的经济效益。国际合作有助于企业分散风险和共享资源。跨境电商企业在全球化运营中可能面临的风险多种多样，包括市场风险、政治风险、自然灾害风险等。与国际合作伙伴建立紧密的合作关系，企业可以在多个国家和地区分散风险，更好地应对外部环境的变化。国际合作在跨境电商领域是多方面因素的综合体现。从市场拓展、法规合规、技术创新、供应链构建、文化适应、资金支持到风险共担等各个方面，国际合作都能为企业在全球市场中获得更多机遇，降低风险，提高竞争力，实现可持续的全球化发展。

（三）跨境电商教育国际合作的模式

跨境电商教育的国际合作模式是实现全球范围内教育资源整合、知识交流、人才培养的关键机制之一。在跨境电商不断发展的背景下，不同国家和地区的合作模式日益多样化，体现了全球范围内对跨境电商人才培养的共同关切和合作共赢的理念。学术交流合作是一种重要的跨境电商教育国际合作模式。通过建立国际学术交流平台，各国高校和研究机构能够分享最新的研究成果、教学方法和行业动态。这有助于推动跨境电商领域的知识创新，提高教育质量，培养具备全球视野的专业人才。合作办学是跨境电商教育国际合作的一种常见模式。通过联合办学项目，不同国家的高校能够共同开发、设计和实施跨境电商相关的课程，使学生能够获取更丰富的国际化教育资源。这种合作模式有助于培养具备国际背景和跨文化沟通能力的电商专业人才。产学研合作是促进跨境电商教育国际合作的有效途径。通过与企业和研究机构的紧密合作，高校能够更好地理解行业需求，为学生提供实际项目经验和实践机会。这种合作模式有助于培养具备实际操作能力的跨境电商专业人才。国际合作的实习和交流项目也是促进跨境电商教育的重要手段。通过与不同国家和地区的企业建立实习和交流渠道，学生能够深入了解国际市场的运作机制，提升自己的全球业务素养，增强跨境电商领域的实际应用能力。还有一种合作模式是共建研究中心和实验室。通过建立国际合作的研究平台，各国高校能够共同进行前沿科研项目，推动跨境电商领域的技术创新和实践探索。这有助于提高教育机构在跨境电商领域的国际影响力。跨境电商教育的国际合作模式多样且富有创新性。学术交流、合作办学、产学研合作、实习和交流项目、共建研究中心等多种合作形式相互交织，为培养具备全球化视野和实际操作能力的跨境电商专业人才提供了广阔的发展空间。这种国际合作模式不仅有助于高校提升教育质量，也能够满足企业对跨境电商专业人才的需求，推动跨境电商行业的可持续发展。

（四）国际合作伙伴的选择与关系的建立

在跨境电商领域，选择国际合作伙伴并建立关系对企业的成功至关重要。

企业需要根据自身业务和战略目标来确定合适的合作伙伴。这可能涉及产品的供应商、物流服务商、支付解决方案提供商等多个方面。在选择合作伙伴时，企业需要考虑其专业领域、业务能力、信誉度以及战略的契合度。建立国际合作伙伴关系需要一定的协调和沟通。企业需要对潜在合作伙伴进行全面的调查，了解其经营状况、财务状况、市场声誉等方面的情况。通过有效的沟通，双方能够更好地理解彼此的期望和需求，为合作关系的建立奠定坚实的基础。企业在选择国际合作伙伴并建立关系时需要考虑行业和市场的特殊性。不同的行业和市场存在差异，合作伙伴的选择也需要根据这些差异来调整。例如，在某些市场中，特定的支付方式可能更受欢迎，而在另一些市场中，物流速度可能更为关键。因此，企业需要根据不同市场的需求来选择合适的合作伙伴，以满足当地市场的特殊需求。考虑合作伙伴的国际化水平也是关键因素。具有国际化视野和经验的合作伙伴更有可能帮助企业在国际市场中获得成功。这可能涉及合作伙伴在国际业务中的成功案例、国际团队的专业素养以及全球业务网络的建设。企业需要选择那些具有全球视野和能力的合作伙伴，以更好地适应国际化的经营环境。考虑合作伙伴的可持续性和稳定性也是至关重要的。企业需要评估合作伙伴的财务稳健性和经营稳定性，以确保合作伙伴能够长期稳定地支持企业的业务。这包括对合作伙伴的供应链、物流网络、金融体系等方面的可靠性进行全面评估。在建立合作伙伴关系时，企业需要关注文化和语言的差异。不同国家和地区存在着不同的文化和语言习惯，这可能影响到双方合作的顺利进行。因此，在建立国际合作伙伴关系时，企业需要关注文化的融合和语言的沟通，以减少因文化差异而带来的合作摩擦。建立国际合作伙伴关系需要有明确的合作协议和契约。合作协议应该明确双方的权利和责任，包括合作的范围、期限、费用分配等方面的具体条款。通过清晰的合作协议，可以有效地防范潜在的合作纠纷，保障双方的权益。选择国际合作伙伴并建立关系是跨境电商成功经营的重要组成部分。通过深入的协调、良好的沟通、对行业和市场的了解，企业能够找到合适的合作伙伴，携手共进，实现在全球市场中的可持续发展。

二、跨境电商教育国际交流实践

（一）国际学术交流

国际学术交流在跨境电商领域具有重要的价值和影响。学术交流为不同国家和地区的学者提供了分享研究成果、拓展学术视野的机会，推动了跨境电商领域的知识创新和合作发展。学术交流首先促进了全球范围内跨境电商研究的广泛和深入。通过国际学术交流平台，各国学者能够分享最新的研究理念、方法和成果，推动了跨境电商领域的学术前沿技术的传播。学者们在交流中能够受到来自不同文化和学术传统的启发，为跨境电商研究注入新的思想和理念。国际学术交流为跨境电商领域的学术合作奠定了基础。在学术交流的过程中，学者们能够建立起跨国、跨地区的学术合作关系，共同参与国际性的研究项目。这有助于形成全球范围内的研究网络，推动不同国家和地区的研究机构和高校共同致力于解决跨境电商领域的共性问题。国际学术交流提升了跨境电商领域学者的学术声望。通过在国际学术会议、研讨会上发表论文和演讲，学者们能够向全球学术界展示他们的研究成果，提高其在学术领域的知名度。这有助于吸引更多的学者关注跨境电商领域，促使更多优秀的学术人才参与到相关研究中来。国际学术交流也为跨境电商领域的学术期刊和出版物提供了更多的国际合作机会。学者们通过国际学术交流建立的合作关系，有助于促进不同国家和地区学术刊物之间的交流合作，推动跨境电商领域的学术出版事业的全球化发展。国际学术交流对于跨境电商领域的学术繁荣和合作发展起到了积极的促进作用。学者们通过交流，不仅加深了对跨境电商领域的理解，还促进了全球范围内的学术合作，提升了领域内学者的学术水平和国际影响力。这种国际学术交流模式为跨境电商领域的可持续发展奠定了坚实的基础。

（二）国际研究合作

国际研究合作在跨境电商领域发挥着重要的作用，促进了全球范围内的研究合作、知识传播和学科创新。这种合作模式通过跨越国界、文化和学术传统，为跨境电商研究提供了更广阔的视野、更多元的思路和更丰富的研究资源。国际研究合作推动了跨境电商领域的前沿研究。不同国家和地区的研究者能够通过合作共享最新的研究成果、共同探讨领域内的热点问题，推动了跨境电商研究的广泛和深入。国际合作使得研究者能够集思广益，共同攻克跨境电商领域的难题。国际研究合作促进了学术资源的共享和整合。通过合作，不同国家的研究机构能够共同利用各自的研究设施、实验室、数据库等资源，提高了研究的广度和深度。这有助于建立全球性的研究网络，为跨境电商领域的学术交流和合作提供了坚实基础。国际研究合作促使了研究方法和理论的创新。不同文化和学术传统的结合为跨境电商研究注入了多元化的研究思路和方法。国际研究合作使得研究者能够从不同的学术体系中吸取经验，为跨境电商研究提供了更为全面和丰富的理论支持。国际研究合作也为研究者提供了更大的研究平台。通过参与国际性的研究项目、合作论文的发表以及国际学术会议的参与，研究者能够向全球学术界展示他们的研究成果，促使跨境电商领域的学术研究更具国际影响力。国际研究合作是推动跨境电商领域研究和学科发展的不可或缺的力量。这种合作模式不仅促进了前沿技术研究的进展，还推动了学术资源的共享、研究方法和理论的创新，为跨境电商领域的学科发展提供了有力的支持。在全球化的时代背景下，国际研究合作将继续为跨境电商研究带来新的机遇和挑战。

（三）学生交流与留学项目

在跨境电商的背景下，学生交流与留学项目成为一种重要的国际合作形式。这种形式通过促进不同国家和地区学生之间的交流，推动了全球范围内的学术、文化和商业的互通互鉴。学生交流与留学项目的兴起，与全球化时代的到来、国际化教育的重要性不断凸显等多种因素密切相关。学生交流与留学项目为学生提供了更广阔的国际视野。通过参与项目，学生能够置身于不同的文化、教育和商业环境中，更好地理解和体验全球多样性。这有助于培养学生的跨文化沟通能力和全球意识，为其未来的职业发展奠定了坚实基础。学生交流与留学项目促进了国际高校之间的合作。高校之间通过开展学生交流与留学项目，可以共享教育资源、推动学科交叉，促进研究和创新。这种国际化的合作形式有助于提升高校的国际声誉，吸引更多国际学生和学者。学生交流与留学项目有助于培养学生的跨文化沟通和团队合作能力。在不同国家的学习和生活环境中，学生需要适应新的文化、语言和学术体系。通过与来自不同国家的同学合作，学生能够更好地理解多元化的视角，提高跨文化协同工作的能力。学生交流与留学项目推动了跨境电商领域的人才培养。在全球化时代，跨境电商企业需要具备国际视野和跨文化背景的专业人才。学生通过参与跨境电商相关的留学项目，可以获取国际商务、国际市场、跨境物流等方面的知识和经验，为未来从事跨境电商行业提供了有力支持。学生交流与留学项目有助于促进国际的友好关系。通过学生之间的交流与合作，不同国家的人们能够更好地了解彼此的文化、历史和传统。这种人际交往有助于缓解国际关系紧张，促进世界和平与发展。学生交流与留学项目为跨境电商企业提供了更丰富的人才库。通过与国际高校合作，跨境电商企业可以更容易地接触到具有国际背景、语言能力和专业知识的人才。这有助于企业更好地适应和拓展国际市场，提升竞争力。学生交流与留学项目也促进了全球经济的繁荣。通过培养具有国际化视野和跨文化背景的人才，学生交流与留学项目有助于推动国际贸易和投资，促进全球产业链的发展，为全球经济的可持续增长做出贡献。学生交流与留学项目在跨境电商领域发挥着重要作用。它不仅为学生提供了更丰富的国际体验，也促进了高校之间的合作，培养了跨文化能力，为跨境电商行业培养了更具国际竞争力的人才，同时也为全球经济的繁荣和文化的多元化做出了积极贡献。

（四）企业与跨境电商教育的合作

企业与跨境电商教育的合作是促进实践与理论结合、培养产业人才的重要途径。这种合作紧密结合了企业实际需求和教育目标，为学生提供了更贴近实际的学习体验，同时为企业输送更具实战经验的人才。企业与跨境电商教育的合作为学生提供了实际操作的机会。通过与企业建立合作关系，学生能够参与到真实的项目中，亲身体验跨境电商领域的业务运作和管理实践。这有助于培养学生的实际操作能力，使他们更好地适应未来职业的挑战。合作模式使得跨境电商教育更贴合市场需求。通过与企业合作，教育机构能够更好地了解当前行业的发展趋势和企业对人才的需求，及时调整教育课程，确保培养出符合市场需求的专业人才。这种紧密结合实际的教育模式有助于提高毕业生的就业竞争力。企业与教育机构的合作推动了研究和创新。在合作项目中，企业往往需要解决一系列实际问题，这促使教育机构深入研究、提出解决方案，并在实践中验证理论。这种互动推动了跨境电商领域的理论与实践的双向发展。合作关系也为学生提供了更丰富的实习和就业机会。通过教育机构与企业的紧密联系，学生更容易接触到企业的实际运作，积累了职业经验。这种紧密的教育与企业合作关系有助于学生更好地融入职业生涯，顺利过渡到工作岗位。企业与跨境电商教育的合作形成了可持续发展的机制。通过长期合作，企业与教育机构建立了稳定的伙伴关系，形成了共同发展的动力。企业能够从教育机构中获取有潜力的人才，同时为教育机构提供实际案例、行业经验，推动教育与实际需求的更深层次融合。企业与跨境电商教育的合作是一种互惠互利、共同促进发展的关系。这种合作模式促使学生获得实际操作经验，教育机构更好地迎合市场需求，企业获取更具实战经验的人才，同时推动了理论和实践的互动与创新。这种合作关系不仅对学生和企业有益，也促进了跨境电商教育领域的可持续发展。

三、国际合作项目的质量保障与管理

跨境电商师资队伍建设与培训是实现行业可持续发展的重要组成部分。在这个快速发展的领域，建设具备国际化视野和专业技能的师资队伍至关重要。师资队伍建设应注重行业实践经验。在跨境电商领域，理论知识与实践经验相辅相成。师资队伍应包括那些在实际业务中积累了丰富经验的从业者，能够将实际案例和问题引入课堂，使学生更好地理解并应对真实的跨境电商挑战。跨境电商师资队伍应具备国际化背景。国际商务、国际市场等方面的教育经验和背景有助于培养学生的国际视野。师资队伍中的教师应能够引导学生理解不同国家和地区的商业文化、法规差异等，以适应跨境电商的全球化运营环境。师资队伍建设需要注重前沿科技和创新理念的引入。跨境电商领域的技术和市场发展迅猛，师资队伍应具备不断学习和创新的能力。引入最新的科技趋势、电商平台运营经验等方面的培训，有助于师资队伍与时俱进，为学生提供更为实用的知识。师资队伍的建设应侧重于团队协作和跨学科交叉。跨境电商行业需要综合性人才，而师资队伍的建设也应以跨学科的团队协作为基础。不同学科的专家共同参与，能够为学生提供更为全面的知识体系，提高他们的综合能力。师资队伍的培训要强调实际操作技能。跨境电商不仅需要理论知识，更需要实际操作技能。通过对师资队伍的实际业务培训，使他们熟悉各类电商平台、了解国际贸易法规、熟悉跨境物流操作等，为学生提供更为实际的培训。师资队伍的建设要关注行业合作和企业对接。

与跨境电商企业建立合作关系，邀请企业专业人士参与培训，能够使师资队伍更深入地了解行业需求，更好地为学生提供与实际需求相符的培训内容。师资队伍的建设要重视培养学生的创新意识和实际解决问题的能力。跨境电商行业的快速发展需要有创新意识的人才，师资队伍应该培养学生的创业精神，激发其解决实际问题的能力。师资队伍建设需要注重教学成果的评估和反馈。建立有效的评估机制，监测教学效果，收集学生和企业的反馈，及时调整教学内容和方法，确保培训的实用性和有效性。跨境电商师资队伍建设与培训是促进行业可持续发展的关键环节。通过注重实践经验、国际化背景、科技创新、团队协作、实际操作技能、行业合作和企业对接、创新意识培养以及评估反馈机制的建设，能够更好地培养符合跨境电商行业需求的人才，为行业的健康发展提供有力支持。国际合作项目的质量标准与评估对于跨境电商领域的教育合作至关重要。这一过程涉及多方面的因素，需要综合考量以确保项目的有效性、可持续性。以下从多个角度对国际合作项目的质量标准与评估进行论述。项目目标与愿景是评估国际合作项目质量的基础。项目的目标应该明确、具体，与跨境电商领域的实际需求相契合。合作项目的愿景应该能够激发各方合作的积极性，确保项目对于参与方都具有战略价值。目标的清晰度和与实际需求的契合度是评估项目质量的首要标准。课程内容和设计是关键的评估因素。跨境电商领域的国际合作项目需要拥有前沿的课程内容，能够紧跟行业发展趋势。课程设计应该注重实践性，能够培养学生在真实商业环境中解决问题的能力。课程内容的国际化和多元化也是评估标准之一，确保学生能够具备全球视野。教学团队的素质和构成是评估国际合作项目的重要依据。合作项目的教学团队应该由跨境电商领域的专业人士组成，具备丰富的实践经验和学术背景。团队成员之间需要具有良好的协作精神，以确保整个项目的顺利进行。教学团队的素质直接关系到学生能够获得的教育质量。学生评价和就业率也是评估项目质量的重要指标。通过对学生的综合评价，可以了解项目对于学生的实际效果和影响。就业率的高低也反映了项目的实际价值，高就业率通常意味着项目培养出的学生更符合市场需求，反之亦然。合作项目的可持续性和影响力也需要被纳入评估的考量。一个成功的合作项目应该能够长期存在并不断推动跨境电商领域的发展。项目的影响力可以通过学术研究、产业合作、社会服务等多个方面来评估，以确保项目不仅具有当下的实用价值，也能够在未来产生深远的影响。国际合作项目的质量评估需要从项目目标与愿景、课程内容和设计、教学团队素质、学生评价和就业率、可持续性与影响力等多个方面进行全面考量。这种综合性的评估有助于确保合作项目在跨境电商领域取得可观的教育成果，为学生提供更丰富的学习体验，同时为产业培养更多高素质的人才。在跨境电商领域，国际合作项目的推广与落地是推动全球业务发展的关键环节。推动国际合作项目的成功实施需要综合考虑市场环境、文化差异、法规要求以及合作伙伴关系等多方面因素。项目推广需要深入了解目标市场。在推广国际合作项目之前，必须对目标市场进行深入的研究和了解。这包括对当地的消费习惯、市场规模、竞争格局等因素进行详细调查，以便制定针对性的推广策略。国际合作项目的推广需要树立强大的品牌形象。在国际市场中，品牌形象是企业吸引目标客户的关键。通过有效的品牌推广活动，企业能够在激烈的市场竞争中脱颖而出，吸引更多的国际客户。推广项目需要建立稳固的合作伙伴关系。合作伙伴关系的建立是国际合作项目成功的基础。企业应该寻找具有良好声誉和共同价值观的合作伙伴，建立起互信互利的合作模式，共同推动项目的顺利进行。推广项目需要合理运用多种营销手段。在国际市场中，不同地域和文化的差异需要灵活运用多种营销手段。这包括线上和线下的广告、社交媒体推广、参与国际展会等方式，以覆盖更广泛的目标客户群。国际合作项目的推广需要适应当地法规和政策。不同国家和地区存在不同的法规和政策，企业在推广项目时必须遵守当地法规，确保合作项目的合法性和合规性。推广项目需要灵活应对文化差异。文化差异是国际合作中的一大挑战，企业在推广项目时需要深入理解当地文化，调整产品和服务以满足当地客户的需求，以提高项目的接受度。项目的成功落地需要建立完善的售后服务体系。售后服务是维护客户关系的关键。通过提供高质量的售后服务，企业能够提升客户满意度，建立品牌口碑，从而在国际市场中获得更多的市场份额。推广项目需要建立有效的市场监测和反馈机制。企业应该建立起定期的市场监测体系，通过对市场反馈的及时了解，不断调整推广策略，确保项目在国际市场中的稳健推进。推广国际合作项目需要注重人才培养。企业在国际市场的拓展中需要具备专业化的国际团队，他们能够理解并适应不同国家和地区的商业环境，协助项目的成功推广和落地。推广国际合作项目是一个复杂而综合的过程，需要企业全面考虑市场环境、文化差异、法规要求、合作伙伴关系等多方面因素。通过科学合理的策略和系统性的执行，企业能够成功推广国际合作项目，实现在全球市场中的可持续发展。

第二节　国际化教材与多语言教学

一、国际化教材开发

（一）国际化教材的概念与重要性

国际化教材是指在设计、编写和使用教材时，充分考虑国际化的要素，以适应不同国家和地区的教育环境、文化差异和学科发展。国际化教材的概念体现了一种全球视野的教育理念，旨在促进全球范围内的教育交流、文化理解和学科创新。国际化教材强调跨文化视野。这类教材不仅关注单一国家或地区的教育体系，更注重全球范围内的教育标准和最佳实践。通过融合多元文化的视角，国际化教材旨在帮助学生更好地理解不同文化之间的差异，培养跨文化交流和合作的能力。国际化教材注重语言的适应性。考虑到不同国家和地区使用的语言不同，国际化教材通常会以多语言形式呈现，或者提供翻译版本。这有助于降低语言障碍，让更多学生能够更轻松地获取教育资源，促进国际学术交流的畅通。国际化教材强调全球问题的融入。这类教材通常包含关于全球性问题的内容，如全球化、可持续发展、气候变化等，旨在培养学生全球公民意识。通过关注这些重大问题，国际化教材引导学生思考并参与解决全球性挑战的过程。国际化教材还关注行业和学科的国际标准。它们不仅涵盖了国际上通用的知识和技能，还紧跟相关行业和学科的最新发展。这有助于培养学生具备国际竞争力的专业素养，使他们更好地适应全球化时代的职业要求。国际化教材追求创新和多元化。为了适应不断变化的国际教育环境，这类教材通常采用创新的教学方法和多样的学习资源。这有助于激发学生的学习兴趣，提高他们的学科掌握水平，并培养创新思维和解决问题的能力。国际化教材是一种符合全球化时代教育需求的教育理念。通过强调跨文化视野、语言适应性、全球问题、国际标准以及创新多元化，国际化教材有助于培养学生具备全球竞争力的综合素养，促进国际教育的全面发展。国际化教材在跨境电商领域的重要性不可忽视。这一点体现在多个方面，对于培养具备全球视野和跨文化背景的专业人才至关重要。国际化教材有助于拓宽学生的国际视野。通过采用国际化教材，学生能够接触到更为丰富的跨境电商案例和实例，了解不同国家和地区的商业文化、市场规模、法规要求等方面的信息。这有助于培养学生对全球市场的深刻了解，使他们能够更好地适应跨境电商行业的国际化发展趋势。国际化教材有助于提高学生的跨文化沟通能力。在跨境电商领域，学生可能需要与来自不同国家和地区的合作伙伴、客户进行交流与合作。通过学习国际化教材，学生可以更好地理解和适应不同文化的交往方式，提高他们的跨文化沟通和协作能力。国际化教材有助于强化学生的国际商务理念。跨境电商作为一个全球性的商业领域，涉及国际贸易、国际市场、跨境物流等多个方面。通过引入国际化教材，学生能够系统地学习国际商务的基本理念、操作流程和关键因素，为将来从事跨境电商行业打下坚实的理论基础。国际化教材有助于培养学生的全球化思维。全球化思维是指学生能够从全球的角度来看待问题、分析现象，并能够在国际化的背景下进行决策和创新。国际化教材通过引导学生思考国际化经营策略、全球市场竞争等问题，有助于激发学生的全球化思维，使其能够更好地适应全球化时代的挑战。国际化教材有助于提高学生的语言水平。在跨境电商领域，英语通常是主要的工作语言之一。通过学习国际化教材，学生能够接触到更多英语表达和专业术语，提高他们的英语水平，有助于他们更好地与国际合作伙伴进行沟通与合作。国际化教材有助于培养学生的国际竞争力。在全球化的市场中，企业需要具备国际竞争力的专业人才。通过学习国际化教材，学生能够更好地了解国际市场的运作规律，提高自身在国际商务领域的竞争力。国际化教材有助于跨境电商教育的可持续发展。跨境电商作为一个快速发展的行业，需要不断吸引和培养高素质的人才。通过采用国际化教材，教育机构能够更好地满足行业需求，推动跨境电商教育的不断创新与发展。国际化教材在跨境电商领域的应用对于培养具备全球视野、跨文化背景和国际竞争力的专业人才具有重要意义。通过引入国际化教材，能够更好地满足学生的学习需求，促进跨境电商教育的健康发展，为行业的可持续发展提供有力支持。

（二）教材编写的方法与原则

教材编写是一项极具挑战性的任务，要保证其质量和有效性，需要遵循一系列方法和原则。以下是关于跨境电商教材编写的方法与原则的论述。基本原则之一是关注学科最新发展。跨境电商领域发展迅猛，因此教材编写需要紧跟行业最新趋势。通过及时更新内容，确保学生学到的知识与实际应用保持同步，提高教材的时效性和实用性。教材编写需要关注跨文化视野。跨境电商涉及不同国家和地区的商业文化和法规，因此教材应该通过案例分析、实例讲解等方式，引导学生深刻理解和应对跨文化交流中的挑战。实践性原则是教材编写的关键。跨境电商是一个实践操作性很强的领域，因此教材应该强调实践性，通过案例分析、项目实践等方式，培养学生解决实际问题的能力。差异化原则也是教材编写的重要考量。不同学生的学科理解水平、学习兴趣等存在差异，教材应该采用差异化的教学设计，满足不同学生的学习需求，提高教材的适用性。多媒体与互动原则有助于提高教材的吸引力和互动性。在跨境电商教育中，教材可以融入图表、多媒体素材、在线互动等元素，使学生更容易理解复杂概念，提高学习的趣味性和参与度。关键问题原则强调对于学科核心问题的深入探讨。在跨境电商领域，教材编写应该侧重讲解核心问题，帮助学生建立起全面系统的学科知识体系，更好地理解并应对跨境电商运营中的各种挑战。评估与反馈原则体现在对学生学习过程的及时反馈。教材编写需要考虑设计有效的评估方式，通过作业、测验、项目评估等手段，帮助教师了解学生的学习状态，为学生提供有针对性的指导。跨境电商教材的编写需要遵循关注学科最新发展、跨文化视野、实践性、差异化、多媒体与互动、关键问题、评估与反馈等一系列方法与原则。通过严谨的教材编写，能够更好地满足学生的学科需求，促进跨境电商领域的专业发展。

（三）教材的多元化呈现形式

教材的多元化呈现形式在跨境电商教育中具有关键作用。多元化的教材形式有助于满足不同学生的学习需求，促进更广泛、更深入的知识传递，并提高学生的学习兴趣。实际案例分析是一种重要的教材多元化形式。通过引入真实的跨境电商案例，学生能够更好地理解实际运营中遇到的问题、挑战和解决方案。这种教学方法有助于将理论知识与实际应用相结合，使学生更好地掌握实际操作技能。行业报告和市场调研是另一种多元化的教材形式。跨境电商行业快速发展，市场情势瞬息万变。通过让学生研究最新的行业报告和市场调研，能够使他们对市场趋势、竞争格局有更为深刻的了解，培养他们的市场分析和判断能力。国际合作项目案例是多元化教材的重要组成部分。通过介绍成功或失败的国际合作项目，学生可以学到实际合作中的经验教训，从而更好地应对自己在未来从事跨境电商实际工作时可能遇到的挑战。实地考察和企业参访是一种亲身体验的教学形式。通过组织学生实地考察跨境电商企业，或者邀请业内专业人士来进行企业参访，学生能够近距离感受实际业务操作，加深对行业运作的理解，提高实际操作技能。专业期刊和学术论文是教材多元化的重要组成部分。引导学生阅读最新的跨境电商领域的专业期刊和学术论文，有助于培养他们对学术研究的兴趣，提高他们的学术水平，同时跟踪行业前沿动态。跨学科教学是多元化教材的重要体现。跨境电商涉及多个学科领域，包括国际贸易、市场营销、信息技术等。通过跨学科的教学方式，能够更全面地培养学生的综合能力，使他们能够更好地适应行业的复杂性。在线课程和远程教育是一种灵活的教学形式。随着科技的发展，学生可以通过在线平台学习跨境电商课程，实现灵活学习。这种教学方式有助于满足不同地域和时间的学生需求，提高课程的普及度。团队项目和合作式学习是培养学生团队协作和创新能力的多元化教学形式。通过分组开展实际项目，学生能够提高团队协作、沟通和解决问题的能力，更好地适应未来跨境电商团队工作的要求。教材的多元化呈现形式对于跨境电商教育的有效推动至关重要。通过多样化的教学方式，能够更好地满足学生的个性化需求，提高他们的学习积极性，培养更具综合素质的跨境电商专业人才。

（四）国际化教材的评估与更新

国际化教材的评估与更新是一个动态过程，需要不断地适应教育环境的变化和学科发展的新趋势。以下探讨国际化教材的评估与更新方法及原则。评估的关键在于对教材的内容进行全面审查。这包括检查教材中所涵盖的知识是否仍然属于跨境电商领域的最新发展成果，是否能够满足学生的学科需求。评估过程需要强调实用性，确保教材内容与实际行业操作和挑战相契合。评估也要关注学科的多元性。跨境电商领域跨及多个学科，如商业、法律、技术等。评估教材时需要确保涵盖了这些不同学科的核心内容，以保证学生能够全面理解和应对跨境电商的各个方面难题。评估应强调国际化和跨文化属性。教材是否充分考虑了不同国家和地区的文化、法规、商业习惯等差异，以及对跨文化交流的培养是否达到预期目标。评估时要注意是否有必要对跨文化元素进行更新和增补。与此同时，评估教材的语言适应性也是重要的一环。教材是否提供多语言版本，是否充分考虑学生母语为非英语的情况，以及是否采用浅显易懂的语言风格，都是需要评估的方面。更新教材时，要注重整体结构的灵活性。随着跨境电商行业的发展，教材结构可能需要调整，以更好地满足学科知识的结构。更新时还要考虑是否需要引入新的教学方法和技术，以提升教材的互动性和吸引力。评估与更新也需要根据学生反馈进行。学生对于教材的使用体验和理解程度是重要的评估依据。通过收集学生的反馈意见，教材编写团队可以更好地了解教材的实际效果，从而进行有针对性的更新。国际化教材的评估与更新是一个持续的过程，需要关注实用性、多元性、国际化、语言适应性、整体结构灵活性以及学生反馈等方面。通过不断地评估和更新，教材才能保持与时俱进，为学生提供更为优质、适用的学习资源。

二、多语言教学在跨境电商中的应用

（一）多语言教学的重要性

多语言教学在跨境电商领域的重要性不可忽视。随着全球化进程的不断加速，企业在跨境电商领域的竞争也日益激烈。在这一多元化、跨文化的环境中，具备多语言能力的专业人才显得尤为重要。多语言教学有助于拓宽学生的国际视野。跨境电商是一个全球性的行业，涉及不同国家和地区的市场。通过多语言教学，学生能够更全面地了解不同国家和地区的商业文化、法规要求以及市场需求，从而更好地适应全球市场的运作。多语言教学有助于提高学生的沟通和交流能力。在跨境电商领域，企业可能需要与来自不同国家和地区的合作伙伴、客户进行沟通与合作。具备多语言能力的专业人才能够更灵活地应对不同文化和语境下的交流需求，建立更为紧密的合作关系。多语言教学有助于加强学生的国际市场开拓能力。在全球化的背景下，企业需要开拓多元化的国际市场。通过培养学生掌握多语言，他们能够更好地理解和服务各个国家和地区的客户，实现更广泛的市场覆盖。多语言教学有助于提高学生在国际商务谈判和合同签订方面的能力。跨境电商涉及国际贸易和合作，谈判和签订合同是常见的业务活动。通过多语言教学，学生能够更准确地理解和表达商务协议，提高谈判和合同签订的效率和质量。多语言教学有助于培养学生的文化敏感性。语言和文化紧密相连，通过多语言学习，学生能够更好地理解不同文化之间的差异，避免因文化差异而引发的误解和冲突，提高他们在跨文化环境中的适应能力和交际技巧。多语言教学有助于拓宽学生的全球视野。通过掌握多种语言，学生能够更广泛地了解全球范围内的商业趋势、市场动态和创新理念，进一步拓展他们的全球化思维，为未来国际化的职业生涯做好准备。多语言教学有助于提高学生在国际团队中的融入能力。在跨境电商企业中，组建国际化的团队是常见的管理需求。通过多语言教学，学生能够更好地适应国际团队的工作环境，提高团队协作和协调能力。多语言教学在跨境电商教育中的重要性体现在多个方面。它不仅有助于学生在国际市场中更好地理解和适应，提高其国际化水平，同时也为企业培养更具竞争力的专业人才提供了有力支持。通过多语言教学，学生能够更好地融入全球化的商业环境，为跨境电商行业的可持续发展做出贡献。

（二）多语言教学的实施方法

多语言教学是促进全球化教育的关键之一，尤其在跨境电商领域，涉及跨越国界的商业交流和合作，多语言教学成为必然选择。其中一种方法是采用并列对照的教学模式。这种模式将多种语言并列呈现在教材或教学资源中，以方便学生比较和对照不同语言之间的差异。这可以是在同一页面上展示不同语言的文本，或者提供音频和字幕的双语学习方式，让学生在学习中直观地感知不同语言的表达方式。可以使用沉浸式教学方法。通过将学生置身于不同语言环境中，让他们在实践中接触和使用多种语言。这可以通过语言交流项目、国际实习、模拟商业谈判等方式实现，激发学生自主学习的兴趣和能动性。另一种方法是强调语言比较和对比。教师可以将不同语言的词汇、语法结构进行对比解析，让学生更清晰地理解语言之间的联系和区别。这有助于提高学生对多语言的理解和应用，促进跨文化交流。还可以采用综合性教学资源，提供多种语言的学习支持。这包括多语言的电子书、在线课程、视频教学等。通过结合各种教学资源，学生可以更灵活地选择符合自己学习需求的语言学习方式。鼓励多语言交流和合作也是必要的。学生之间、学生和教师之间可以采用多语言进行课堂讨论、项目合作和学术交流，通过实际交流提高语言能力和跨文化交流能力。实施多语言教学也需要重视教师的语言能力培养。教师需要具备足够的语言能力和文化素养，能够流利地运用多种语言进行教学和交流，同时也需要持续提升自己的语言水平，以更好地引导学生进行跨语言学习和交流。多语言教学的实施方法包括并列对照教学模式、沉浸式教学、语言比较和对比、综合性教学资源以及鼓励多语言交流和合作。这些方法可以帮助学生更全面地掌握多种语言，提高跨文化交流能力，在跨境电商领域更具竞争力。

（三）多语言教学中的技术支持

多语言教学中的技术支持在跨境电商领域发挥着关键作用。技术支持不仅仅是一种辅助手段，更是多语言教学效果提升和教育体验优化的不可或缺的元素。多语言教学中的技术支持通过在线语言学习平台、虚拟教室等工具，提供了更为灵活和便捷的学习环境。学生可以通过这些技术工具随时随地进行语言学习，突破了地域和时间的限制，为他们提供了更加便利的学习机会。技术支持在多语言教学中提供了多样的学习资源。通过互联网和先进的技术手段，学生可以获取到来自不同国家和地区的语言学习资料，包括在线课程、教学视频、语音资料等。这样的多元化资源有助于学生更全面地掌握目标语言的表达和应用。多语言教学中的技术支持促进了语言实践的机会。通过在线语音交流、语音识别等技术，学生能够参与到更为真实和即时的语言实践中。这样的实践机会有助于学生提高听说能力，增强他们在跨境电商工作中的实际交流能力。技术支持在多语言教学中提供了个性化学习的可能。通过学习平台的数据分析和个性化推荐功能，教育者能够更好地了解学生的学习需求和水平，为他们量身定制学习计划，提供更为个性化的学习体验。技术支持促进了在线协作和团队学习。在跨境电商团队中，多语言协作是常见的工作场景。通过技术支持，学生可以参与在线团队协作，与其他学生一同学习、交流，提高他们在团队中跨语言协作的能力。技术支持有助于跨文化教学的实施。通过在线文化交流平台、虚拟文化体验等技术手段，学生能够更深入地了解目标语言所处国家或地区的文化，培养跨文化交际能力和适应能力。技术支持提升了学生在跨境电商领域的数字素养。在多语言教学中，学生不仅仅需要掌握目标语言的语法和词汇，还需要运用技术工具进行跨语言沟通和信息处理。技术支持使学生更熟练地运用数字化工具，为他们未来从事跨境电商工作提供了必要的技能。多语言教学中的技术支持是促进学生语言学习、实践和协作的关键环节。通过技术支持，学生能够更灵活、个性化地进行学习，提高他们在跨境电商领域的语言能力和综合素质，为未来国际化职业发展打下坚实基础。

（四）多语言教学的评估与反馈

多语言教学的评估与反馈是确保学生有效掌握多种语言的关键环节。以下是一些关于多语言教学评估与反馈的方法和原则。评估应注重学生在不同语言环境中的语言应用能力。通过实际项目、模拟情境等方式，考查学生在实践中是否能够流利运用多种语言进行沟通和表达。这有助于评估学生的实际语言技能，而不仅仅是书面知识。采用综合性评估方法。多语言教学涉及听、说、读、写等多个方面，因此评估也应该全面考查学生在这些方面的表现。这可以包括口头表达、书面作业、听力理解等多个层面，以全面了解学生的语言水平。评估要关注学生对不同文化语境的适应能力。在跨境电商领域，不同国家和地区有着不同的商业文化和语境，学生需要能够适应并运用多语言进行跨文化交流。因此，评估时可以通过考查学生对特定文化差异的理解和处理方式来评估其跨文化适应能力。多语言教学的评估也应注重自主学习和实践经验。学生在实际项目中使用多语言进行交流的经历对于他们的语言发展至关重要。通过评估学生在实际项目中的表现，可以更全面地了解他们的自主学习和实践经验。在进行评估的及时的反馈也是必不可少的。反馈应具体明确，突出学生在语言运用中的亮点和不足之处，帮助他们更好地理解自己的语言能力，并提供改进的方向。鼓励学生通过反馈不断完善自己的语言表达和沟通技能。教师还可以引入同侪评估的元素。通过学生之间的互相评价，促进语言学习氛围的建立，帮助学生从同学的角度获得更多的建议和观点，促进彼此之间的学习共同体的形成。多语言教学的评估与反馈需要注重学生的实际语言应用能力、综合性评估、跨文化适应能力以及自主学习和实践经验。通过全面的评估和及时的反馈，可以更好地指导学生提高多语言应用水平，为他们在跨境电商领域的发展提供有力支持。

第三节　跨境电商教育的国际认可与认证

一、国际认可与认证体系概述

（一）国际认可与认证的背景

国际认可与认证是跨境电商行业中至关重要的一环，它反映了国际标准与规范在全球范围内的广泛接受，并为企业和从业者提供了一种在全球市场中建立信任和可持续发展的机制。在全球化的时代，跨境电商的迅速发展使得不同国家和地区的企业可以更容易地参与到国际贸易中。由于各国的法规标准和商业习惯的不同，为了确保产品和服务在全球市场上得到认可，国际认可与认证成为不可或缺的环节。国际认可与认证的背景可以追溯到对质量和安全的全球性关切。在跨境电商中，消费者和企业需要能够信任和认可的产品和服务，因此，确保产品和服务符合一系列国际标准和规范变得至关重要。通过国际认证，企业能够证明其产品和服务的质量、安全性，从而在全球市场上获得更大的竞争优势。国际认可与认证也是为了降低贸易壁垒和促进全球经济一体化。在全球贸易中，不同国家和地区的贸易壁垒可能成为企业拓展国际市场的障碍。通过获得国际认证，企业能够更容易地进入各个国家和地区的市场，减少因贸易壁垒而带来的经济成本和时间成本。国际认可与认证也是保障消费者权益和提高市场透明度的手段。在跨境电商中，消费者需要对购买的产品和服务的质量、安全性有足够的信任。国际认证为消费者提供了一种可靠的判断标准，使其能够更加自信地选择和购买跨境电商产品和服务。国际认可与认证的背景还在于推动行业创新和可持续发展。通过国际认证，企业被激励不断提升其产品和服务的质量，推动技术创新和管理创新。这种动力机制有助于整个行业的可持续发展，使得跨境电商行业在全球范围内更为健康、稳定地发展。国际认可与认证背后的理念还在于促进国际合作与共享。通过建立和遵守共同的认证标准，各国之间能够更好地合作，共同应对全球性问题，如质量安全、知识产权保护等。国际认可与认证的背景体现了在全球化时代，国际合作和共享资源的重要性。国际认可与认证是跨境电商行业中不可或缺的环节，它不仅是推动企业发展的引擎，也是促进全球经济一体化、保障消费者权益、推动行业创新和可持续发展的关键因素。通过遵循国际认证标准，企业能够更好地适应全球市场的竞争，为跨境电商行业的可持续发展做出积极贡献。

（二）国际认证体系的组成和层次

国际认证体系是一种组织结构，旨在确保产品、服务或体系符合国际标准和规范。这个体系通常包括多个组成部分和不同的层次，以满足不同行业和领域的需求。国际认证体系的基础是国际标准组织和国际电工委员会。这两个组织负责制定和发布各种国际标准，涵盖了从质量管理到环境管理、信息安全等各个领域。这些标准为国际认证体系提供了共同的基础，使得不同国家和组织可以在相同的标准下进行认证。国际认证体系包括认证机构。认证机构是负责对组织、产品或服务进行认证的专业机构。这些机构通常是独立的第三方，通过评估、审查和验证，确认组织是否符合特定的国际标准。各个国家通常有多个认证机构，这些机构的认证可以相互认可，形成国际认证体系的一部分。在认证机构下面，存在各种不同的认证体系和计划，涵盖了不同的行业和领域。例如，质量管理体系的认证体系可能包括认证，环境管理体系的认证体系可，信息安全管理体系的认证体系。每个认证体系都有自己的标准和要求，以满足特定领域的需求。国际认证体系还包括国际认可论坛和国际实验室认可合作组织负责管理和促进认证体系的认可，确保各个认证机构之间的互认性。管理和促进实验室认可，确保实验室的测试和校准结果在国际上是可信的。在国际认证体系中，不同的认证体系之间存在相互关联和互认的机制。这使得一个组织可以同时获得多个认证，从而提高其在国际市场上的竞争力。这也有助于确保国际认证的一致性和可比性。国际认证体系的制定的国际标准、认证机构、各种认证体系和计划、国际认可论坛以及国际实验室认可合作组织。这些组成部分相互关联，构成了一个有机的整体，为全球范围内的组织和行业提供了一个统一的认证标准和体系。

（三）国际认可的意义和影响

国际认可在跨境电商领域具有深远的意义和重大的影响。这种认可不仅仅是一种形式上的承认，更是一种促进全球贸易、提升产品质量、保障消费者权益以及推动行业创新的力量。它对于跨境电商行业的可持续发展和全球经济一体化产生着重要的影响。国际认可意味着企业产品和服务的全球通行。通过获得国际认可，企业的产品和服务被证明符合全球公认的标准和规范，从而能够在全球范围内自由流通。这不仅有助于降低进入新市场的障碍，也为企业拓展国际业务提供了更为便捷的途径，推动了跨境电商行业的全球化发展。国际认可有助于提升产品质量和安全性。在全球范围内，各国对产品质量和安全性的要求可能存在差异，国际认可标准的制定和遵循能够提高产品在国际市场上的竞争力。这种标准的普及推动了企业不断改进产品质量，保障了跨境电商产品的可靠性和安全性，提高了全球市场的信任度。国际认可对于建立全球信任体系至关重要。在跨境电商交易中，消费者需要信任远程购物平台和产品服务的质量。国际认可为企业树立了良好的声誉，使得消费者更加信任其产品和服务。这种信任体系的建立对于促进跨境电商行业的长期发展和可持续经营至关重要。国际认可还对推动行业创新产生深刻的影响。为了达到国际认可标准，企业需要不断提升自身的技术水平、管理水平和创新能力。这种竞争压力推动了跨境电商行业的技术创新、管理创新和商业模式创新。通过参与国际认可，企业不仅提高了自身的竞争力，也推动了整个行业的发展水平。国际认可还为跨境电商提供了更为公平的竞争环境。在国际认可的框架下，各国企业都需要遵循相同的标准和规范，避免了因为地域差异而导致的不公平竞争。这种公平竞争环境有助于提高整个行业的效率，促进全球市场的繁荣。国际认可的意义在于加强了全球经济一体化的趋势。国际认可打破了各国之间的贸易壁垒，促进了信息、资金、人才的跨境流动，加深了各国之间的经济联系。国际认可使得全球范围内的企业更容易合作、分享资源，推动了全球经济一体化进程。国际认可对于跨境电商的意义和影响是多维度的。它不仅有助于推动企业产品和服务的全球通行，提升产品质量和安全性，建立全球信任体系，推动行业创新，创造公平的竞争环境，还促进了全球经济一体化的发展。通过国际认可，跨境电商行业得以在全球范围内更为健康、稳定地发展。

（四）国际认可与认证的挑战与机遇

国际认可与认证在跨境电商领域面临着一系列挑战与机遇，这涉及全球商业的复杂性和多样性。跨境电商涉及不同国家和地区的商业活动，文化差异可能导致对认可和认证标准的理解和应用存在难题。不同国家和地区的法规体系各异，有可能造成认证标准的不同解读和适用。法规的频繁变更也增加了企业在不同市场获得认证的难度。认证和认可的文件通常需要在多语言环境下进行，语言障碍可能导致理解误差，增加了认证的复杂性。一些国家或地区可能对外国产品的认证设置了贸易壁垒，这可能使得企业在进入某些市场时面临认证的阻碍。获得国际认可和认证可以帮助企业更容易地进入全球市场，提高其产品或服务的竞争力。国际认证可以为企业树立起信任和声誉，客户更愿意选择那些获得认证的企业，这有助于提高品牌价值。国际认证体系可以促使企业遵循全球通用的标准和最佳实践，从而提高产品和服务的一致性和质量。通过获得国际认证，企业可以避免在不同国家和地区重复进行认证，降低了交易和生产的成本。国际认证体系的发展也促进了技术和管理创新，推动了企业更好地适应国际市场的需求。许多国际认证标准涉及可持续发展和社会责任的方面，通过符合这些标准，企业有机会在可持续性领域获得更多的市场认可。在面对这些挑战和机遇时，跨境电商企业需要制定灵活的战略，同时关注不同市场的特殊要求，以确保其在全球范围内能够顺利获得认证，并实现可持续发展。这也需要国际社会的共同努力，以促进认证体系的协调和统一，为全球贸易提供更加稳定和有序的认证环境。

二、跨境电商教育国际认证的申请与实践

（一）认证前的准备工作

在进行跨境电商教育国际认证之前，进行充分的准备工作是确保认证过程顺利进行和成功取得认证的关键。这些准备工作涉及组织内外多方面的因素，包括教育机构内部的资源整合、师资队伍的培训、课程体系的优化以及与认证机构的密切合作等。教育机构需要充分准备与国际认证标准相符的教育资源。这包括建设丰富多样的课程体系、提供高质量的教材、设计实用性强的实践项目等。通过充实教育资源，不仅能够提高学生的综合素养，也能够满足国际认证对于教育质量的要求，为认证的成功奠定基础。师资队伍的培训也是认证前的重要准备工作之一。跨境电商领域的国际认证通常要求教师具备一定的专业水平和国际化视野。因此，教育机构需要通过培训提升师

资队伍的跨境电商专业知识水平，强化他们的国际业务理解，提高教学水平和服务能力，以更好地满足认证标准的要求。优化课程体系也是认证前的必备工作。课程设置应当紧密贴合国际认证标准，确保涵盖了跨境电商领域的核心知识和技能。通过课程的优化，可以提高学生在相关领域的学习效果，更好地满足国际认证对于教育内容的规范和深度的要求。与此同时，与认证机构的合作也是认证前的重要准备工作。教育机构需要了解认证机构的具体要求和流程，与认证机构保持密切的沟通和合作。这包括及时了解认证标准的更新和变化，积极参与认证机构组织的培训和交流活动，以确保认证过程顺利推进。建立健全的管理体系也是认证前的不可忽视的准备工作。这包括完善的学生管理系统、教学评估机制、课程质量监控等方面。通过建立健全的管理体系，不仅能够提高教育机构的运营效率，也能够满足国际认证对于教育管理水平的要求。认证前的准备工作还需要注重国际合作的拓展。建立与国际合作伙伴的良好关系，开展跨境交流与合作项目，提高教育机构的国际化水平。这有助于为认证提供更为丰富的背景和支持，提高认证的成功概率。认证前的准备工作是一项系统性、全面性的工程。它不仅涉及教育机构内部的资源整合和管理优化，还需要与外部认证机构和国际合作伙伴保持紧密的合作。通过充分准备，教育机构能够更好地迎接跨境电商教育国际认证的挑战，确保认证过程的高效推进和成功取得认证。

（二）认证申请流程与标准

国际标准组织制定了一系列国际标准，其中包括与教育相关的标准。这些标准提供了教育机构应满足的最佳实践和质量要求。跨境电商教育可能受到特定行业协会的认可和监管。这些协会通常会发布自己的标准和准则，以确保教育机构在特定领域内符合行业标准。不同国家和地区可能有自己的教育标准和认证体系。了解和遵守目标市场的国家和地区标准对于跨境电商教育机构来说是至关重要的。教育机构在开始认证申请流程前，需要详细了解适用的标准和要求。这可能涉及内部审核，确保机构已经符合大部分认证标准。教育机构需要提交一系列文件，以证明其符合认证标准。这些文件可能包括组织结构、课程大纲、师资力量、学生评价等。一般由认证机构或认证团队进行外部审核，对教育机构进行实地考察和文件审核，以确保其符合标准的各个方面。审核后，机构可能需要进行一些改进和调整，以满足认证标准的要求。这可能包括调整课程内容、改进教学方法等。一旦机构成功完成外部审核并进行了必要的改进，认证机构将颁发认证证书，证明机构已达到认证标准。获得认证并非一劳永逸，持续监管是确保机构持续符合标准的关键。定期的审核和监测以确保机构不断提高其教育质量。跨境电商教育面临着多样性的市场和法规要求，因此制定统一标准可能面临一定的挑战。文化差异和语言障碍也可能影响认证流程的顺利进行。国际认证为跨境电商教育提供了更广泛的市场认可和竞争优势。通过遵循国际标准，教育机构可以提高其教育质量和吸引力。认证申请流程与标准是跨境电商教育中确保质量和国际认可的重要方面。适应不同国家和地区的标准，积极应对挑战，是确保教育机构成功获得认证的关键。

（三）认证后的维护与更新

认证后的维护与更新对于跨境电商教育机构来说至关重要，这不仅涉及持续符合认证标准，还包括适应不断变化的教育环境和国际认可的要求。在获得认证后，跨境电商教育机构需要建立和维护一个强大的内部体系，以确保持续符合认证标准。这可能包括定期的内部审核、流程改进和质量管理实践的执行。为师资力量提供持续的培训和发展机会是维护认证的关键。教育机构需要确保教职人员跟上最新的教学方法、技术和行业趋势，以保持高质量的教育水平。随着电商领域的不断发展和变化，教育机构需要及时更新课程内容，确保学生了解最新的、符合市场需求的知识。这可能涉及与行业专业人士的合作，了解最新的业界动态。通过持续的学生评估和反馈机制，教育机构能够了解学生对教学质量的感受，并根据反馈做出及时的调整。这有助于持续提升教育水平。国际认证通常有特定的更新要求，教育机构需要密切关注并及时履行这些要求。这可能包括定期的审核、文件提交以及对机构改进措施的评估。持续的研究与创新是保持教育机构竞争力的关键。教育机构应该鼓励教职人员参与研究项目，促进知识的不断创新，并将最新的研究成果应用到教学中。随着跨境电商的国际化程度不断提高，教育机构需要不断发展国际合作关系，参与国际研究项目，推动国际化发展战略的实施。

（四）成功案例分享与经验总结

在跨境电商教育领域，国际认证是提升教学质量和学生竞争力的有效途径。成功案例分享与经验总结对于指导更多教育机构参与国际认证具有深远的影响。这些案例不仅仅是实践的成功典范，更是积累的宝贵经验，为跨境电商教育的进一步推进提供了有力支持。来自一流教育机构的成功案例表明，积极参与国际认证是提升教育质量的关键一步。通过与国际认证机构紧密合作，这些机构成功打破了传统课程框架的限制，引入先进的教学理念和实践经验。在实施过程中，他们注重将理论知识与实际案例相结合，使学生在实际操作中获得更深层次的理解。从国际认证中汲取的宝贵经验是不可忽视的。在实施跨境电商教育国际认证的过程中，教育机构发现了许多有效的教学方法和管理机制。通过定期与国际认证机构进行交流，他们不仅及时获取最新的教学资源，还能够借鉴其他成功案例，进一步优化自身教育体系。成功案例分享更是为教育者提供了直观的实践经验。通过深入研究这些案例，我们可以发现在跨境电商教育中，注重实际操作、培养团队合作精神、引入行业导师等方法都得到了成功应用。这些实践经验的分享不仅有助于其他教育机构更好地理解国际认证的价值，也为他们在实施过程中避免一些潜在的困难提供了有效的参考。成功案例的分享不仅限于教育机构之间的交流，还能够吸引更多国际企业的关注。通过国际认证，教育机构为学生提供了更为广阔的职业发展平台，使他们更容易融入国际跨境电商领域。这种成功的经验传递还在一定程度上激发了企业对于具有国际认证学历的人才的需求，形成了有力的双赢局面。成功案例分享与经验总结在推动跨境电商教育国际认证方面发挥了关键作用。这不仅是对成功经验的有力宣传，更是为其他教育机构提供了实践指导。通过这种方式，跨境电商教育的国际认证不仅能够在全球范围内获得更高的认可度，也为学生提供了更为优质的学习体验和职业机会。这一过程不仅推动了跨境电商教育的国际化发展，也为相关行业培养了更多具备国际竞争力的专业人才。

第四节　跨境电商领域的国际标准

一、国际标准的制定与背景

（一）国际标准制定的历史与演变

国际标准制定的历史与演变和跨境电商密切相关，是在全球范围内推动贸易便利化、促进技术创新和确保产品质量安全的关键机制。国际标准的制定经历了漫长的历史过程，一直在逐步演变和完善。国际标准的历史可以追溯到19世纪末20世纪初。当时，随着工业化和国际贸易的迅速发展，不同国家的产品标准存在差异，这给国际贸易带来了一系列问题。为解决这些问题，国际标准化的思想逐渐崭露头角。在这一时期，一些国际性组织如国际电报联盟和国际电气委员会开始制定一些最初的国际标准。20世纪20年代至40年代，国际标准制定进入了初步发展阶段。在这个时期，一些国际组织的标准化工作逐渐得到推动，但由于各国政治、经济等原因，标准的统一和普及仍然面临很大的困难。工业的迅猛发展也推动了标准化工作的需求，尤其是在军事工业和电气工业领域。20世纪50年代至70年代，国际标准化迎来了新的发展阶段。随着国际贸易的增长和科技水平的提高，对于标准的需求变得更为迫切。在这个时期，国际标准化组织成立，成为全球标准化的主要推动者。标志着国际标准化迈入了一个新的阶段，标准化工作逐渐趋向全球化，涵盖了更多领域，包括工业、服务、信息技术等。80年代至今，国际标准化迎来了全新的发展时期。随着信息技术的飞速发展和全球化的深入推进，各个国家和行业对于国际标准的需求更加迫切。在跨境电商领域，特定的标准变得尤为重要，例如电子商务标准、支付标准、物流标准等。国际电工委员会等国际组织在这一时期不断加强合作，制定了一系列的国际标准，为跨境电商提供了技术规范和质量保障。在国际标准的演变过程中，各国在标准制定上的地位逐渐平衡，各国参与制定国际标准的积极性逐步提高。标准的制定过程也更加开放和透明，注重各方面的参与和达成共识。标准的内容也更加全面，既包括技术性规范，也包括管理体系和服务标准等，以更好地适应全球化的贸易和产业发展。国际标准制定的历史与演变是一个不断发展的过程，它与全球贸易、科技创新和产业发展紧密相连。在跨境电商领域，国际标准的制定为推动全球电商的健康发展提供了有力的支持，促进了各国之间的合作和交流，也为跨境电商行业的未来发展奠定了坚实的基础。

（二）国际标准制定的机构与体系

国际标准制定涉及的机构和体系是确保跨境电商领域规范和标准的核心组成部分。这一过程旨在建立一套统一的准则，促进全球范围内的贸易合作和信息交流。相关机构和体系的形成不仅对于推动跨境电商的可持续发展至关重要，同时也为各国企业提供了共同的语言和规范，促进了全球经济的互通互联。在国际标准制定中，国际标准化组织是一个极具权威性的机构。是一个由各国国家标准机构组成的联盟，其目标是推动制定国际标准，以促进贸易的便利化和产品的互通性。国际电工委员会在电子商务和电子交易的领域也发挥着关键作用。IEC 的工作重点主要集中在电气、电子和相关技术的标准化。在跨境电商中，IEC 的标准涵盖了电子交易的安全性、数据交换的一致性等方面，为电子商务平台的建设提供了坚实的技术支持。国际电信联盟是一个专注于电信和信息技术标准化的国际组织。在跨境电商中，致力于制定与电信网络相关的标准，保障信息和数据的安全传输，提高跨境电商的信息技术基础。ITU 的工作不仅仅关注硬件设施的标准，还涵盖了电信服务和网络互联互通的规范，为跨境电商提供了全球范围内的通信基础设施。除了这些主要的国际标准制定机构之外，还有一系列国际贸易组织和协会积极参与跨境电商标准的制定。例如，世界贸易组织致力于推动全球贸易的自由化，确保贸易活动在全球范围内能够基于共同的规范进行。国际商会作为全球最大的商业组织之一，也在跨境电商标准的制定中发挥了积极的作用，为商业实体提供了商业规则和伦理准则。整个国际标准制定的体系是一个高度协同的网络，各机构之间通过建立联络机制、信息交流平台等方式，共同推动跨境电商领域的标准制定。这一体系的形成不仅仅是为了解决贸易中的技术障碍，更是为了建立起一个全球共享的贸易环境。标准的制定并非是一蹴而就的过程，而是通过各方的共同努力、实践经验的总结，逐步完善和发展的。在这个协同的标准制定体系中，各国政府、企业和研究机构都扮演着积极角色。通过不断参与标准的制定和修订，各方能够更好地了解国际贸易的最新发展动态，适应市场的变化，提高自身的竞争力。标准的制定还促使各方共同关注贸易中的问题，加强合作，推动全球贸易向更加公正和可持续的方向发展。国际标准制定的机构与体系在跨境电商中发挥着至关重要的作用。通过不同层面的标准制定，包括产品质量、信息安全、电子交易等多个方面，这些机构共同推动了全球跨境电商的可持续发展。标准的制定不仅仅是为了规范，更是为了促进贸易的畅通，为各国间的合作提供了共同的基础。这个国际标准制定的体系将在未来继续发挥着引领和推动的作用，为全球跨境电商的繁荣做出更为重要的贡献。

（三）跨境电商国际标准制定的背景与动因

跨境电商国际标准的制定是在全球化背景下应对跨国贸易和电子商务迅猛发展的产物。这一背景涵盖了多方面的因素，其中既包括全球经济一体化的趋势，也包括跨境电商业务的日益复杂和多元化。全球经济一体化是推动跨境电商国际标准制定的主要动因之一。随着全球市场的开放和贸易壁垒的降低，跨国企业在全球范围内展开业务的需求日益增加。国与国之间的贸易往来频繁，电子商务作为贸易方式的重要形式，需要一套统一的标准体系来确保各国间的商业活动能够顺畅进行。因此，国际标准的制定成为推动全球经济一体化进程的必然选择，为跨境电商提供了统一的规范和参照。跨境电商业务的复杂性和多元化也是国际标准制定的原因之一。随着电子商务的快速发展，跨境电商业务不再仅限于传统的商品交易，还包括了支付、物流、数据安全等多个领域。这些领域的复杂性要求在全球范围内建立一套共同的标准，以规范和提高跨境电商的效率，降低交易的风险。国际标准的制定成为应对跨境电商多元业务需求的必要手段，为各个环节提供具体的技术规范和操作指南。数字化技术的迅速发展也是推动跨境电商国际标准制定的重要动因。在数字化时代，电子商务的技术应用不断创新，涉及大数据、人工智能、区块链等新兴技术。这些技术的应用给跨境电商带来了巨大的发展机遇，但也带来了一系列的挑战，例如数据安全、隐私保护等。国际标准的制定正是为了在全球范围内规范这些技术的应用，确保跨境电商的可持续发展。国际标准的制定还是为了促进全球跨境电商的信任建设。由于跨境电商业务涉及多个国家和地区，不同法律、文化和商业习惯的差异给信任建设带来了困难。通过制定国际标准，可以在全球范围内建立起一个共同的信任框架，为跨境电商提供一个公正、透明的环境，促进各方之间的信任和合作。跨境电商国际标准的背景与动因是多方面的，包括全球经济一体化、跨境电商业务的复杂性、数字化技术的发展以及信任建设等因素。这些因素共同推动着国际标准的不断制定和完善，为跨境电商行业的健康发展提供了有力的支持。国际标准的制定不仅为各国企业提供了共同的规范，也促进了全球跨境电商的可持续发展，推动了全球电子商务的繁荣。

（四）跨境电商国际标准制定的影响与前景

跨境电商国际标准的制定对全球经济格局和电商行业产生了深远的影响，同时也为未来的发展提供了广阔的前景。这些国际标准不仅规范了跨境电商活动的各个方面，也为全球电商行业的可持续发展奠定了基础。从影响和前景的角度来看，这一国际标准体系的建设对于促进贸易、提升效率、推动行业创新等方面都发挥着积极的作用。跨境电商国际标准的制定对于促进全球贸易起到了重要的推动作用。这些标准通过统一规范电商平台的运作、支付体系、物流流程等方面，降低了贸易壁垒，提高了国际贸易的便利性。标准的制定使得不同国家、地区的企业能够更加顺畅地开展业务，实现了全球范围内的经济互通互融。跨境电商国际标准制定的影响在于提高了行业内的效率和透明度。通过规范电商平台的信息管理、数据交换、安全标准等方面的要求，国际标准使得电商行业的运营更为有序和高效。这种高效性不仅促进了企业内部管理的优化，也提升了整个供应链的运作效能，为消费者提供更快速、更便捷的购物体验。跨境电商国际标准的制定为行业创新提供了更为稳定的基础。标准化的商业流程和信息交换机制使得企业更容易集中精力在产品研发、市场推广等方面，推动了产业链上下游的创新。这种标准化不仅为大企业提供了更好的发展环境，也为中小企业进入市场提供了更为公平的竞争机会，促使整个行业不断迭代和进步。从前景的角度看，跨境电商国际标准的制定将在未来继续发挥着积极的推动作用。随着全球贸易的不断扩大，电商行业的发展也将持续加速。在这一趋势下，更为完善和细致的国际标准将逐步涌现，以适应行业的快速发展。这为跨境电商提供了更多的规范化框架，为企业的全球拓展提供更为稳妥的保障。未来，跨境电商国际标准制定的前景还将在促进数字化经济发展方面发挥更为重要的作用。标准的不断完善将有助于加速电商行业的数字化转型，推动新技术、新模式的融入和创新。这种数字化趋势不仅提高了行业的智能化水平，也为企业在全球范围内更好地开展业务提供了技术支持。跨境电商国际标准的未来发展将更加关注可持续发展和社会责任。标准的制定将更多地考虑环保、社会公益等方面的要求，推动电商行业向更加可持续的方向发展。这种注重社会责任的发展趋势将为企业赢得更多消费者的信任，推动整个行业的可持续繁荣。跨境电商国际标准制定的影响和前景表明了标准体系在全球电商行业中的不可替代性和战略重要性。这一标准体系不仅规范了行业运作，促进了全球贸易的畅通，也为行业的创新和可持续发展提供了坚实的基础。随着标准的不断完善和发展，跨境电商将在未来迎来更为广阔的发展前景。

二、跨境电商国际标准的内容与应用

（一）电商平台与安全标准

电商平台与安全标准的关系深刻影响着跨境电商的可持续发展。电商平台作为连接消费者和商家的关键枢纽，其安全标准直接关系到消费者的信任度、交易的可靠性以及整个电商生态的健康。在跨境电商环境中，电商平台应对全球化市场的挑战，制定和遵循安全标准成为至关重要的任务。电商平台的安全标准与消费者权益息息相关。随着电商规模的扩大，消费者在跨境电商平台上的购物行为愈加频繁。因此，电商平台需要建立和维护一套安全标准，以保障消费者的个人信息安全、支付安全和购物体验安全。这包括强化数据加密技术、建立健全的支付体系、提供真实可信的商品信息等方面，以确保消费者在电商平台上能够享受到安全、便捷的购物体验。电商平台的安全标准与商家入驻管理密不可分。跨境电商平台上汇聚了来自全球各地的商家，这涉及商品质量、知识产权、合规经营等多个方面的问题。电商平台需要制定明确的安全标准，规范商家的入驻行为，确保商家提供的商品符合质量标准、不侵犯知识产权、合法合规运营。只有在这些方面建立了坚实的安全标准，电商平台才能为消费者提供安全的购物环境，保护商家的合法权益。电商平台的安全标准也与支付体系的安全性密切相关。在跨境电商中，支付是关键环节之一，而支付过程中存在着一系列的安全风险，如支付信息泄露、交易数据篡改等。电商平台需要建立健全的支付体系安全标准，采用先进的支付技术，强化支付信息的加密和防护措施，以确保用户的支付过程安全可靠。电商平台还需要关注跨境物流的安全问题。跨境电商涉及商品的国际运输，物流链上的每个环节都可能存在安全隐患。电商平台需要与物流公司密切合作，共同制定和遵循国际物流的安全标准，确保商品在运输过程中不受损失，同时防范恶意行为，保障整个物流链的稳定和安全。电商平台的安全标准还需与国际贸易的法规要求相协调。由于跨境电商涉及多国多地的贸易，电商平台必须遵循各国和地区的相关法规和标准，确保经营活动合法合规。电商平台要积极参与国际标准的制定和更新，推动全球贸易的便利和规范，促进电商行业的可持续发展。电商平台与安全标准的密切关系对于跨境电商的发展至关重要。通过建立和遵循全面的安全标准，电商平台能够提升消费者信任度，促进商家合规经营，确保支付和物流的安全，同时满足国际贸易的法规要求，为跨境电商行业的繁荣创造良好的环境。在不断变化的全球化市场中，电商平台的安全标准的制定和执行将成为推动行业健康发展的关键因素。

（二）跨境支付与金融标准

在跨境电商的发展过程中，跨境支付与金融标准扮演着至关重要的角色。这一领域的标准化不仅是为了规范全球范围内的金融活动，更是为了促进贸易的便利和金融体系的稳定。跨境支付与金融标准的建立与推广为全球跨境电商的繁荣提供了有力的支撑。跨境支付标准的制定有助于降低交易成本，提升支付效率。通过规范跨境支付的流程、标准化相关技术和操作规范，不同国家和地区的支付系统能够更好地协同工作，减少支付的烦琐流程和中间环节，提高跨境支付的速度和效率。这不仅为企业提供了更为便利的支付方式，也为消费者提供了更为顺畅的购物体验。跨境金融标准的建立有助于规范全球金融体系，降低金融风险。在跨境电商中，资金的流动涉及多个国家和地区，金融标准的制定可以使不同国家的金融机构在交互过程中遵循一致的规则和标准，降低了因不同法规、操作流程而引发的金融风险。这为企业和投资者提供了更为安全和可靠的金融环境，有助于促进跨境投资和合作。跨境支付与金融标准的推广也有助于推动金融科技的发展和创新。通过规范跨境支付和金融活动的标准，金融科技企业能够更好地制定相应的技术标准，提高系统的互操作性和兼容性。这种推动技术创新的标准化过程为跨境电商注入了新的动力,促使行业更好地应对技术变革和市场需求。在全球化的趋势下,跨境支付与金融标准的建立有助于打破国界,促进不同国家和地区之间的金融合作。通过制定一致的标准,各国金融机构能够更好地合作,实现跨境支付和结算的高效运作。这种国际合作不仅为企业提供了更多的国际市场机会,也为金融机构拓展业务提供了更为广泛的合作伙伴。随着跨境电商的进一步普及和发展,跨境支付与金融标准将继续发挥着至关重要的作用。标准的不断完善和创新将推动全球支付和金融体系朝着更为高效、安全和智能化的方向发展。这不仅将使得全球跨境电商的贸易规模更为庞大,也将促使金融科技不断迭代和演进,为行业带来更多的发展机遇。跨境支付与金融标准的建立对于全球跨境电商的繁荣发展具有不可替代的作用。这一过程不仅规范了支付和金融活动,降低了风险,也推动了技术的创新和金融体系的国际合作。在未来,跨境支付与金融标准将在全球经济一体化的进程中发挥越来越重要的角色,为跨境电商的可持续发展提供有力支持。

(三)物流与仓储标准

仓储标准在跨境电商中的作用至关重要。它不仅规范了商品的存储、管理和配送等方面的流程,还直接关系到整个供应链的高效运作和客户满意度。在全球化的商业环境中,仓储标准的制定和执行对于保障商品质量、提高物流效率以及降低运营成本具有重要的意义。仓储标准在保障商品质量方面发挥着关键作用。通过规范存储环境、货架布局和货物管理等方面的标准,确保商品在仓储过程中不受损、不受污染。这种规范性的存储环境不仅有助于维持商品的原始品质,还可以有效减少货物的损耗和报废,提高企业的运营效益。仓储标准对于提高物流效率至关重要。标准化的仓储流程可以使得货物的入库、出库和分拣等环节更为有序和高效。通过优化仓库布局、制定明确的货物分类和存储规则,降低货物寻找和搬运的时间成本,提高仓库操作效率。这种高效的物流体系不仅为企业节约了时间和人力资源,也能够更迅速地响应市场需求,提高企业的竞争力。仓储标准的制定还有助于规范订单处理和配送流程。通过设定明确的订单处理标准、制定准确的发货流程,能够保障客户订单的准时配送。这种高效的订单处理和配送体系不仅提高了客户的满意度,也有助于企业维护品牌形象,吸引更多的消费者。在全球跨境电商中,仓储标准也成为连接不同国家和地区物流网络的桥梁。标准的制定使得不同国家和地区的仓储环境更为一致，降低了国际货物流通的难度。这有助于跨境电商企业更好地整合全球资源，实现全球供应链的高效运作，提高全球范围内的市场占有率。随着跨境电商的不断发展，仓储标准将继续发挥更为重要的作用。标准的不断创新和更新将推动仓储行业朝着更为智能、绿色和可持续的方向发展。智能化仓储系统、绿色环保的仓库设计以及更为高效的能源利用等方面的标准将成为未来仓储发展的重要方向，为企业提供更为先进的仓储解决方案。仓储标准在跨境电商中扮演着不可或缺的角色。它直接关系到商品质量、物流效率和客户体验，为企业提供了有力的支持。通过规范化的仓储流程和标准操作，跨境电商企业能够更好地应对全球化竞争，提高自身的核心竞争力，为行业的可持续发展奠定更为稳固的基础。物流标准在跨境电商中起到至关重要的作用，其规范化和标准化不仅直接影响到商品的准时送达，也关系到整个供应链的协同运作和效率提升。物流标准的制定与全球化市场的需求密切相关。随着跨境电商的蓬勃发展，商品的国际流通性日益增强。物流标准的制定要考虑不同国家和地区的法规、贸易政策、关税规定等因素，以适应全球化市场的多样性。物流标准应当具备足够的灵活性，使得在不同国家之间的商品流通能够顺畅进行，降低物流环节的不确定性。物流标准的制定与供应链的协同运作紧密相连。跨境电商的供应链包含了商品采购、仓储、配送等多个环节，各个环节的协同运作对于提高整体效率至关重要。物流标准需要明确规范每个环节的操作流程、仓储管理标准、货物包装标准等，以确保供应链各个环节之间的协同性和信息的高效传递。只有通过物流标准的制定，供应链才能更好地适应跨境电商的业务需求，实现资源的优化配置。物流标准的制定与跨境电商业务的多元化密切相关。跨境电商不仅仅限于传统的商品销售，还包括了各种服务形态，如仓储服务、代运营服务等。物流标准需要在不同业务形态下具备相应的适应性，规范不同业务场景下的物流操作，确保业务的可持续发展。这需要物流标准考虑到不同业务模式的特殊性，为不同形态的跨境电商提供定制化的物流服务标准。物流标准的制定也与物流信息化水平的提升密切相关。在跨境电商中，物流信息的实时传递和共享对于准确把握货物流动、提高物流效率至关重要。物流标准需要规范化信息传递的格式、频率、内容等，推动物流信息系统的互联互通，实现物流信息的无缝对接。只有通过物流标准的指导，才能更好地推动物流信息化水平的提升,实现物流的智能化和高效化。物流标准的制定需要与国际贸易的法规要求协调一致。跨境电商涉及不同国家和地区的贸易活动,物流标准必须遵循各国的法规、关税政策、标签要求等规定。物流标准需要充分考虑国际贸易的法规要求,确保物流环节的操作在法律法规框架内合规运作,为跨境电商提供安全可靠的物流支持。物流标准在跨境电商中扮演着至关重要的角色。通过规范化和标准化物流操作流程,提高供应链的协同运作效率,适应全球化市场的多样性,满足不同业务形态的需求,推动物流信息化水平的提升,确保国际贸易的合规运作,物流标准为跨境电商的发展提供了坚实的支撑。

(四)消费者权益与法规标准

跨境电商中消费者权益的保护是维护公平贸易和促进行业健康发展的关键问题。消费者权益保护旨在确保消费者在跨境电商交易中享有公正、透明、安全的权益,涉及信息透明、商品质量、售后服务等多个方面。信息透明是保护消费者权益的基础。在跨境电商中,消费者往往无法亲临实体店铺,依赖于线上信息来做出购物决策。因此,电商平台需要提供充分、准确、清晰的商品信息,包括商品的规格、成分、产地、售价等。只有通过透明的信息,消费者才能更好地了解商品特性,做出明智的购买决策,确保其权益不受损害。商品质量是关乎消费者切身利益的重要方面。跨境电商涉及跨国贸易,商品的质量问题可能涉及国际贸易纠纷。因此,电商平台应建立健全的商品质量检验和认证机制,确保销售的商品符合国际标准和规定。对于商品质量问题,电商平台还需要建立有效的投诉处理机制,及时解决消费者的投诉问题,保障其合法权益。售后服务是消费者权益保护的重要环节。由于商品的跨国流通,售后服务对于维护消费者权益尤为重要。电商平台需要建立完善的售后服务体系,提供便捷的退货、换货、维修等服务,确保消费者在购物后能够得到及时有效的支持。售后服务的质量直接影响到消费者对电商平台的信任度和忠诚度。消费者个人信息的保护也是重要的方面。在跨境电商中,消费者需要提供一定的个人信息来完成购物过程,包括姓名、地址、电话等。电商平台有责任确保这些个人信息的安全,采取有效的措施防范信息泄漏和滥用,保障消费者的隐私权益。价格公正是保护消费者权益的重要因素。电商平台应当建立公正的定价机制,杜绝价格欺诈和虚假宣传。通过透明的价格政策，确保商品的标价真实可信，防止用虚高原价、虚假折扣等手段误导消费者。只有确保价格的公正性，才能维护消费者的合法权益，促进市场的健康发展。跨境电商中消费者权益的保护需要电商平台建立全面的制度体系，包括信息透明、商品质量、售后服务、个人信息保护和价格公正等方面。只有通过这些措施的全面实施，电商平台才能够真正保护消费者的权益，促进跨境电商行业的可持续发展。这不仅有利于电商平台自身的发展，也有助于构建更加公正、透明的国际贸易环境。在跨境电商领域，法规标准的制定和执行是维护市场秩序、保障消费者权益以及促进行业可持续发展的基石。法规标准的建立旨在规范跨境电商活动，促使各方遵守规定，确保交易的公正、透明，进而推动整个电商生态系统的健康发展。法规标准对于确保市场公平竞争至关重要。通过制定和执行相关法规，可以防范和打击不正当竞争行为，例如价格欺诈、虚假宣传、不正当垄断等。这有助于创造一个公正、透明的市场环境，使各类电商企业在平等的竞争条件下发展，推动整个行业朝着更加健康的方向发展。法规标准对于维护消费者权益至关重要。通过规范电商平台的经营行为，保障商品质量、价格公正以及售后服务，法规标准有助于建立起消费者信任体系。这种信任体系不仅有助于提高消费者对跨境电商的信心，也能够促使电商企业更加注重提升产品质量和服务水平，形成厚植于市场的良性竞争格局。法规标准对于国际贸易的规范化和合规性也具有重要意义。在跨境电商中，涉及不同国家和地区的贸易活动，各国之间的法规和标准存在差异。因此，通过制定统一的法规标准，可以推动各国贸易活动在规范的框架内进行，降低贸易纠纷的风险，促进国际贸易的有序开展。法规标准对于电商平台的责任担当也起到了引导作用。通过规范电商平台的运营行为，法规标准可以明确平台在商品质量、信息披露、消费者保护等方面的责任和义务。这有助于推动电商平台主动承担更多的社会责任，为社会提供更为负责任的服务。法规标准的建立需要与技术创新相结合。随着电商业务的不断发展和技术的不断更新，法规标准需要及时调整和完善，以适应新业态的出现。因此，法规标准的制定应当与相关技术的研究和应用相结合，以确保法规的实施能够更好地满足业务的实际需求。法规标准在跨境电商中具有重要的作用，它不仅能够维护市场公平竞争、保障消费者权益，还能够规范国际贸易和推动电商平台的责任担当。通过法规标准的制定和执行，可以建立起一个井然有序、健康的跨境电商生态系统,促使整个行业朝着更加可持续的方向发展。

第六章 跨境电商教育的未来趋势

第一节 跨境电商教育的未来发展方向

一、技术驱动的教学方法创新

在跨境电商教学中，技术驱动的教学方法创新是推动学科发展和培养学生实际操作技能的关键。技术在教学中的应用不仅能够提升教学效果，还能够满足跨境电商领域的需求，培养学生面对未来挑战的能力。技术驱动的教学方法强调实践性教学。通过模拟电商平台、虚拟实境技术等，学生能够在仿真环境中接触和操作真实业务场景，提高实际操作能力。这种教学方法使学生能够更好地理解和应用跨境电商的相关知识，培养他们在实际工作中解决问题的能力。技术驱动的教学方法注重个性化学习。通过智能化教学工具、在线学习平台等，教师可以更好地了解学生的学习需求和兴趣，针对不同学生提供个性化的学习内容和路径。这有助于激发学生学习的主动性和积极性，提高学习效果。技术驱动的教学方法推动了跨境电商教学与产业实践的紧密结合。通过引入行业内先进的技术，如大数据分析、人工智能、区块链等，学生可以更好地了解新兴技术在跨境电商领域的应用。这不仅有助于学生更好地适应行业发展的趋势，也能够为他们未来的职业发展提供更多的机会。技术驱动的教学方法拓宽了跨境电商领域的国际化视野。通过在线国际合作项目、远程教学等方式，学生可以与来自不同国家和地区的同学共同学习、合作，更好地理解国际市场的差异和规律。这种国际化的教学方法有助于培养学生的国际视野和全球化思维。技术驱动的教学方法也注重反思性学习。通过在线教育平台的学习记录、教学反馈等，教师和学生可以对教学过程进行实时监控和评估，及时调整教学方法和内容。这有助于教学的不断改进，提高教学质量和学生学习体验。技术驱动的教学方法创新在跨境电商教育中发挥着重要作用。通过实践性教学、个性化学习、产业实践结合、国际化视野和反思性学习等方面的创新，教学方法更能够满足学生的需求，促进其全面素质的提升。这种以技术为驱动力的教学方法，不仅有助于培养具备实际操作技能的跨境电商专业人才，也为学科的不断发展提供了新的可能性。

二、全球合作与实践性学习

在跨境电商领域，全球合作与实践性学习相辅相成，共同推动着行业的不断发展。全球合作为跨境电商提供了广阔的市场和资源，而实践性学习则是培养跨境电商从业者的关键路径。这两者的相互融合为跨境电商行业的繁荣创造了有利条件。全球合作是跨境电商取得成功的重要因素之一。在全球范围内，各国的市场需求、文化习惯和法规要求各异。通过与不同国家和地区的企业建立合作关系，跨境电商企业能够更好地了解当地市场的特点，满足多样化的消费需求。这种全球合作不仅拓宽了企业的销售渠道，也为产品和服务的本地化提供了有效途径，提高了企业在全球市场中的竞争力。全球合作还为跨境电商企业提供了更为多元的资源支持。通过国际产业链协作，企业可以共享技术、人才和资金等资源，降低运营成本，提高效益。全球合作还可以促进国际创新合作，推动新技术和新模式的引入，为行业的升级换代提供动力。在这一全球化的合作模式下，企业不仅能够更好地利用全球市场的机遇，也能够更好地应对来自全球的挑战。与此同时，实践性学习是培养跨境电商从业者的关键手段。跨境电商行业的特点决定了从业者需要具备跨文化沟通、国际贸易法规等多方面的知识和技能。通过实际操作和实践性学习，从业者能够更好地理解市场需求、把握国际贸易的法规和标准，提高工作中的实际操作能力。实践性学习也有助于培养从业者的团队协作精神和解决问题的能力，使他们更好地适应跨境电商行业的快速变化和多样化的工作环境。实践性学习强调的是在真实场景下的经验积累。通过参与实际的跨境电商项目，从业者能够更深入地了解行业的运作机制和市场规律，掌握实操技能。这种基于实践的学习模式不仅提高了从业者的职业素养，也增强了他们在解决实际问题时的应变能力。这种实践性学习的特点使从业者更容易将理论知识转化为实际操作,更好地应对复杂多变的市场环境。全球合作与实践性学习的结合在跨境电商行业中显得尤为关键。通过与国际伙伴的合作,企业能够为实践性学习提供更为广阔的平台。例如,通过参与国际合作项目,企业可以让员工直接接触到不同国家和地区的市场,深入了解当地的商业文化和消费者习惯。这样的实地体验能够极大地丰富员工的实践经验,提高其全球业务管理水平。全球合作与实践性学习是跨境电商行业发展的双引擎。全球合作通过拓宽市场、分享资源、促进创新,为企业提供了更多的机遇和支持;而实践性学习则通过实际操作、项目参与、跨文化沟通等方式,培养了更为全面和实用的从业者。两者的结合使企业更能适应全球化的市场环境,提升核心竞争力,推动跨境电商行业朝着更为健康、可持续的方向迈进。

第二节　技术与创新在跨境电商教育中的应用

一、前沿技术在跨境电商教育中的应用

跨境电商教育中的前沿技术是推动教学方法更新和学科发展的重要动力。前沿技术的应用为跨境电商教育注入了新的活力,丰富了学习资源,提升了教学效果。人工智能技术在跨境电商教育中的应用丰富了学生的学习体验。通过智能化的学习平台和虚拟实境技术,学生可以更直观地了解实际跨境电商操作流程,模拟真实业务场景。这种情境化的学习环境不仅激发了学生的学习兴趣,也使他们能够更深入地理解和应用所学知识。区块链技术的引入为跨境电商教育带来了更高的安全性和可见度。学生通过学习区块链在跨境贸易中的应用,能够更好地了解交易的全过程,掌握信息的真实性和完整性。这种技术的融合不仅有助于提高学生对电商交易安全的认知,也培养了他们分析和解决实际问题的能力。大数据分析技术的运用丰富了跨境电商教育的内容。学生通过学习如何运用大数据分析工具,能够更好地了解市场趋势、用户行为等信息。这种数据驱动的学习方式使学生更具实践能力,能够基于数据做出更为科学和有效的商业决策。物联网技术的融合为跨境电商教育提供了更多的教学案例。学生通过学习物联网在物流、仓储等方面的应

用，能够更好地理解整个供应链的运作过程，并掌握实际操作的技能。这种实践性学习有助于培养学生的团队协作和解决问题的能力。在教学实践中，虚拟现实技术的引入为学生提供了更为直观的学习体验。通过虚拟现实技术，学生可以仿真参与真实的电商运营过程，更好地理解和掌握各个环节的运作过程。这种沉浸式学习方式使学生更能深刻地领悟课程内容，提高了学习的效果。前沿技术在跨境电商教育中的融合为学生提供了更为全面、直观和实践性的学习体验。通过智能化、虚拟化、数据化等多种技术手段的综合应用，跨境电商教育不仅能够更好地适应行业的发展需求，也为学生提供了更为丰富和有趣的学习资源。这种技术与教育的深度融合将推动跨境电商人才的培养更加贴近实际需求，为行业发展注入更多创新力量。

二、创新方法对跨境电商教育的影响

创新方法对跨境电商教育的影响是深远而多维的。在教学中引入创新方法，既能够适应跨境电商行业快速发展的特点，又能够培养学生的实际应用能力，推动教育与产业需求更为紧密地结合。创新方法有助于打破传统的教学模式，提高学生的创造力和实践能力。传统的课堂教学往往以理论为主，创新方法则注重将理论与实际应用相结合。通过案例分析、实际项目操作等创新教学手段，学生能够更深入地了解跨境电商的实际运作方式，培养解决实际问题的能力。创新方法能够促使学生在学习中更主动地探索和实践。引入问题驱动、项目驱动等创新教学方法，能够激发学生的学习兴趣，让他们在解决实际问题的过程中不断掌握新知识、新技能。这种学习的方式有助于培养学生的自主学习意识和团队协作能力。创新方法有助于跨境电商教育与产业实践的深度融合。通过与企业合作、实地考察、行业研讨等方式，将实际业务引入教学内容，使学生更好地理解行业发展趋势、了解市场需求。这有助于缩小理论与实践之间的差距，使学生在学习过程中更贴近实际业务运作。创新方法对于培养学生的综合素质具有积极意义。在跨境电商领域，学生不仅需要具备专业知识，还需要具备创新意识、团队协作能力、跨文化交际能力等综合素质。通过创新方法，可以更好地培养学生的批判性思维、创新思维以及跨学科的综合能力。创新方法有助于跨境电商教育的国际化。通过引入国际案例、国际合作项目等方式，学生能够更好地了解不同国家和地区的跨境电商业务模式、法规标准等，拓宽国际化的视野。这有助于学生更好地适应全球化背景下跨境电商的发展趋势。创新方法对跨境电商教育的影响是全面而积极的。通过打破传统教学的束缚、促使学生主动学习、深度融合产业实践、培养学生的综合素质以及推动国际化，创新方法为跨境电商教育提供了丰富的教学手段和路径，有助于培养更具实际应用能力和国际竞争力的人才。

第三节　跨境电商领域的新兴趋势

一、数字化营销与社交电商

（一）数字化营销策略

数字化营销策略在跨境电商中扮演着至关重要的角色。随着科技的发展和数字化趋势的兴起，电商企业需要采用更为先进的数字化手段，以适应市场变化、拓展全球市场，并提升品牌在国际市场的竞争力。数字化营销策略注重数据分析与洞察。通过收集和分析大量的用户数据，电商企业能够深入了解用户的行为、偏好和需求。这种洞察有助于企业制定更加精准的市场定位和产品策略，提高产品的市场适应性，同时更好地满足全球消费者的多元化需求。社交媒体平台成为数字化营销的重要阵地。电商企业可以通过社交媒体平台与潜在客户建立直接的互动关系，发布产品信息、推广活动等。这种直接的线上互动不仅能够提高品牌的知名度，还能够增加用户的黏性，促使消费者更愿意在社交媒体平台上分享购物体验，从而形成良好的口碑传播。优化网站内容，使其更符合搜索引擎算法的规则，电商企业可以提高在搜索引擎中的排名，增加网站流量。这有助于提升品牌的曝光度，使潜在客户更容易找到企业的产品和服务。电子邮件营销是数字化营销策略中的一种经典手段。通过精准的用户分析，企业可以针对不同的用户群体设计个性化的电子邮件内容，推送相关产品信息、促销活动等。这种直接的沟通方式能够更好地吸引用户的注意力，提高购买的转化率。在数字化营销中，移动端的重要性日益凸显。通过手机应用、移动网站等方式，电商企业可以更好地触达移动用户，提供更为便捷的购物体验。移动端还为企业提供了更多的用户行为数据，有助于企业更加精准地进行数字化营销。数字化营销策略需要全球化视野。在全球市场中，不同国家和地区的文化、语言、消费习惯等存在差异。因此，电商企业需要制定相应的数字化营销策略，根据不同市场的特点进行个性化推广，以提高品牌在国际市场的认可度。数字化营销策略在跨境电商中具有重要的意义。通过数据分析、社交媒体互动、搜索引擎优化、电子邮件营销、移动端推广等手段，企业能够更好地适应数字化时代的发展趋势，提高市场竞争力，实现全球市场的拓展。这些策略的有机组合将有助于企业更为成功地应对复杂多变的跨境电商环境。

（二）社交电商平台的崛起与运营

社交电商平台的崛起和运营之间存在密切的关系，这不仅改变了传统电商模式，也为跨境贸易提供了新的商机。社交电商平台以其独特的模式，将社交和电商相结合，成为推动商品销售和品牌传播的重要渠道。社交电商平台的兴起为跨境电商提供了更为直接和高效的推广途径。通过社交媒体，商家可以轻松地将产品推送到潜在消费者面前，并通过分享和传播形成口碑效应。社交电商平台的用户关系链更为紧密，使商品能够更快速地在社交网络中传播，实现裂变式的营销效应。这种社交推广方式为跨境电商提供了更广阔的国际市场覆盖，降低了市场推广的成本。社交电商平台在用户互动和社交体验方面具有独特的优势。用户在平台上不仅能够浏览商品，还可以直接与卖家或其他用户进行互动。这种社交化的互动增强了用户对商品的信任感和购买欲望，提高了用户的参与度。跨境电商可以通过社交电商平台更好地了解目标市场的文化、消费心理，为产品定位和市场推广提供更为精准的依据。社交电商平台的运营也强调个性化和定制化服务。通过大数据分析用户行为和偏好，平台能够为用户提供更个性化的推荐和购物体验。这种定制化服务不仅提高了用户的满意度，也使跨境电商能够更好地满足不同国家和地区用户的需求，提高市场竞争力。社交电商平台的支付和物流体系更加便捷高效。平台通常整合了多种支付方式，满足用户的多样性需求。社交电商平台的物流系统更加智能化，通过合作伙伴网络实现全球范围内的配送，提高了国际物流效率。这为跨境电商提供了更为便捷的支付和物流服务，降低了运营成本，提升了整体服务水平。社交电商平台的运营也面临一些挑战。由于社交电商平台的社交属性，商家需要更为注重用户关系的维护和管理。社交电商平台上的用户评论和评价对于品牌形象有着直接的影响，因此商家需要更为慎重地处理用户反馈，提升售后服务水平。社交电商平台的竞争激烈，商家需要不断创新，提供更具吸引力的商品和服务，以吸引更多的用户。社交电商平台对于跨境电商的影响是深远而积极的。通过社交化的推广、用户互动和定制化服务，社交电商平台为跨境电商提供了更为广阔的市场、更高效的推广途径、更贴近用户需求的运营方式。社交电商平台与跨境电商的紧密结合，促进了全球商业的共同发展，推动了电商行业向更加社交化、个性化的方向迈进。

（三）数据驱动与个性化营销

数据驱动已经成为跨境电商中至关重要的战略方向。通过深度挖掘和充分利用大量的数据资源，电商企业能够更好地了解市场需求、用户行为，制定更精准的营销策略，提高运营效率，进而取得在激烈的国际市场中的竞争优势。数据驱动实现了更为精准的市场定位。通过分析市场数据，电商企业能够准确了解各国市场的特点、需求、消费习惯等，有助于制定有针对性的产品和服务策略。这种精准的市场定位有助于企业更好地满足不同国家和地区的消费者需求，提升产品在全球市场的适应性。数据驱动促进了个性化营销的实现。通过对用户行为数据的深入分析，企业能够了解用户的兴趣、购物历史、偏好等信息，从而实施个性化的推荐、营销活动。这种个性化营销不仅提升了用户的购物体验，也提高了用户对品牌的忠诚度，促使更多用户成为回头客。数据驱动优化了供应链管理。通过对供应链中各个环节的数据进行监测和分析，企业能够实现对库存、物流等方面的精准掌控。这有助于降低库存成本、提高库存周转率，同时确保产品能够及时快速地送达消费者手中，提升整体的供应链效率。数据驱动在风险管理方面发挥了关键作用。通过建立风险预测模型，企业能够在交易过程中对潜在的风险进行及时识别和防范。这有助于降低贸易风险，保护企业的资金安全，增加交易的可靠性。在产品研发方面，数据驱动也为企业提供了重要支持。通过分析市场趋势、用户反馈等数据，企业可以更好地把握产品的受欢迎程度和改进方向，优化产品设计，提高产品的市场竞争力。数据驱动强化了企业的决策过程。通过建立数据分析团队和运用先进的分析工具，企业能够更迅速、准确地获取决策所需的信息。这有助于提高决策的科学性和实效性，推动企业更为灵活地应对市场变化和竞争挑战。数据驱动已经成为跨境电商中不可或缺的战略方向。通过充分挖掘和应用大数据资源，企业能够更好地适应市场需求、提高运营效率，实现全球市场的精细化运营。这种基于数据的战略转变将有助于企业在激烈的国际竞争中保持竞争优势，实现可持续发展。个性化营销在跨境电商领域发挥着重要的作用。这种营销方式强调根据不同用户的需求和兴趣进行精准定制，提高了市场推广的精准度和效果。个性化营销不仅满足了用户个体差异化的需求，也为跨境电商企业提供了更为精细化的经营管理手段。个性化营销通过分析用户的行为和偏好，实现了精准的目标市场定位。了解用户的购物历史、浏览记录和搜索关键词等信息，能够更好地了解用户的兴趣和需求。在这个基础上，跨境电商企业可以有针对性地推送个性化的产品信息和优惠活动，提高用户的购买欲望，实现精准营销。个性化营销强调用户与品牌之间的互动和沟通。通过建立用户档案，记录用户的反馈和评论，企业能够更好地了解用户的心理和购物习惯。在此基础上，企业可以通过社交媒体、电子邮件等多渠道，与用户保持沟通，主动了解用户的需求和反馈，提高用户忠诚度，促进品牌口碑的积极传播。个性化营销还突出了移动互联网时代的多渠道传播。通过跨境电商平台、社交媒体、移动应用等多种渠道，企业能够实现全方位的个性化宣传。这种多渠道传播不仅扩大了品牌曝光度，也提高了用户对品牌的关注度。在不同的渠道上推送个性化的广告和信息，有助于企业更好地吸引用户的注意力，提高广告的点击率和转化率。个性化营销注重跨境电商平台的用户体验。通过对网站和应用界面的个性化设置，根据用户的喜好和习惯，提供更为个性化的页面展示和购物推荐。这种用户体验的个性化不仅增加了用户在平台上的停留时间，也提升了用户对平台的满意度，促进了用户的二次购买和口碑传播。个性化营销还注重全球市场的文化差异。了解不同国家和地区用户的文化、宗教、习惯等方面的差异，有针对性地进行产品和广告的本地化调整。这种文化差异的个性化营销，使企业能够更好地适应不同市场的需求，提高品牌在国际市场的竞争力。在实际运营中，个性化营销还需要不断创新和完善。通过大数据分析和人工智能技术的运用，企业能够更加深入地了解用户的行为模式和心理特征，提高个性化推荐的准确性和精准度。通过个性化营销的不断创新，跨境电商企业能够更好地满足用户的需求,提高市场竞争力,实现可持续发展。个性化营销在跨境电商中扮演着重要的角色。通过精准的目标市场定位、多渠道的传播方式、用户体验的个性化设置和文化差异的考虑,个性化营销为跨境电商提供了更为精细和有效的营销手段。这种个性化的经营管理方式不仅提升了用户的购物体验,也为企业实现市场细分和品牌建设提供了有力支持。

二、可持续发展与绿色供应链

在跨境电商领域,可持续发展是企业应当追求的重要目标。可持续发展不仅关乎企业自身的长远发展,还涉及对环境、社会和经济的综合贡献。因此,跨境电商企业需要在多个层面上实施可持续发展战略,以平衡商业增长和社会责任,推动行业向更加可持续的方向发展。可持续发展在产品和供应链方面发挥关键作用。企业需要关注产品的生命周期,从产品设计、原材料采购、生产制造到物流运输等各个环节,实施绿色环保的措施。这包括使用可再生材料、减少能源消耗、降低碳排放等,以确保产品的生产过程对环境的影响最小化。社会责任也是可持续发展的核心要素之一。企业需要积极参与社会公益事业,关心员工福祉,推动社会可持续发展。这包括建立良好的劳动关系、提供员工培训、关注员工健康和福祉,以及参与社区建设等方面的举措。通过履行社会责任,企业不仅能够获得员工和社会的认可,还能够提高自身的品牌声誉。在国际市场拓展方面,可持续发展也需要企业尊重文化差异和社会习惯。了解并尊重当地的文化、法规、习俗,适应不同市场的特点,是推动可持续发展的重要手段。通过建立与当地社区的合作关系,企业可以更好地融入当地市场,实现共赢发展。数字化技术的应用也为可持续发展提供了支持。通过数字化手段,企业可以更加精准地分析和监测供应链、产品生命周期等信息,实现资源的有效利用和浪费的减少。数字化技术还可以提高企业的运营效率,减少对环境的不利影响。在跨境电商中,绿色物流也是可持续发展的一个重要方面。通过优化物流网络、提高配送效率,减少物流过程中的碳排放,企业能够实现更为环保的物流运作,降低对环境的负面影响。可持续发展需要企业与利益相关方进行合作。与供应商、合作伙伴、政府机构、非政府组织等各方建立良好的合作关系,共同推动可持续发展的目标。通过共同努力,形成联合推动可持续发展的合力,实现经济、社会和环境的可持续发展对于跨境电商企业而言是一项全面的任务。通过在产品和供应链、社会责任、国际市场拓展、数字化技术应用、绿色物流以及与利益相关方的合作等方面采取有力措施，企业能够实现经济效益与社会责任的双赢，推动跨境电商行业迈向更为可持续的未来。绿色供应链是跨境电商中一种可持续发展的重要战略。通过在全球供应链的各个环节引入环保理念和可持续实践，跨境电商企业可以降低资源消耗、减少环境污染，推动整个产业向更加环保、经济高效的方向发展。在采购环节，绿色供应链注重选择合规、环保的原材料和产品。通过建立供应商合作伙伴关系，企业能够更好地了解供应商的生产环境和生产过程，推动供应商采取更加环保和可持续的生产方式。这种选择性的采购不仅有助于降低环境风险，还有助于提高产品的品质和市场竞争力。在生产环节，绿色供应链关注能源和资源的有效利用。通过引入先进的生产技术和能源管理系统，企业可以实现生产过程中的能源节约和资源循环利用。这种绿色生产方式不仅降低了生产成本，也减轻了对环境的压力，符合可持续发展的理念。在物流环节，绿色供应链致力于优化运输和配送流程，减少运输排放和包装浪费。通过建立智能物流系统，企业能够更精准地规划运输路线，减少运输里程和时间，降低运输成本。采用环保材料和轻量化包装，有助于减少包装废弃物，提升整个供应链的环保水平。在销售和售后环节，绿色供应链注重产品生命周期管理。通过建立健全的回收和再利用机制，企业能够有效减少产品的废弃量，降低环境污染。与此同时，企业还可以通过推动消费者使用环保产品，引导市场需求向更加绿色、可持续的方向发展。绿色供应链的实施还需要跨境电商企业与各个环节的利益相关方积极合作。与供应商、物流公司、政府部门等建立紧密的合作伙伴关系，共同推动绿色供应链的建设和改进。这种合作不仅有助于信息的共享和协同，也促使整个产业链向更加可持续的方向发展。除直接的环境影响外，绿色供应链的实施还有助于企业塑造更为正面的品牌形象。在全球范围内，消费者对环保和可持续发展的关注度越来越高。通过积极参与社会责任活动，企业不仅提升了自身的社会形象，也拓展了消费者市场，提高了品牌忠诚度。绿色供应链的建设面临一些挑战。绿色技术和设备的投资成本相对较高，需要企业在短期内进行大量的资金投入。全球范围内的法规和标准存在差异，企业需要在不同国家和地区的法规环境下进行合规操作。此外，跨境电商企业需要在员工培训和管理方面进行全方位的提升，确保员工在绿色供应链的实际操作中能够贯彻可持续发展理念。绿色供应链是跨境电商可持续发展的重要方向。通过在采购、生产、物流、销售等环节引入环保理念，企业能够降低对环境的负面影响，提升整个产业链的可持续性。绿色供应链的实施不仅有助于企业实现经济效益，还为社会和环境可持续发展作出了积极的贡献。

第四节　跨境电商教育的社会影响

一、培养全球化人才

（一）国际化课程设置与全球视野培养

在跨境电商领域，国际化课程设置和全球视野培养是为学生提供全面发展机会的关键战略。这种课程设计的目标是使学生更好地理解国际商业环境，培养他们在全球化市场中具备竞争力的能力和意识。国际化课程需要关注全球商业环境的多元性。学生应该了解全球范围内的不同文化、法规、市场趋势等因素，以更好地理解国际贸易的复杂性。这样的课程能够帮助学生适应不同国家和地区的商业习惯，提高他们在国际市场中的适应能力。课程设计应该注重培养学生的跨文化沟通能力。在跨境电商领域，有效的跨文化沟通对于建立和维护国际商务关系至关重要。学生需要学习如何与来自不同文化背景的合作伙伴、客户和同事进行有效沟通，以促进商务合作和解决跨文化交流中的问题。国际化课程还应该涵盖国际市场的法规和政策。学生需要了解各国的贸易法规、税收政策、知识产权法等，以确保他们的商务活动在法律框架内合规运作。这种法规意识有助于降低企业在国际市场中的法律风险，确保其可持续发展。在全球视野方面，课程应该强调全球经济趋势和行业发展动态。学生需要深入了解全球经济的演变、不同行业的竞争格局以及新兴市场的机遇和挑战。这种全球视野有助于学生更加敏锐地洞察国际商业环境，作出明智的商业决策。学生还应该通过实际案例学习来培养解决问题的能力。通过分析真实的跨境电商案例，学生能够更好地把握国际市场中的机遇，并具备灵活应对复杂情境的能力。这种问题解决能力是国际化课程的一个关键目标，有助于培养学生在实际工作中应对不同情境的能力。课程应该强调全球化的创新和科技趋势。学生需要了解全球科技发展的前沿动态，以及如何将创新科技应用于跨境电商业务中。这有助于培养学生具备未来商业竞争中所需的技术和创新意识。通过国际化课程设置和全球视野培养，跨境电商教育能够为学生提供更全面的学习体验。通过深入了解国际商业环境、培养跨文化沟通能力、关注法规政策、强调全球经济趋势、学习实际案例和关注创新科技趋势等方面的内容，学生能更好地适应国际市场的需求，为未来跨境电商业务的发展做好充分准备。

（二）国际合作项目与实地考察

国际合作项目与实地考察是跨境电商领域中不可或缺的重要组成部分。这种形式的合作不仅为企业拓展国际市场提供了有力支持，也使其在全球竞争中获得更多机会和优势。实地考察作为一种实践性的学习方式，使企业更好地了解目标市场的文化、法规和商业环境，为跨境电商的成功运营提供了重要的基础。国际合作项目是企业拓展国际市场的重要途径之一。通过与国际合作伙伴建立合作关系，企业能够分享资源、技术和市场信息，共同开发新的市场。这种国际化的合作使企业能够更好地适应不同国家和地区的市场需求，提高产品和服务的本地化水平，增强在全球市场的竞争力。在国际合作项目中，企业可以通过共同研发新产品、探索新的市场渠道等方式，实现双赢的局面。与国际合作伙伴的共同努力有助于降低市场进入的难度，分担运营和推广的成本，加强了企业在国际市场的业务拓展。通过长期的合作，企业还能够积累更多的经验，提升在国际市场的洞察能力和竞争实力。实地考察是企业了解目标市场环境和开展市场调研的重要手段。通过亲身走访和观察，企业能够更直观地了解目标市场的文化、消费习惯和竞争状况。实地考察还有助于企业建立和拓展在目标市场的人脉关系，更好地理解当地政策和法规，为企业在跨境电商运营中规遍风险提供重要的现实依据。实地考察不仅包括对目标市场整体环境的调研，还涉及对潜在合作伙伴和供应链的深入了解。通过与当地企业的合作，企业能够更好地了解当地的市场格局和竞争对手，有助于制定更为精准的市场战略。与潜在合作伙伴的面对面交流，也有助于建立合作的信任和默契，为后续的合作奠定良好基础。在实地考察的过程中，企业还能够了解目标市场的消费者需求和反馈。通过与当地消费者的交流，企业能够更好地了解产品的市场适应性，及时调整产品定位和服务方式，提高产品的市场竞争力。这种深入了解消费者的方式，使企业能够更好地满足市场需求，提高市场反应速度。国际合作项目和实地考察的成功执行需要企业具备一定的文化适应能力和团队协作精神。不同国家和地区之间存在文化差异，企业需要善于倾听和理解当地文化，灵活调整经营策略。在实地考察过程中，团队协作的能力也至关重要，团队成员需要密切合作，充分发挥各自的专业优势，共同推动项目的顺利实施。国际合作项目和实地考察是跨境电商企业成功开拓国际市场的重要手段。通过与国际伙伴的合作，企业可以共享资源，降低进入新市场的风险；通过实地考察，企业能够深入了解目标市场，制定更为精准的市场战略。这两者的有机结合有助于企业更好地适应全球化竞争的环境，实现可持续发展。

（三）多元文化教育与跨文化沟通

在跨境电商领域，多元文化教育和跨文化沟通是非常重要的方面，对于培养学生适应多元文化环境、处理国际商务事务至关重要。多元文化教育着重培养学生对不同文化背景的理解和尊重。学生需要学会欣赏和接纳来自不同国家和地区的文化差异，包括语言、风俗习惯、信仰等。这样的教育有助于学生在国际商务中建立良好的人际关系，避免文化冲突，提高在全球化市场中的竞争力。跨文化沟通能力成为学生在跨境电商中必备的技能之一。学生需要学会在不同文化背景的人群之间进行有效沟通，理解他们的需求、期望和沟通方式。这种能力不仅体现在语言层面，还包括非语言沟通，如姿态、表情、礼仪等，以确保信息传递的准确性和避免误解。多元文化教育还应该关注国际商务中的伦理和社会责任。学生需要明白在不同文化环境中，伦理标准和社会责任可能存在差异。因此，他们需要学习如何在国际商务活动中处理伦理困境，以及如何对社会和环境产生积极影响。可以通过引入真实案例、模拟商务场景等教学方法，使学生在实际操作中体会到多元文化环境下的挑战和机会。这种实践性的教育有助于加深学生对多元文化概念的理解，并提高他们应对多元文化环境的能力。学生还需要学习如何在多元文化团队中协同工作。团队合作在跨境电商中尤为重要，因为来自不同文化背景的团队成员可能具有不同的思维方式和工作习惯。学生需要学会尊重团队成员的差异，发挥各自优势，以提高团队的综合效能。多元文化教育和跨文化沟通能力培养是跨境电商教育的关键组成部分。通过深入了解不同文化、注重实际操作、强调团队协作等手段，学生可以更好地适应国际商务环境，提高在全球化市场中的竞争力。这种全方位的培养将有助于塑造具备跨文化领导力和全球视野的新一代跨境电商从业者。

（四）国际交流与学术研究

国际交流与学术研究在跨境电商领域具有重要地位。这种形式的合作不仅为企业提供了更广泛的信息资源和行业洞察依据，也为学术界提供了更多的实践案例和研究素材。通过国际交流，企业能够拓展国际市场，学术界能够更深入地研究跨境电商的发展趋势和存在问题。国际交流为企业提供了更广泛的市场洞察依据。通过与不同国家和地区的企业、行业协会等进行交流，企业能够了解全球范围内的市场动态、政策法规和竞争格局。这种信息的交流不仅有助于企业更准确地把握市场趋势，还为其制定国际化战略提供了更多的依据。在学术研究方面，国际交流为学者提供了更多的研究对象和案例。通过与国际同行进行交流，学者能够深入了解不同国家和地区跨境电商的运营模式、创新实践和问题挑战。这种交流为学者提供了更为全面和多维度的研究素材，有助于拓展学术研究的广度和深度。国际交流促进了企业和学术界的互动与合作。企业可以通过与学术机构、研究团队的交流，获取更多的创新思路和解决问题的方法。学术界也能够通过与企业合作，将研究成果更好地应用到实际生产中，促进学术研究的实用性和可操作性。在跨境电商的国际交流中，企业和学术界还可以共同探讨未来发展方向和创新趋势。通过对跨境电商的前瞻性研究，双方能够更好地应对未来的市场挑战，推动产业的升级和创新。这种共同的研究努力有助于促进跨境电商行业的可持续发展，推动全球商业合作的深入推进。国际交流和学术研究还可以促进跨境电商人才的培养。通过与国际同行和研究机构的合作，企业可以为员工提供更广阔的国际视野和国际化的培训机会，提高员工的综合素质。学术界也能够通过与企业的合作，更好地了解企业实际业务需求，调整教育体系，培养更符合市场需求的跨境电商人才。但企业和学术界也面临一些挑战。跨文化交流可能导致语言障碍和文化差异，需要企业和学术机构加强沟通和理解。不同国家和地区的法规和政策存在差异，可能对合作产生影响，需要双方共同协商解决。国际交流和学术研究在跨境电商领域的重要性不容小觑。通过与国际同行和学者的交流，企业能够获取更多的市场信息和商业机会，学术界能够得到更丰富的研究素材和实践案例。这种双向的合作促使跨境电商行业在全球范围内更好地发展和创新。

二、促进产业升级与创新

（一）技术创新与跨境电商

技术创新是跨境电商领域不可忽视的重要因素，对于企业在国际市场中取得竞争优势和推动行业发展至关重要。技术创新在跨境电商的平台建设方面起到关键作用。企业需要不断引入新的技术手段，提升在线交易平台的性能和用户体验。例如，通过引入先进的搜索算法和个性化推荐系统，企业能够更好地满足用户的个性化需求，提升购物体验，从而促进销售增长。物流和供应链方面的技术创新对于跨境电商的成功至关重要。采用物联网、大数据分析等技术，企业能够实现对供应链的实时监控和管理，提高运输效率，降低成本。新兴技术如人工智能和区块链也为供应链的透明度与可追溯性提供了新的可能，有助于应对跨境物流中的挑战。支付和金融领域的技术创新为跨境电商带来了便利。跨境支付系统的发展使用户可以更方便、安全地进行跨境交易，降低了支付的复杂性和不确定性。金融科技的应用则促进了在线融资和资金流通的便捷性，为企业提供了更多的融资渠道和灵活的财务管理手段。在市场推广和营销方面，数字营销和社交媒体的技术创新为跨境电商拓展国际市场提供了新的途径。企业可以通过社交媒体平台与国际用户建立直接联系，进行精准的广告投放和品牌推广。数据分析和营销自动化等技术的应用有助于企业更好地理解用户行为，优化营销策略，提高市场占有率。在产品和服务创新方面，新兴技术的应用为企业提供了更多的创新空间。例如，虚拟现实和增强现实技术可以用于提升商品展示和购物体验，拓宽消费者的选择范围。而人工智能技术的应用则有助于企业开发智能化的客户服务系统，提高售后服务的效率和质量。技术创新是推动跨境电商发展的核心动力之一。通过不断引入新技术、应用先进的数据分析和人工智能技术，企业能够更好地适应国际市场的需求，提高运营效率，实现在全球范围内的持续发展。技术创新不仅为企业带来了商业机会，也推动了跨境电商行业整体的创新和升级。

（二）创业孵化与新兴业态

创业孵化与新兴业态在跨境电商领域扮演着重要的角色，推动着产业的不断创新和发展。创业孵化机构作为支持初创企业的平台，为跨境电商提供了更多的机会和资源。新兴业态的涌现为跨境电商带来了全新的商业模式和服务方式，推动整个行业迈向更高水平的发展。创业孵化是培育初创企业的重要方式之一。通过创业孵化机构，初创企业能够获得启动资金、导师指导和办公场地等支持，降低了初创企业的创业门槛。这种集聚资源的方式有助于激发创新活力，推动更多创业者投身到跨境电商领域，促进产业链的不断壮大。创业孵化机构不仅提供了资金支持，还为初创企业提供了良好的创业环境。孵化机构通常设有共享办公空间，创业者可以在这里与其他初创企业互动，分享经验和资源。这种开放式的办公环境促进了创业者之间的交流和合作，形成了创新的氛围，有助于形成更具活力的跨境电商生态系统。创业孵化机构还为初创企业提供专业的导师辅导和培训服务。导师通常是经验丰富的行业专业人士，能够为初创企业提供战略指导和业务发展建议。这种一对一的导师辅导有助于初创企业更好地了解市场需求，避免常见的创业陷阱，提高企业的竞争力。跨境电商的发展不断催生出创新的商业模式和服务方式。例如，社交电商的崛起改变了传统的购物体验，通过社交媒体平台促进商品销售，拉近了消费者和卖家之间的距离。这种新型业态强调用户社交网络的力量，提高了购物的参与度和趣味性。通过实时直播展示产品，与观众互动，推动产品销售。这种形式提升了传统电商无法提供的购物体验，使消费者更加直观地了解产品特点，提高了消费者购物的信任度和满意度。直播电商也为跨境电商带来了更多的推广渠道和销售机会。新兴业态还包括跨境电商平台的跨界合作，通过与不同行业的企业合作，拓展了产品和服务的范围。例如，与物流公司合作，优化配送服务；与支付机构合作，推动跨境支付的便捷性。这种多元化的合作方式使跨境电商平台更具综合性和竞争力。创业孵化和新兴业态为跨境电商带来了众多机遇，但也面临一些挑战。创业孵化机构需要更好地了解市场需求，提供更贴合实际情况的支持和服务。新兴业态的快速发展也需要企业具备更高的创新能力和适应能力，及时调整经营策略，把握市场脉搏。创业孵化和新兴业态在跨境电商领域发挥了重要的推动作用。

创业孵化为初创企业提供了必要的支持和资源，促使更多的创业者进入跨境电商行业。新兴业态的涌现为跨境电商带来了更多元化和创新化的商业模式，推动整个行业朝着更加健康和可持续的方向发展。这两者的相互配合推动了跨境电商的不断创新和进步。

（三）实践性学习与产业融合

实践性学习在跨境电商教育中扮演着至关重要的角色。跨境电商是一个涉及多领域知识和实际操作技能的复杂领域，通过实践性学习，学生能够更深入地理解并应用所学知识，提高在实际工作中的应对能力。实践性学习首先注重培养学生的实际操作技能。在跨境电商领域，仅仅掌握理论知识是远远不够的，学生需要通过实际操作来熟悉电商平台的使用、了解订单处理流程、掌握物流管理等关键技能。实际操作的训练可以帮助学生更好地适应跨境电商的工作环境，提高其实际操作能力。实践性学习注重学生在真实场景中解决问题的能力。跨境电商行业面临众多挑战，包括国际市场的多元文化、法规的复杂性以及激烈竞争等。通过实际案例分析和模拟商务场景，学生能够更好地理解并解决在实际工作中可能遇到的问题。这种问题解决的实际经验对于提高学生的综合素养至关重要。在实践性学习的过程中，学生还有机会参与实际项目，通过团队合作来完成跨境电商业务的规划和实施。这种团队项目的实践能够锻炼学生的团队协作能力，培养沟通协调的技能，使其更好地适应未来实际工作中的团队合作环境。实践性学习不仅关注操作技能和问题解决能力，还注重学生对行业趋势和创新的敏感性。通过参与行业实践，学生能够更好地了解跨境电商领域的最新发展，从而更好地适应行业的变化。在实际操作中，学生有机会接触到先进的电商技术和创新模式，这有助于培养他们的创新思维和适应能力。实践性学习是跨境电商教育中不可或缺的一部分。通过操作技能的培养、问题解决的实际经验、团队合作的锻炼以及对行业趋势和创新的敏感性培养，学生能够更好地在跨境电商领域中立足，并为未来的职业发展打下坚实的基础。产业融合是跨境电商领域中一种显著的趋势，它呈现出深度整合和相互渗透的特征。在这个时代背景下，各行业不再孤立存在，而是通过紧密的合作与协同创新实现了共赢。跨境电商作为连接多个行业的纽带，促成了各种产业之间的融合，构建了更为广阔的商业格局。产业融合在跨境电商中体现为不同产业链的交汇与共生。制造业、物流业、技术服务等各个产业链环节在跨境电商平台上得以无缝衔接，形成了一个全方位、多层次的生态系统。这种交汇不仅是简单的连接，还是对产业链各环节进行的深度整合，实现资源共享、信息互通。生产者通过电商平台直接与全球消费者对接，而物流企业也能够依托电商渠道实现高效物流运作。在这种交叉融合的模式下，产业链上的各个环节相互支持、相互依赖，形成了产业合作的新格局。产业融合催生了新的商业模式和服务形态。传统行业的创新与跨界合作使新兴商业模式层出不穷。例如，传统零售业通过跨境电商平台实现线上线下融合，推动了新零售的发展；技术企业与电商平台的合作也催生了智能物流、人工智能客服等新型服务，为消费者提供更加便捷高效的购物体验。这种商业模式和服务形态的创新为各个产业注入了新的活力，推动了整个产业链的升级。产业融合在跨境电商中也体现为全球资源的集聚。通过电商平台，全球范围内的商品、资讯、服务得以集中展示。不同国家、不同文化的产品在这个平台上相互交流，消费者也因此获得了更为多元化的选择。企业可以借助全球资源，进行跨境合作、共同创新，实现全球市场的拓展。这种全球资源的集聚不仅丰富了市场供给，也推动了全球产业的国际化发展。产业融合还加速了数字化转型的步伐。传统产业在融入跨境电商的过程中，不得不面对数字化的要求。企业通过建立电商平台，加强信息化建设，实现了生产、销售、物流等各个环节的数字化管理。数字化不仅提升了生产效率，也使企业更具竞争力。而这种数字化转型的影响不仅仅局限于企业内部，也延伸至整个产业链，推动了整个产业的数字化升级。产业融合在跨境电商中呈现出多层次、多方位的特征。通过不同产业链的交汇、新商业模式的催生、全球资源的集聚以及数字化转型的推动，产业融合推动了跨境电商领域的发展。在这个过程中，各个产业都发挥了自身的优势，实现了互利共赢。未来，随着技术的不断发展和各个产业之间合作的进一步加深，产业融合将继续成为推动跨境电商发展的强大引擎。

参考文献

[1] 杜艳红.跨境电商专业教育与创新创业教育融合发展研究与实践[J].河北软件职业技术学院学报，2023，25(04):33-36.

[2] 冯萍萍."赛教融合"下大学生跨境电商技能竞赛调查研究[J].淮北职业技术学院学报，2023，22(06):86-89+112.

[3] 冯心炜.基于双语教学的高职院校跨境电商专业教学模式探究[J].知识窗（教师版），2023，(11):126-128.

[4] 郭静.数智化时代以行业需求为导向的职业教育课程建设——以跨境电商课程为例[J].对外经贸，2023，(11):150-153.

[5] 郑春芳,林妍梅.以学习深度为导向的混合式课程建设实践——以"跨境电商"课程为例[J].北京教育（高教），2023，(11):66-68.

[6] 姚成雨,石琳.数智技术赋能的"中文＋跨境电商"课程体系建设[J].广西职业技术学院学报，2023，16(05):47-54.

[7] 杨洋.校企共育背景下高职院校跨境电商英语直播人才技能提升路径研究[J].北京财贸职业学院学报，2023，39(04):25-29.

[8] 王进.内容语言融合视域下高职学生职场英语能力培养策略——以跨境电商专业为例[J].湖南工业职业技术学院学报，2023，23(05):111-115.

[9] 杜伟茹.创新创业视角下基于跨境电商直播能力培养的外贸英语口语课程教学改革的实践与探讨[J].现代职业教育，2023，(28):137-140.

[10] 杨小凤,肖晓."数字丝路"背景下职业院校中非跨境电商人才培养创新研究[J].长沙民政职业技术学院学报，2023，30(03):99-103.

[11] 禤圆华,蒙昕.高职院校跨境电商产教融合发展模式研究[J].科技创业月刊，2023，36(09):156-160.

[12] 木艳娇.跨境电商视域下商务英语人才培养路径研究[J].佳木斯职业学院学报，2023，39(09):94-96.

[13] 蒋宇芬.浅谈中职跨境电商英语校企合作实践教学的实施[J].校园英语，2023，(34):88-90.

[14] 陈语彰.区块链技术下我国农产品跨境电商优化研究[J].山东农业工程学院学报，2023，40(08):89-93.

[15] 惠佳雪，王佩.跨境电商背景下高校商务英语写作教学改革探究[J].产业与科技论坛，2023，22(15):124-125.

[16] 李政，胡刚.基于双循环新发展格局分析高职跨境电商人才培育策略[J].太原城市职业技术学院学报，2023，(07):59-61.

[17] 刘太伟.高等职业教育实践教学生态研究——以跨境电商专业为例[J].职业技术，2023，22(08):50-56.

[18] 叶晓婷.跨境电商背景下复合型人才英语能力提升路径研究——以广东技术师范大学（河源校区）为例[J].英语广场，2023，(18):104-107.

[19] 冯萍萍.跨境电商软件在跨境电商课程教学中的应用研究[J].安徽警官职业学院学报，2023，22(03):98-101.